北京市自行车专用路建设关键技术

北京市路政局道路建设工程项目管理中心
中交路桥建设有限公司　　编著
中交一公局第五工程有限公司

人民交通出版社股份有限公司
北　京

内 容 提 要

自行车作为一种灵活、便捷的交通工具，其出行基本不受交通拥堵的影响，是中短距离出行和接驳换乘的理想交通方式之一，发展自行车交通对城市交通节能、减少碳排放及改善道路环境具有重要的意义。

北京市首条自行车专用路的建设，为昌平区回龙观与海淀区上地软件园的自行车出行提供了安全、舒适、便捷、高效的服务，工程对推动北京乃至全国绿色交通体系建设具有积极的促进作用和示范意义。昌平区回龙观至海淀区上地软件园自行车专用路工程作为一个崭新的项目，在建设过程中联合国内外优秀团队，在理念、技术、管理等方面进行了多项创新实践。通过撰写本书分享工程建设相关经验，为后续自行车专用路的建设提供借鉴。本书共分5部分，分别为概述篇、规划篇、设计篇、施工篇和创新篇。

本书可供自行车专用路建设单位、规划单位、设计单位、施工单位及运营管理单位阅读参考。

图书在版编目(CIP)数据

北京市自行车专用路建设关键技术 / 北京市路政局道路建设工程项目管理中心，中交路桥建设有限公司，中交一公局第五工程有限公司编著. — 北京 ：人民交通出版社股份有限公司，2020.9

ISBN 978-7-114-16800-0

Ⅰ. ①北… Ⅱ. ①北… ②中… ③中… Ⅲ. ①城市道路—道路建设—研究—北京 Ⅳ. ①U412.37

中国版本图书馆CIP数据核字(2020)第158174号

书　　名：北京市自行车专用路建设关键技术
著 作 者：北京市路政局道路建设工程项目管理中心
　　　　　中交路桥建设有限公司
　　　　　中交一公局第五工程有限公司
责任编辑：李　喆　卢俊丽
责任校对：孙国靖　龙　雪
责任印制：刘高彤
出版发行：人民交通出版社股份有限公司
地　　址：(100011)北京市朝阳区安定门外外馆斜街3号
网　　址：http://www.ccpcl.com.cn
销售电话：(010)59757973
总 经 销：人民交通出版社股份有限公司发行部
经　　销：各地新华书店
印　　刷：北京虎彩文化传播有限公司
开　　本：787×1092　1/16
印　　张：17
字　　数：410千
版　　次：2020年9月　第1版
印　　次：2020年9月　第1次印刷
书　　号：ISBN 978-7-114-16800-0
定　　价：100.00元

《北京市自行车专用路建设关键技术》

编 委 会

前　　言

自行车交通是城市内中短途出行及接驳换乘的重要交通方式之一,是城市交通系统的重要组成部分。作为“绿色交通”,自行车出行具有灵活性、便捷性及准时性的特点,使用自行车出行具有零污染、能耗低、提高国民身体素质等优点。因此,在城市综合交通发展过程中,自行车交通的发展仍处于不可或缺的地位。

20 世纪 80 年代的北京被誉为“自行车王国”,上下班高峰期络绎不绝的自行车长龙曾是北京街头的标志性景象。近年来,随着机动车的迅猛发展,自行车道路受到不断的挤压,路权受到侵占,自行车出行的比例逐年下降,以往的“自行车王国”早已不复存在。机动车的发展,导致交通严重拥堵,交通能耗、碳排放和污染物排放问题接踵而至。发展城市自行车交通成为城市交通节能、减少碳排放和细颗粒物(PM2.5)、改善环境的重要途径。

为促进自行车和步行的回归,2004 年,国务院批复的《北京城市总体规划(2004 年—2020 年)》中已经明确指出自行车交通是未来城市交通体系的主要方式之一,并制定了为公共交通、步行交通和自行车交通创造良好条件的道路建设方针。《“健康中国 2030”规划纲要》中提出,没有全民健康,就没有全面小康。习总书记指示,“共建共享、全民健康”是建设健康中国的战略主题。统筹建设全民健康公共设施,加强建设步道、骑行道、全民建设中心、体育公园、社区多功能运动场等场地设施建设。

《北京城市总体规划(2016 年—2035 年)》(以下简称“新总规”)对步行与自行车交通提出了更高的规划目标:建设步行和自行车友好城市。新总规中提出了步行和自行车的规划战略:创造良好的步行和自行车通行环境,包括构建连续安全的步行和自行车网络体系;合理配置道路空间资源,保障步行和自行车路权;开展人性化、精细化道路空间和交通设计;鼓励支持发展公共自行车、共享单车。

目前国内关于自行车专用路的建设处于起步阶段。北京市首条自行车专用路的建设,对推动北京乃至全国的绿色交通体系建设具有积极的促进作用和示范意义。该条道路的建设，成为回龙观地区与上地软件园之间的“绿色纽带”，加强两地区域交通联系，优化两地交通组织结构，有效解决了两地自行车连通性差、出行困难的问题，为两地提供了一条自行车交通连廊，提高两地通勤效率，间接缓解轨道及地面交通压力。作为北京市第一条自行车专用路示范工程，回龙观至上地软件园自行车专用路全线不受机动车干扰，“连续、便捷、舒适、高效”的特点将改善区域绿色出行环境，吸引更多的人通过自行车道路出行，引导更多的人选择“绿色交通”方式，对实现“低碳交通，节能减排”具有重要意义，是落实城市总体规划，建设自行车友好城市的集中体现，也为构建绿色出行体系提供工程经验及示范作用。

该书从项目建设、规划、设计、施工、管理等多方面，对自行车专用路的建设全过程进行介绍，对从事自行车专用路及“绿色交通”建设的同行具有一定的借鉴价值。同时，目前关于自行车专用路建设的书籍相对较少，本书的出版对国内自行车专用路及“绿色交通”的建设具有一定的推动作用。

全书概述篇由北京市路政局道路建设工程项目管理中心撰写，规划篇由北京市城市规划设计研究院、北京交通发展研究院撰写，设计篇由北京市市政工程设计研究总院、北京市勘察设计研究院有限公司、北京戈建建筑设计顾问有限责任公司撰写，施工篇由中交路桥建设有限公司、中交一公局第五工程有限公司、北京城建设计发展集团股份有限公司、北京市建设工程质量第三检测所有限责任公司等单位撰写，创新篇由北京市市政工程设计研究总院、北京道桥碧目新技术有限公司撰写。

书稿撰写过程中得到了北京市交通委员会的大力支持和关注，杨秀峰为书稿的撰写提供了宝贵的修改意见，胡永立为本书撰写给予了很多帮助，李先为本书撰写进行了指导，在此表示衷心感谢！

由于作者的时间和水平有限，书中可能存在疏漏或错误，祈望读者批评指正。

作　者

2020 年 6 月

目　录

概 述 篇

规 划 篇

设 计 篇

施 工 篇

创 新 篇

概 述 篇

历时两年的前期筹备与建设，北京市首条自行车专用路——回龙观至上地自行车专用路于2019年5月31日通车试运营。这是交通领域惠及民生的重要项目之一，也是北京市政府“民有所呼，我有所应”为市民办实事的举措之一。自行车专用路开通后，受到北京市民乃至国内外众多人士的关注。调查数据显示，民众满意率高达90%。

第1章

概况

1.1 建设背景

《“健康中国2030”规划纲要》中提出，没有全民健康，就没有全面小康。习总书记指出，“共建共享、全民健康”是建设健康中国的战略主题。加强全民健康公共设施建设，特别是步道、骑行道、全民健身中心、体育公园、社区多功能运动场等的建设，是建设领域落实建设健康中国的重要举措。

《北京城市总体规划(2016 年—2035 年)》(以下简称“新总规”)提出了“建设步行和自行车友好城市”的规划目标，对于中心城区、城市副中心和新城规划，要求绿色出行比例 2020 年超过 75%，2030 年超过 80%，其中自行车出行比例 2020 年不低于 10.6%，2030 年不低于 12.6%。

新总规提出了步行和自行车的规划战略：创造良好的步行和自行车通行环境，包括构建连续安全的步行和自行车网络体系；合理配置道路空间资源，保障步行和自行车路权；开展人性化、精细化的道路空间设计和交通设计；鼓励并支持发展公共自行车、共享单车。

新总规提出加快绿色出行示范项目建设：每年至少完成 10 个示范区和 100 条街道的步行和自行车交通改善工作，建立绿色出行示范项目考核和评价机制。加强自行车交通系统建设是缓解交通拥堵的有效措施，是完善城市功能的必要补充，也是提升城市环境品质的有力保障。

昌平区回龙观地区居住人口约 27.6 万人，工作人口约 8.4 万人。当地居民从事 IT 行业较多，就业地区多集中在海淀区上地及中关村区域，回龙观至上地软件园的通勤人数约 1.16 万人，至上地及中关村的通勤比例分别为 13.8%、8.4%。回龙观与上地之间自行车出行受京藏高速公路、京新高速公路、地铁 13 号线、京包铁路的阻隔，缺乏连续的骑行条件。此外，地铁 13 号线运力不足，满载率为 110%，进站限流、排队进站等候时间过长。在上述背景条件下，回龙观与上地两地区之间迫切需要补充绿色低碳的交通出行方式，以满足跨越京藏高速公路的通勤需求，同步缓解地铁 13 号线的交通压力。

2016 年，北京市第十四届人民代表大会第五次会议上，有代表提出为解决回龙观地区通勤需求有必要建设自行车高速路。建议提出：经研究发现，通勤距离不远、通勤目的相对集中，符合鼓励自行车出行的条件。道路网的实施建设需要相当漫长的时间周期，在推进关键道路实施的同时，建议从回龙观到中关村建设自行车“高速路”。

此后,关于建设回龙观自行车专用路的设想受到《人民日报》《北京晚报》等媒体的热议。《人民日报》报道称:北京拟建设首条自行车“高速路”,这无疑正当其时,尤其让“骑行族”充满期待。《北京晚报》报道称:回龙观要建北京首条自行车“高速”,几十万居民出行更方便……

这一提议反映了市民的意愿,受到北京市委市政府的高度重视。为构建绿色交通体系,缓解轨道交通压力,北京市政府决定修建北京市第一条自行车专用路。

1.2 国内外发展

自行车回归城市已经成为国际浪潮,但是国内外针对“自行车专用道”的研究和建设内容却相对不多,对自行车高速道路均没有明确的界定,普遍认为给予自行车独立骑行路权或者专门为自行车修建的道路,均可以界定为自行车高速道路。从实践情况来看,自行车专用路的表现形式多样,包括地面的自行车专属道路、自行车高架桥等。分别介绍丹麦、荷兰、德国、英国和我国的自行车高速铁路建设及发展情况。

1.2.1 国外发展

1)丹麦哥本哈根——最完整的自行车道路系统的城市

丹麦的哥本哈根是世界著名的自行车出行王国,自行车出行比例高达50%以上。哥本哈根拥有最完整的自行车道路系统,包括自行车高架桥、自行车高速道路系统和城市自行车道路系统。

在丹麦,出行距离5公里之内约60%的人使用自行车,超过5公里只有20%的人使用自行车。建设自行车高速路的初衷是为鼓励居民使用自行车出行,主要服务于通勤距离在5~15公里之间的自行车通勤者。大部分自行车高速路并没有使用鲜艳的色彩进行区分,而是施划简单的白色标线,或者以高出机动车路面的形式进行路权划分。

丹麦首条自行车高速路C99于2012年5月9日贯通,该道路连接了首都哥本哈根市中心至市郊阿尔卑斯朗地区,宽4m、长18公里、时速20公里。丹麦交通管理局在自行车绿色通道设计上采用了自行车优先的交通信号系统,使骑行者可以维持20公里的时速。图1-1为丹麦首条自行车高速路C99。

a)

b)

图1-1 丹麦首条自行车高速路C99

丹麦哥本哈根标志性的自行车高架桥——"蛇桥"于2014年投入使用,宽4m,长190m,横跨哥本哈根港湾,连接Dybbølsbro大桥和Bryggebrone大桥。该桥建成后,Bryggebrone跨港大桥的自行车流量增长了30%。"蛇桥"的成功建设,一方面在于哥本哈根拥有良好的自行车系统和居民使用传统,另一方面在于"蛇桥"是基于居民需求而建造的自行车使用通道,连接了居民出行客流吸引点,并提供了顺畅的自行车道延伸线路。图1-2为哥本哈根自行车专用桥。

a)

b)

图1-2 哥本哈根自行车专用桥

除"蛇桥"外,哥本哈根还沿着公路设置了以"橘色"为代表的专属自行车高速道路系统。该系统虽不完全封闭,但是全程无平交路口,无信号灯控制,采用立交匝道实现与其他道路的连接。哥本哈根的自行车高速道路系统覆盖了21座城市,共计28条,总长500公里。同时,哥本哈根城区道路系统两侧都设置了自行车专用车道并严格保障其路权,形成了城市自行车道路系统。

哥本哈根为自行车出行配备了完善的法律规定,如:出租车必须配备自行车架;任何时候均可以携带自行车在乘坐城际火车,在非高峰时期可以将自行车带上地铁;各单位必须配淋浴间,以方便使用自行车的通勤者到达单位后进行淋浴等。

综上所述,哥本哈根自行车高速路建设取得成功的关键在于,从骑行者的角度出发,在道路规划的各层面均为自行车骑行者提供路权保障,真正使自行车出行便捷而舒适。

2)荷兰——骑车人的天堂

荷兰的自行车出行比例一直位于世界领先地位,全国自行车道路总长达35000公里。荷兰的自行车道路多平行于城市道路,开放路权与专用路权并存。

荷兰拥有世界上最早的自行车高速路,于2004建成通车。最初只建设了一条7公里的示范段,全段使用沥青铺装,宽3.5m,目的是为自行车骑行者提供快速安全的骑行环境,同时作为试验段来观察优质的自行车设施能否诱增自行车在城市或城镇的使用量。示范段的建设相当成功,也为未来荷兰规划建设更多、更完善的自行车快速路网提供了强有力的支持。目前,荷兰正在建设自己的自行车高速路网络,主要采用平面形式,在跨河处和一些路口处使用了高架形式。图1-3为荷兰自行车高速路网,其中红色为已建成的,蓝色为正在建设的,绿色为规划建设的。

图 1-3　荷兰自行车高速路网

荷兰的自行车高速路如同我国的高速公路一样,主要连接城市与城市之间道路。以阿纳姆与奈梅亨的自行车高速路为例,该道路以快速、直达和舒适为原则,有效连接了阿纳姆与奈梅亨这两座城市。自行车高速路总长 15.8 公里,宽度 4m,时速 20 公里,45 分钟内便可以骑行全程。道路表面铺设彩色沥青,以确保路面平滑、舒适、无颠簸、无障碍。在大多数交叉口处采取了自行车优先政策,并且道路允许行人和非机动车混行。同时,为自行车设置了专用的指示标牌和照明设施等。RijnWaalpad 自行车高速路的总投资为 1600 万欧元,每公里投资约 100 万欧元,造价远低于每公里 4000 万 ~5000 万欧元的高速公路。图 1-4 为荷兰 RijnWaalpad 自行车高速路。

a)

b)

图 1-4　荷兰 RijnWaalpad 自行车高速路

除此之外,为保障自行车的路权,荷兰在复杂的十字路口采用"独立的自行车道" + "安全岛" + "停车等候空间"三者集合的设计方案,保障了自行车优先。遇到交通繁忙或组织复杂的路口时，荷兰为了保护自行车骑行人员的安全及机动车驾驶人员的便捷，在部分有需求和有条件的路段采用地下隧道或者高架桥的形式，从而减少自行车与机动车的交织。同时，为了便于自行车停放，荷兰近年也致力于自行车停车场建设，在码头轮渡设置多个立体停车架。以阿姆斯特丹中央火车站交通枢纽为例，1996 年—2011 年 15 年间共建设了 10 个自行车停车场，新增约 1.8 万个停车位。图 1-5 为阿姆斯特丹中央火车站自行车停车场。

3）德国——以严格管理制度为前提建设自行车高速路的国家

德国计划 2020 年前沿鲁尔工业区的废弃铁轨，修建 100 多公里的自行车高速路，连接 10 座城市和 4 所大学。该条行车高速路全程封闭，无交叉口和信号灯，允许的最高行驶速度可达 40 公里/小时，并且设置夜光照明标识。预计建成后将为附近 200 多万市民提供便捷快速的通勤方式，每天减少约 5 万辆小汽车上路。截至 2019 年，自行车高速路系统已建成运营 5 公里。图 1-6 为德国 RS1 规划路线图，图 1-7 为德国 RS1 自行车高速路。

图 1-5 阿姆斯特丹中央火车站自行车停车场

图 1-6 德国 RS1 规划路线图

a) b)

图 1-7 德国 RS1自行车高速路

自行车高速路建设是德国鼓励自行车发展的一种方式。德国自行车高速路发展的特点在于严格的自行车骑行管理和处罚制度。德国在道路交通法规中明确提出，自行车必须要有能正常使用的制动系统、前后灯和车铃，另外还建议驾驶者佩戴头盔。若出现前后灯失灵或有灯具未使用的情况，查到一次最高处罚 35 欧元。骑行者必须在其专有道路上骑行（没有设置专有道路的除外），若发现未按规定骑行将处罚 20～35 欧元。遵守靠右行驶的原则，违规或反向行驶将处罚 20～35 欧元。市区内骑行速度不得超过 30 公里/小时，并且不允许抢占步道、斑马线等步行道路，否则最高处罚 40 欧元。德国对儿童骑行自行车的安全性也出台了一系列法律法规，用完备的制度来规范骑行行为。

4）英国伦敦——高价打造“空中自行车道”的城市

2010 年，英国伦敦规划了 12 条自行车高速路（Cycle Superhighway）并开始建设。自行车高速路总长约 220 公里，从伦敦市中心向外延伸，呈网络状覆盖伦敦区域。伦敦的自行车高速路目前已建设完成 7 条，主要以地面形式为主，利用彩色沥青进行铺设。在交叉口处提高了自行车的优先权，部分道路禁止机动车转向，从而为骑行提供更好的环境。图 1-8 为伦敦自行车高速道路。

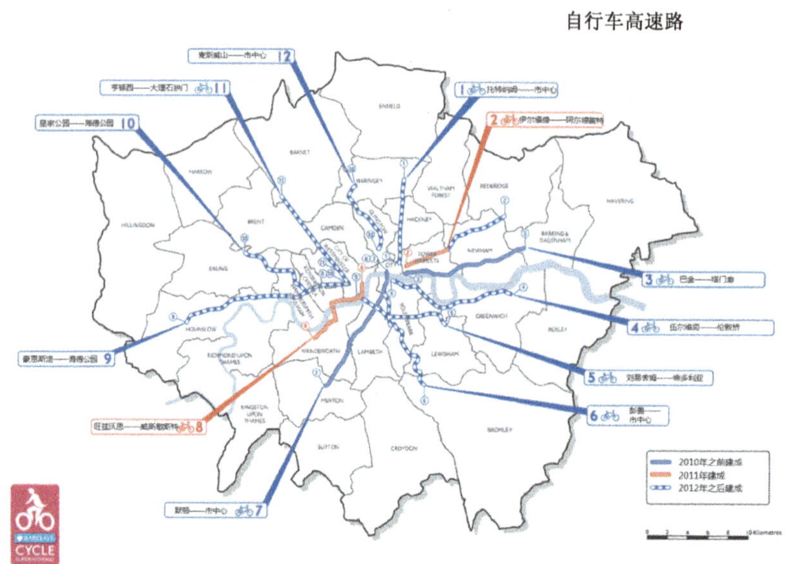

a)伦敦自行车高速道路规划图

b)自行车高速道路

图 1-8　伦敦自行车高速道路

除此之外,伦敦还计划以高架桥的形式沿普通铁路建设自行车高速路,也称“空中自行车道”(Sky Cycle)。预计该自行车系统建成后,每小时最多可通过 1.2 万辆自行车,全线骑行只需花费约 30 分钟。图 1-9 为伦敦“空中自行车道”效果图。

图 1-9　伦敦“空中自行车道”效果图

1.2.2　国内发展

1)厦门——具有国内首条自行车快速道的城市

目前国内第一条自行车专用路为厦门市云顶路自行车快速道。该道路于 2016 年 8 月开始动工,2017 年 1 月 20 日竣工验收,1 月 26 日开通试运营。该快速道具有自行车独立路权,仅允许人力自行车通行,主要建在快速公交系统(Bus Rapid Transit,简称 BRT)的两侧。起点为 BRT 洪文站,终点为 BRT 县后站,全长约 7.6 公里,设计时速 25 公里,设计峰值流量为单向 2023 辆/小时。全线平均纵坡为 2.5%,主线坡度为 3%。目前,云顶路自行车快速道限时开放,开放时间为每天 6:30—22:30。

(1)断面形式

厦门市云顶路自行车快速道的单幅单向两车道净宽为 2.5m,总宽约 2.8m。如果 BRT 下净空不足,就将两个分幅合并后甩到 BRT 边上,净宽 4.5m,总宽 4.8m,采用钢箱梁的结构形式。桥梁全线共 80 联,其中分离式桥梁 48 联,整体式桥梁 12 联,异形桥梁 20 联。桩基采用人工挖孔桩和冲孔灌注桩,下部墩柱共 300 根。厦门市自行车快速道的钢架桥如图 1-10 所示。

(2)出入口设置情况

自行车快速道示范段全程共设 11 处出入口,其中 6 处与 BRT 站点衔接,3 处与人行天桥衔接,4 处与建筑物衔接。沿途可服务瑞景商业广场、瑞景中学、忠仑公园、蔡塘广场、市政大厦、金尚小区、金山小区、市行政服务中心、湖里高新技术园、五缘湾等客流发生点。厦门自行车快速道的出入口分布如图 1-11 所示,出入口连接如图 1-12 所示。

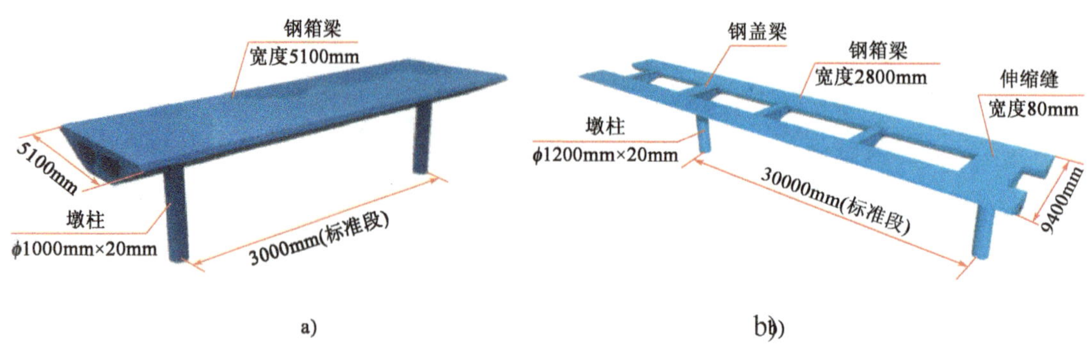

a) b)

图 1-10 厦门自行车快速道钢架桥梁示意图

图 1-11 厦门自行车快速道出入口分布图

(3)停车设施

车道沿线设置 7 个停车平台供公共和私人自行车停放。其中,公共自行车停车位 355 个,社会自行车停车位 253 个,每个停车平台均配有车辆调度升降梯。停车平台分布如图 1-13 所示,停车平台外观如图 1-14 所示。

(4)附属设施

自行车快速道设置有指路标识系统、独立照明系统、临时休息区、维修设备、垃圾桶等配套附属服务设施,如图 1-15 所示。

(5)闸机识别系统

厦门市将多重传感监测、可见光及红外图像采集处理等技术应用于自行车快速道闸机识别系统,通过自行车通行闸机和识别一体机等设备实现对自行车、电动车和摩托车的快速通过式检测识别,保障自行车在经过专用道出入口时快速通行。当流量超过设计峰值的 80% 时,应急中心调度员可以第一时间通过监控发现并通知现场人员进行疏导,必要时可关闭入口以控制流量。图 1-16 为厦门自行车快速道闸机识别系统。

(6)运营管理

为提高自行车快速道的运营管理水平,厦门市建立了一套自行车快速道监控系统,每隔 200m 设置一处监控摄像头,监控数据接入自行车快速道服务中心。该中心由原有的公共自行车服务公司负责运营管理,目前员工约 70 人,其中管理人员约 30 人,工作人员约 40 人。图 1-17 为厦门自行车快速道监控系统及服务中心。

此外,厦门市公安局于 2017 年 1 月 23 日发布了《关于自行车专用道交通安全管理通告》,通告规定自行车快速道只准许自行车通行,禁止其他车辆(含电动自行车、摩托车)和行人进入,并对右侧单行、停车、时速、载人载物、设施维护等做出了具体规定。

a)连接BRT

b)连接商场

c)连接过街天桥

d)连接地面

e)连接地面

f)连接坡道

图1-12 厦门自行车快速道出入口连接图

(7)运行效果

厦门市自行车快速道于2017年1月26日开通试运营,截至2017年6月18日,全线骑行量约585200人次,日均骑行量约4000人次,日最高骑行量约15000人次。需特别说明的是,随着气候的变化,骑行量略有下降。图1-18为客流量统计图,图1-19为客流类型分布图。

从客流类型分布来看,工作日上班族占35%、学生占16%,休息日上班族仅占16%、学生占21%,总体使用需求以休闲、观光、健身出行为主,通勤需求相对较少。

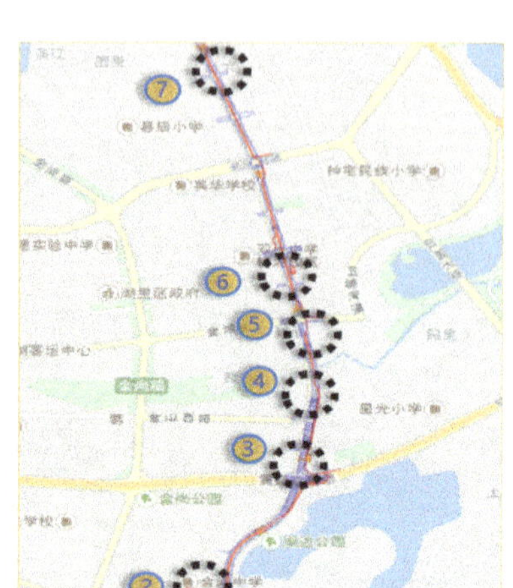

图 1-13　厦门自行车快速道停车平台分布图
1-瑞景停车平台;2-蔡塘停车平台;3-金山停车平台;4-天虹停车平台;5-乐购停车平台;6-行政中心停车平台;7-县后停车平台

(8)现状问题

厦门市自行车快速道建成后引起了广大群众的热议,受到了很多好评,但是也引起了一些争议。主要存在以下问题:

一是建设、运营管理成本较高。由于全程采用高架形式,考虑外观、工期、环境等因素,工程全部采用钢结构。在未计征拆成本的情况下,单纯的建设成本高达 4.9 亿元,平均每公里造价约 6400 万元;同时,为做好运营管理工作,厦门市专门成立了自行车快速道服务中心,每年运营管理投入约 1000 万元。

二是与路面自行车道的衔接不畅。整体来看,由于厦门市自行车道路网络尚未实现互联互通,高架桥两端未接入自行车道路网,自行车快速道路成了“孤岛”,原计划的通勤需求尚需激活。

三是骑行体验未达到预期效果。部分市民反映现有的自行车道路太窄,人流量较大时,速度多维持在每小时 15 公里以下,难以实现高速路的效果,并且未划分车道,不能分道骑行,存在安全隐患。

a)停车平台

b)私人和共享自行车停放处

c)公共自行车停放处

图 1-14　厦门自行车快速道停车平台外观

2)成都——运行邛崃旅游自行车高速路的城市

2018 年 9 月 1 日,成都市邛崃自行车高速路正式开通。该条道路的起点位于邛窑遗址公园,终点位于平乐古镇,为封闭式的旅游自行车高速路。道路全长 12.5 公里,宽 4.5m,设计标准为三级公路,采用彩色沥青混凝土铺装,全程骑行时间大约需要 30 分钟。图 1-20 为成都市邛崃旅游自行车高速路线位图。

该条自行车高速路为旅游式道路,主要特点如下:

(1)自行车道路为封闭式的旅游自行车高速路,与沿线道路立体交叉,全线无平面交叉口。

(2)道路沿线串联临邛古城、孔明乡、平乐古镇 3 个城镇,凝聚了南丝绸之路文化和以文君相如千古佳话、邛窑、古城为代表的临邛文化，隐含了具有历史传奇的三国文化，集聚了较多优良的农业资源和优美的生态环境。

（3）沿线设置十方堂、桃园、平乐 3 个服务驿站，为骑行游客提供销售、租赁、维修、换洗、休憩、能量补充、医疗保障等服务，提升了骑行者的骑游体验。图 1-21 为邛崃旅游自行车高速路效果图。

a)指路标牌

b)梯道推行槽

c)蓝色休息区域

d)竖条形栏杆

e)照明灯带

图 1-15 厦门自行车快速道相关附属设施

a)

b)

图 1-16 厦门自行车快速道闸机识别系统

a)

b)

图 1-17　厦门自行车快速道监控系统及服务中心

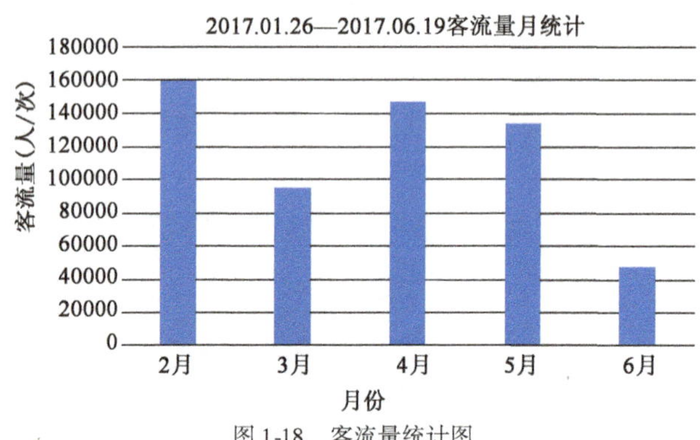

图 1-18　客流量统计图

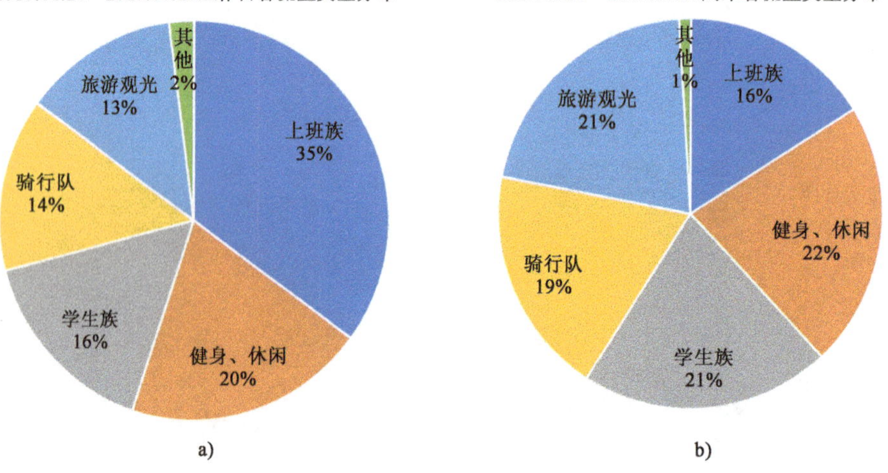

图 1-19　客流类型分布图

3)贵州——运行赤水河谷旅游公路自行车道的城市

2016 年 4 月,贵州赤水河谷旅游公路自行车道已经全线贯通。道路沿着赤水河谷建设,起于仁怀市茅台镇 1915 广场,止于赤水市旅游集散中心,全长 160 公里,设置桥梁 162 座,隧道2座。自行车道途经茅台古镇、土桥古镇、丙安古镇等旅游集散中心，茅台酒厂、习酒酒厂、郎酒酒厂等酒文化长廊，四渡赤水圣地、赤水河峡谷、红一军团作战遗址等红色文化遗迹，可谓旅游公路上处处是美景。图1-22为赤水河谷旅游公路自行车道线位图。

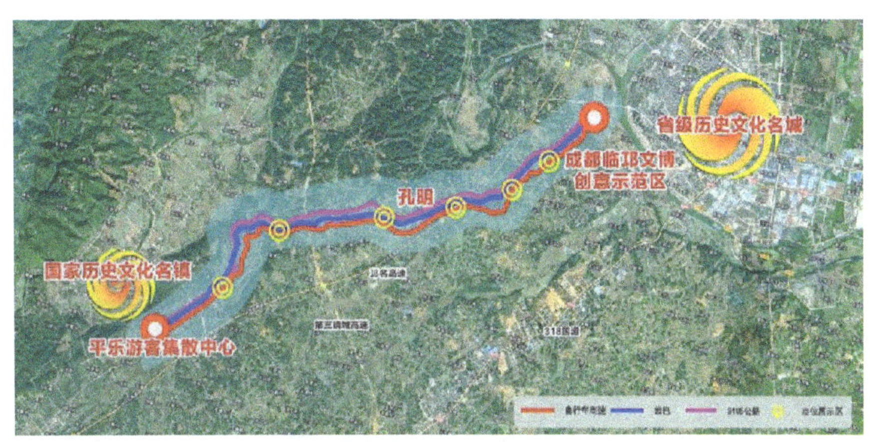

图1-20 成都市邛崃旅游自行车高速路线位图

a)

b)

c)

d)

图1-21 邛崃旅游自行车高速路效果图

道路全线铺筑红色彩色沥青，沿线不仅可领略国酒文化、古镇文化、红色文化，还设有观景台、休憩驿站、露营地、直升机停机坪等附属设施。图1-23为赤水河谷旅游公路自行车道外观。

图 1-22　赤水河谷旅游公路自行车道线位图

a)

b)

图 1-23　赤水河谷旅游公路自行车道

通过分析国内外自行车专用路案例可以看出，国内外对自行车高速道路没有明确的界定，普遍认为给予自行车独立骑行路权或者专门为自行车修建的道路，可以定义为自行车高速道路。从实践情况来看，自行车高速道路的表现形式多样，包括平面的自行车专属道路、自行车高架桥等。“自行车高速路”可以理解为供骑行者快速来往于两地的连接通道，其核心是快速和连续行驶，称之为自行车专用路更确切。

自行车专用路从平面跨度上可以分为服务于城市内和郊区两个维度，其功能定位可以理解为：

（1）对于城市内的自行车专用路，可以理解为连接出发地和目的地之间的自行车快速通道，在自行车道系统中主要作为高等级自行车道路，服务中短距离通勤。自行车专用路适用于定向出行量需求较大、现有自行车路网出行条件较差、道路交通拥堵、无其他适宜出行方式的情况。通过城市自行车专用路的建设，打造短距离自行车出行交通圈，可达到鼓励绿色交通出行、缓解交通拥堵的目的。

（2）对于郊区的自行车专用路，可以理解为连接郊区与中心城、区与区之间具有独立路权的专属自行车快速通道，主要服务于休闲及骑行健身爱好者，兼顾郊区与城中心的通勤者；适用于骑行环境优美、建设条件较好的区域，以地面形式为主，可与外围绿道系统相结合。

1.3 建设意义

结合回龙观至上地自行车专用路的建设背景和国内外调研情况分析,该道路建设的重要意义在于以下几点。

1)落实城市总体规划,建设自行车友好城市

2004 年国务院批复的《北京城市总体规划(2004 年—2020 年)》中,明确指出自行车交通是未来城市交通体系的主要方式之一,并制定了为公共交通、步行交通和自行车交通创造良好条件的道路建设方针。2014 年,国家发展改革委、交通运输部等 12 部委联合下发《加强"车、油、路"统筹,加快推进机动车污染综合防治方案》,明确提出到 2017 年,特大城市和大城市步行、自行车出行分担率提升 5%。《北京城市总体规划(2016 年—2035 年)》提出,到 2020 年自行车出行比例不低于 10.6%,到 2035 年不低于 12.6%。

2012 年,北京市交通委员会公布《北京市"十二五"时期交通发展建设规划》,将"推进绿色交通体系建设"作为主要任务及重点项目之一。

2)丰富"低碳交通,节能减排"的交通出行方式

《北京城市总体规划(2016 年—2035 年)》中提出,提升出行品质,实现绿色出行、智慧出行、平安出行,同时要求构建连续安全的自行车网络体系,保障自行车路权。

自行车交通具有行驶灵活、不受道路拥堵的影响、准时性高、存车方便省地等特征。在道路拥堵的城市,对于短距离出行来说,自行车交通更加快捷、更加准时;同时,骑自行车也可以健身,有利于身体健康;另外,作为公共交通的末端交通工具,自行车还可以弥补公共交通线网密度不足的缺陷,并向公共交通提供客源。因此,自行车是中、短距离出行和接驳换乘的理想交通工具,是城市综合交通不可或缺的重要组成部分。同时,发展城市自行车交通也是城市交通节能、减少碳排放和细颗粒物(PM2.5)、改善环境的重要途径。

3)惠及民生,解决两地之间出行难的问题

回龙观地区是北京市著名的"堵点",由于该地区居住区聚集,职住不平衡,早晚高峰期间区域路网承担巨大的交通压力,机动车拥堵严重,地铁满载率超过 110%。自行车专用路的功能主要服务于回龙观与上地之间的通勤出行,既可以改善城市的慢行交通系统出行条件,增加了一种连续、安全、便捷、绿色的交通出行方式,同时也能够缓解该区域的交通压力。

4)环境综合提升整治的需要

结合自行车专用路的建设,同步进行沿线环境的综合提升和整治,对提升"回天地区"的城市形象,打造活力街区具有重要的示范作用。具体措施包括:治理地铁站点周边乱停车,规范停车秩序,整治环境脏乱差,开辟及建设环境舒适的公共空间,增加休闲健身及活动场所,改善沿线交通出行环境,满足人们对美好生活的向往。

回龙观至上地自行车专用路作为北京市第一条自行车专用路示范工程,其连续、安全、便捷、绿色的特点将吸引更多的市民选择自行车出行方式,引导更多的市民选择绿色交通出行,对实现"低碳交通,节能减排"具有重要意义。图 1-24 为自行车专用路实现"低碳交通,节能减排"效果对比。

a)

b)

图 1-24 自行车专用路实现"低碳交通,节能减排"效果对比

本章参考文献

[1] The City of Copenhagen. The Bicycle Account 2018—Copenhagen City of Cyclists[R]. Copenhagen:the City of Copenhagen,2019.

[2] Albertslundruten C99[EB/OL]. https://supercykelstier. dk/albertslundruten-c99. html.

[3] Cykelslangen[EB/OL]. https://dac. dk/en/knowledgebase/architecture/cykelslangen-2. html.

[4] Bicycle Superhighways in Copenhagen Capital Region[EB/OL]. http://www. copenhagenize. com/2017/06/bicycle-superhighways-in-copenhagen. html.

[5] Office for Cycle Superhighways. Cycle superhighways—Capital region of Denmark[R]. Copenhagen:Office for Cycle Superhighways,2018.

[6] Bicycle Dutch[EB/OL]. https://bicycledutch. wordpress. com/tag/cycle-superhighways/. html.

[7] Dutch Cycling Embassy. Dutch Cycling Vision[R]. Utrecht:Dutch Cycling Embassy,2018.

[8] London Cycling Campaign. Lessons from the Netherlands[R]. London:London Cycling Campaign,2011.

[9] RS1—der schnellste Weg durchs Revier[EB/OL]https://www. fahrradtour. ruhr/touren/rs1-der-schnellste-weg-durchs-revier. html.

[10] Unfallforschung der Versicherer (UDV). Cycling in Germany—The most important rules[R]. Berlin:UDV,2016.

[11] Cycleways[EB/OL]https://tfl. gov. uk/modes/cycling/routes-and-maps/cycleways. html.

[12] 叶代成,林四新,施有志. BRT 高架桥下超薄超长空中刚构自行车桥建设技术[M]. 北京:中国建筑工业出版社,2019.

[13] Horton,E P F D. Environmentalism and the Bicycle[J]. Environmental Politics,2006,15(1):41-58.

[14] Dill J,Voros K. Factors affecting bicycling demand:initial survey findings from the Portland, Oregon region[J]. Transportation Research Record,2007,2031:9-17.

[15] 张西流. 自行车专用路让绿色出行更便捷[N]. 中国商报,2018-05-29(P02).

[16] 曹瑞琪. 我国城市自行车路权与出行环境探讨[J]. 交通企业管理,2013,28(12):41-43.

[17] Osberg J S, Stiles S C. Bicycle Use and Safety in Paris, Boston, and Amsterdam[J]. Transportation Quarterly, 1998, 52(4):61-76.

[18] Wegman F, Wouters P. Road Safety Policy in the Netherlands: Facing the Future[M]. Published in Annales des Ponts et Chaussées, nouvelle série no. 101, janviers-mars, 2002.

[19] Ligtermoet D. Continuous and Integral: The Cycling Policies of Groningen and Other European Cycling Cities[M]. 2006, Fietsberaad.

[20] 中华人民共和国国务院.《"健康中国 2030"规划纲要》[EB/OL]. (2016-10-25)[2019-6-18]. http://www.gov.cn/xinwen/2016-10/25/content_5124174.htm.

[21] 北京市人民政府.《北京城市总体规划(2016 年—2035 年)》[EB/OL]. (2017-09-19)[2019-7-20]. http://www.beijing.gov.cn/gongkai/guihua/wngh/cqgh/201907/t20190701_100008.html.

[22] 李伟. 哥本哈根自行车交通政策[J]. 北京规划建设,2004(02):46-51.

[23] 朱雷亭. 英国自行车交通规划实践及其借鉴[J]. 江苏城市规划,2011(12):24-27.

[24] 安德鲁. 伦敦自行车革命[J]. 交通建设与管理,2010(11):107.

[25] 中新网四川. 成都首条自行车高速在邛崃开通[EB/OL]. (2018-09-01)[2019-8-05]. http://www.sc.chinanews.com.cn/bwbd/2018-09-01/88909.html.

[26] 李翔. 低碳交通背景下自行车交通规划策略研究[D]. 天津:天津大学,2014.

[27] 张文,范闻捷. 城市中的绿色通道及其功能[J]. 国外城市规划,2011,(03).

[28] 孙晶晶. 国内外绿道规划设计现状研究[J]. 城市住宅,2020,27(01):103-105.

[29] 林墨飞,刘婷婷,郭潇. 全民健身背景下城市健康绿道建设研究[J]. 建筑与文化,2019(09):154-155.

[30] Junga Lee, Hyung-Sook Lee, Daeyoung Jeong, C. Scott Shafer, Jinhyung Chon. The Relationship between User Perception and Preference of Greenway Trail Characteristics in Urban Areas[J]. MDPI, 2019, 11(16).

[31] 潘瑞琦. 城市绿道与城市居民休闲生活的半耦合关系[J]. 公路,2019,64(08):168-175.

[32] Fei Lv, Yu Lei Yan. Health-Oriented Community Slow Greenway's Planning and Design[J]. Trans Tech Publications Ltd, 2013, 2331.

[33] Wolff Dana, Fitzhugh Eugene C. The relationships between weather-related factors and daily outdoor physical activity counts on an urban greenway[J]. Pubmed, 2011, 8(2).

规 划 篇

近年来,随着“大城市病”日益凸显,北京市交通规划逐步由“以车为本”向“以人为本”转变。慢行交通作为一种高效、健康、环保的出行方式,逐渐受到重视。为提升慢行交通出行环境,结合北京市城市特点和居民出行特征,北京市慢行交通系统规划打造了“一主、一副、六类”慢行特色街区,其中回龙观区域便作为“慢行友好居住街区”的典型代表。为提升回龙观区域的慢行交通品质,提高居民通勤效率,本篇从出行需求、交通运行情况、居民出行意愿等多个方面,系统论证了在回龙观至上地区域规划建设自行车专用路的必要性。通过开展断面流量调查、居民出行意愿调查、构建自行车专用路需求预测模型,预测不同情景下自行车专用路通道和出入口的交通需求,为自行车专用路的规划和设计提供依据。

第2章

北京市慢行交通系统规划

2.1 北京市慢行交通概述

过去40年,北京慢行交通经历了主导、衰减、衰减减缓、显著回升的螺旋式发展历程。二十世纪八十年代,慢行交通占客运交通出行量的比例快速上升,直至达到顶峰。进入九十年代以后,机动化快速发展,城市规模不断扩大,慢行交通出行比例开始下降,从八十年代的74%持续下降至2013年的39%,伴随而来的还有交通拥堵、空气污染等"大城市病"。近年来,为缓解交通拥堵、净化空气,城市开始从增量发展向存量优化转型,交通政策也转为控制小汽车总量、鼓励绿色出行,开展大量慢行交通规划建设工作,慢行出行比例开始缓慢提升。与此同期,慢行交通的主体对象也发生了变化,由早期的步行、自行车和少量人力三轮车演变为目前的步行、自行车、助(电)动车和共享单车为主,且助(电)动车和共享单车的出行份额不断上升而自行车逐渐缩减。

习近平总书记在中国共产党第十九次全国代表大会的报告中指出,倡导简约适度、绿色低碳的生活方式,反对奢侈浪费和不合理消费,开展创建节约型机关、绿色家庭、绿色学校、绿色社区和绿色出行等行动。《北京城市总体规划(2016年—2035年)》中要求,建设步行和自行车友好城市。构建连续安全的步行和自行车网络体系,保障步行和自行车路权,开展人性化、精细化道路空间和交通设计,创造不用开车也可以便利生活的绿色交通环境。慢行交通系统整治提升工作一直都是市委市政府重点关注的工作内容,也是广大市民高度关心的民生实事项目。慢行系统提升工作主要从规划编制、法律法规及标准规范编制、整治提升项目实施三方面开展。其中,编制了10余项专项规划,形成了17项国标和北京法律法规及标准规范、33项相关导则。同时,市、区两级开展了大量慢行交通整治工作,截至2019年底,市、区两级已完成2836公里自行车车道整治任务,包括加宽自行车道通行宽度、步行通行宽度;整治公交站台,增设公交站港湾、二次过街;取消路侧停车位;施划自行车道彩色铺装;增设过街设施坡道和扶手、自行车脚踏板等。通过提升工作,步行出行环境得到明显改善,步行一次出行量、接驳轨道、公交出行量均超过1000万人次,自行车出行比例从2013年的8.5%提升至2019年的12.1%,自行车日出行量从2013年的336万车次提升至2019年的475万车次;慢行出行比例从2013年的39%提升至2019年的41.9%。

2.2 发展现状与趋势

为缓解交通拥堵、遏制环境恶化，城市开始转型发展。2011 年，北京进行产业结构调整，将高污染、高耗能的产业向外迁移，同时，对房地产、汽车产业予以调控，同年出台了小客车指标调控管理制度，对小汽车增速予以控制。截至 2018 年，北京建设用地 2910 平方公里，中心城区道路里程 6203 公里，机动车保有量 608 万辆，小汽车出行比例 23.3%。城市交通拥堵、环境质量继续恶化的势头基本得到遏制。慢行交通开始得到重视，步行比例约为 29.2%，自行车出行比例约为 11.5%。

从近 40 年北京慢行交通发展历程来看，慢行交通出行环境日益恶化，但步行出行比例基本稳定在 30% 上下，自行车出行比例从 1986 年的 42% 一直下降到 2013 年的 8.5%，之后开始缓慢回升，目前在 12.1% 左右。

2018 年中心城区工作日出行总量为 3924 万人次。其中，步行日出行 1145 万人次，步行出行比例 29.2%；自行车出行 453 万人次，自行车出行比例 11.5%。出行方式多样，绿色出行比例为 73%。自行车出行比例低于哥本哈根（29%），但是北京步行和公共交通的出行比例远高于哥本哈根（哥本哈根步行出行比例 19%，公共交通出行比例 18%，绿色出行比例 66%）。

慢行交通出行目的具有多样性特点：步行以购物、休闲为主，自行车以通勤、通学为主。自行车出行目的中，通勤、通学占 49%，购物、休闲占 9%；步行出行目的中，通勤、通学占 21%，购物、休闲占 63%。

步行、自行车在北京市中心城区出行量分别占全市出行总量的 60% 和 40%。其中，步行出行在中心城区呈均布状，在轨道公交、医院、学校及枢纽等地区人流量较为聚集。自行车出行在功能区、枢纽、学校、大型居住区周边流量较大，如金融街、CBD、东直门、北京南站、地铁站点、景点及商圈周边。

目前，北京市步行、自行车交通路权被侵占现象较为严重，慢行交通环境较差、人性化设计不足、路网可达性不高。以上因素导致步行和自行车出行环境不够友好。

2.3 规划目标与功能定位

2.3.1 规划目标

建设高品质的慢行交通系统，既可以有效缓解交通拥堵，破解“大城市病”，也可以改善环境、提升街区活力，促进城市可持续发展。北京将建设安全包容、便捷可达、舒适健康的慢行友好城市。构建连续安全的网络体系，打造健步悦骑的出行环境，大力倡导绿色出行的生活方式。

北京市慢行交通发展目标如下：

（1）慢行交通是城市综合交通体系的重要组成。积极发展慢行交通，适度发展公共自行车交通，有序引导发展电动自行车交通。

（2）实现 1 公里范围步行出行为主体，1 ~ 5 公里范围自行车交通出行为主体，5 公里以上

步行/自行车+公交的出行模式。

(3)良好支撑和保障“十五分钟社区生活圈”建设。

2.3.2 功能定位

步行交通功能定位如下：

(1)各类交通出行的基础。

(2)短距离出行的主要交通方式。

(3)其他交通方式的重要接驳方式。

(4)休闲、健身的交通方式之一。

自行车交通功能定位如下：

(1)中短距离出行的主要交通方式。

(2)公共交通的主要接驳方式之一,公共交通的延伸。

(3)休闲、健身的交通方式之一。

公共(共享)自行车应遵循“统筹规划、政府主导、政策扶持、企业参与”的原则,引导其适度、规范发展。其功能定位是：

(1)自行车交通的补充。

(2)公益性设施;出行链首末端与公共交通接驳的方式之一。

(3)人流密集的办公区域非通勤类中短距离出行的交通方式之一。

应严格按照《北京市非机动车管理条例》规范和引导电动自行车有序发展。

2.4 慢行线网方案

2.4.1 总体布局

北京市慢行线网总体布局统筹整合全市各类慢行空间资源,包括市政道路、城市绿道、等外公路、胡同、打开社区道路等。城市干路9000公里、城市支路5000公里、绿道4772公里、等外公路3500公里,打开社区道路535公里(中心城区)、胡同270公里。

北京市慢行线网主要是由“一主”“两辅”以及“三特色”网络构成。

“一主”为依托城市道路规划建设的人行道和自行车道,是慢行交通系统的主体网。其主要特点是：

(1)有独立路权。

(2)城市道路两侧的人行道和自行车道规划设计必须满足一定要求。例如,北京市地标《城市道路空间规划设计规范》中明确要求城市道路两侧必须设置人行道和自行车道,并且不同等级的城市道路两侧人行道和自行车道的宽度有明确规定。主体网覆盖全市,贯穿中心城区、新城区,是居民出行的主要物理载体。

“两辅”为等外公路网与街坊路网。等外公路是指现状有路但不是规划道路的一类道路。这类道路在路权划分和交通管理等方面处于盲区,但现实中起到了城市道路的作用。这类道路短期内不会大量消失,仍然可以为城市交通服务,尤其是可以为自行车和行人交通服务(因这类道路的宽度普遍较窄,用来组织机动车交通存在一定的弱势)。

“三特色”指绿道网(含巡河路)、历史文化特色路与慢行专用路。特色一为绿道网。主要依托各类公共开敞空间、河渠两侧、开放式公园及绿地、景观绿带、铁路两侧绿带等设置。北京市绿道体系规划由“市级绿道—区级绿道—社区级绿道”三个层次构成。其中市级绿道是绿道体系的“骨干”,区级绿道是绿道体系的“枝桠”,社区级绿道是绿道体系的“末梢”,三个层次的绿道相互配合完成生态、风景、文化、绿色交通方面的功能。与此同时,绿道根据其特点被划分为四种类型:生态绿道、风景绿道、文化绿道、城市绿道。加强城市道路、绿道和巡河路三网融合,将城市道路、绿道、巡河路之间的节点打通,形成三网融合的慢行系统。巡河路由河道防汛、维护的单一功能向兼顾绿色出行复合功能转变,将巡河路打造成为“沿着河流骑回家”的慢行专用路。应出台相应的巡河路管理办法,明确不同用地权属之间的协调政策,便于巡河路市政化建设管理。特色二为历史文化特色路。胡同是北京的一张名片,胡同的尺寸适宜慢行交通。胡同一般没有独立专用步行空间,多与自行车、机动车混合使用空间。除交通功能外,胡同还有展示城市文化、街巷机理、旧城风貌的功能。胡同依托街巷胡同风貌,在老城内将33片历史文化街区与其他零散的文化资源整合串联,形成11条有故事、有内涵、值得回味的文化探访路线。特色三为慢行专用路,包括步行街和自行车专用路。在商业、文娱活动聚集之路,规划建设步行街,以支撑社会经济发展,促进人员活动和交往;建设跨铁路、高/快速路、河道的慢行专用路,消除城市阻隔。

2.4.2 慢行分区

北京市慢行交通系统规划打造“一主一副六类”慢行特色街区。其中,“一主”为核心区慢行特色区域,“一副”为城市副中心慢行特色区域,“六类”分别为商业活力步行街区、文化体验慢行街区、科技科创慢行街区、商务金融慢行街区、慢行友好居住街区、慢行友好枢纽街区。“一主一副六类”慢行特色街区的详细特点如下。

1)核心区

核心区的主要特点是突出老城特色,打造城市慢行友好的文化名片。核心区规划慢行交通系统里程为1179公里,网络密度为12.7公里/平方公里。其中慢行骨干廊道69公里,慢行优先街道390公里,其他慢行街道720公里。

依托平安大街、两广路、东四南大街北、东四北大街、崇文门内大街、崇文门外大街、西四南大街、西单北大街、宣武门内大街、宣武门外大街构建老城文化客厅环。强化重要历史节点场所感,营造特色公共空间。突出道路的生活服务功能。设立无车区、步行街区、30公里限速区、低排区。

除此之外,在历史文化街区增设步行和自行车路径,增强节点绿色的可达性与驻停的舒适性。围绕57处公共文化设施,设置并激活32处文化空间节点,灵活应用建筑前区和街道空间。

2)城市副中心

城市副中心慢行特色区域的主要特点是倡导绿色出行,提升出行品质和交通运行效率,建立行人和骑行者优先的交通系统。依托小街区、密路网的城市道路系统,在道路红线内同步高标准建设约1000公里自行车道,作为骨干廊道的延伸和补充,满足日常骑行需求。

沿大运河两侧绿带、六环路高架公园、京秦铁路入地绿带、设施服务环地面绿带建设“米字＋环形”的自行车骨干廊道，有条件的地区采用全封闭形式建设自行车专用路，实现长距离快速通行。沿滨水空间、绿色空间、公共空间建设独立的自行车道，串联沿线开敞空间和亲水节点，构建约280公里蓝绿交织的城市绿道系统。

3）商业活力步行街区

以步行促进商业活力，优化提升王府井大街、西单等北京传统商业街区的商业活动。鼓励商业外摆，以增强街道的商业氛围。以地下道路等方式实现地面无车化，将道路空间、建筑前区进行一体化设计。

4）文化体验慢行街区

如首钢、焦化厂等老工业区，以工业设施改造促进慢行环境提升，充分利用现有的场地要素，建设特色体验区，如首钢空中慢行走廊、高炉平台等。除外之外，建设前门、天桥、南锣鼓巷等历史文化精华区，推动无车区设置。

5）科技科创慢行街区

科技科创慢行街区包括中关村科学城、怀柔科学城、未来科学城、亦庄新城等。科技科创慢行街区应突出智慧化街道建设，将街道作为科技应用的场景、交往和产品展示的空间，探索科技实验街道。如中关村大街、五道口创业大街，引入科技公司的探索数据收集、分析及应用功能等。

6）商务金融慢行街区

商务金融慢行街区如丽泽商务区、CBD、通州运河核心区等，重点建设多层次、可渗透的慢行交通系统。充分利用地下空间、二层建筑连廊、地面公共空间建设三层慢行网。逐渐开放建筑首层，以便行人能够随意穿行，让公共空间渗入建筑。

7）慢行友好居住街区

慢行友好居住街区如回龙观、天通苑地区。打开大院，打通慢行微循环，建设轨道站点与居住区之间的通勤廊道。已经建成通车的回龙观至上地自行车专用路就是慢行友好居住街区的成功典范。

8）慢行友好枢纽街区

慢行友好枢纽街区如副中心站、丰台火车站等，完善慢行网络，衔接轨道和公交站点，通过公共空间联系与交通流线调整，将枢纽与周边进行一体化设计。通过吸引与设计相符合的商业业态，满足活动聚集需求，更好地营造公共空间氛围。连接重要的公共空间节点，增加行人活动动态路径联系，打造步行系统网络。

2.5　自行车专用路规划目标及策略

自行车专用路有助于统一全社会对自行车复兴的认识，强调具有独立路权的自行车交通基础设施是践行城市总体规划的有力政策工具。规划向全社会发出自行车交通强势回归的信号，回应市民渴望改善出行条件的强烈诉求，基于关注安全性、设置标准和设计逻辑的传统交通工程视角，结合关注公共空间活力效益的城市设计视角，转型为关注出行变革、社会效益和交通策略的公共政策视角。由自下而上转变为自上而下，促成公众和书记、市长达成共识。市政府高度重视，推进多样化自行车网络的规划建设是提升城市可持续性发展与市民生活质量的交通战略、城市战略和市长战略。

建设自行车专用路，一方面可以提供骑行速度更快的自行车通行空间，另一方面还要通过专用路的建设带动沿线自行车网络通行条件的整体改善。科学合理地建设自行车专用路，可以打通天堑，跨越阻隔，进行两侧的空间修补，串联重要节点；可以更好地统一社会各界对自行车发展的认识，更好地发挥带动示范作用，加快推动连续、安全的自行车网络体系建设和出行环境品质提升，实现绿色出行，完成分段式地面系统自行车交通改善规划、城市设计和周边环境改善方案，提升空间品质，使交通、生活等综合效果最大化。

本章参考文献

[1] 北京市规划和自然资源委员会. 北京城市总体规划(2016 年—2035 年)[S]. 2017.

[2] 王维凤，叶建红，方雪丽，等. 基于骑行感受的自行车出行品质评价应用研究[J]. 城市交通，2016，14(5):44-49.

[3] 北京市城市规划设计研究院. 北京市自行车与步行交通专项规划[S]. 2016.

[4] Nelson A, Allen D. If You Build Them, Commuters Will Use Them: Association Between Bicycle Facilities and Bicycle Commuting[J]. Transportation Research Record Journal of the Transportation Research Board, 1997, 1578(1):79-83.

[5] Moritz W E. Survey of North American Bicycle Commuters: Design and Aggregate Results[J]. Transportation Research Record Journal of the Transportation Research Board, 1997, 1578(1578):91-101.

[6] Sears J, Flynn B S, Aultmanhall L, et al. To Bike or Not to Bike Seasonal Factors for Bicycle Commuting[M]. 2012.

[7] Dill J, Mcneil N. Revisiting the Four Types of Cyclists: Findings from a National Survey[J]. Transportation Research Record Journal of the Transportation Research Board, 2016, 2587: 90-99.

[8] Fishman E. Cycling as Transport[J]. Transport Reviews, 2016:1-8.

[9] Thomas T, Jaarsma R, Tutert B. Exploring temporal fluctuations of daily cycling demand on Dutch cycle paths: the influence of weather on Cycling[J]. Transportation, 2013, 40(1):1-22.

[10] Rybarczyk G, Gallagher L. Measuring the potential for bicycling and walking at a metropolitan commuter University[J]. Journal of Transport Geography, 2014, 39(39):1-10.

第3章

自行车专用路必要性分析

3.1 区域出行需求

3.1.1 区域基本情况

回龙观地区和上地软件园的地理位置如图3-1所示。回龙观地区的范围南至建材城西路,北至回南北路,西至京藏高速公路,东至地铁8号线。龙域地区的范围北至龙域环路,南至安宁庄路,西至京新高速公路,东至京藏高速公路。上地软件园地区的范围北至后厂村路,南至上地南路,西至西北旺东路,东至京新高速公路。

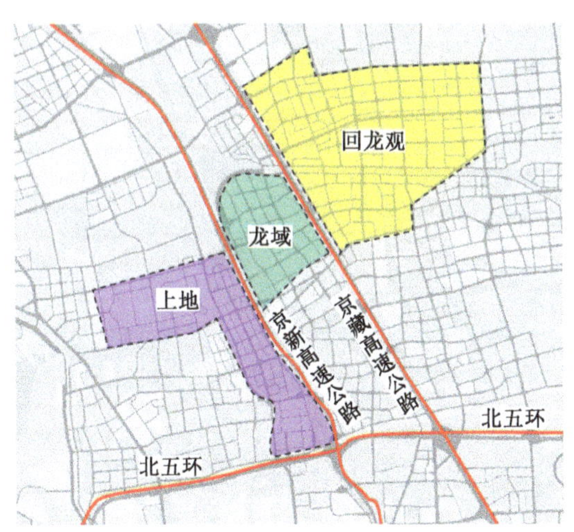

图3-1 回龙观地区—上地软件园地理位置图

1)回龙观地区

回龙观地区是首都城市中心的组成部分,是承接首都中心城区人口转移的重要载体,同时也是首都宜居城市的组成区域之一。回龙观地区的功能定位是:现代化城市居住区、文化创意产业基地、现代商贸中心。

回龙观地区的四大主要功能区是:

(1)国际商务区。国际商务区的范围主要在京藏高速公路以西,北清路左右两侧。依托现有的中关村国际商城、中关村生命科学园和三一产业园,规划建设一个集酒店、会议中心、学术交流为一体的国际商务圈。

(2)高科技产业走廊。结合昌平区提出的建设“金十字”高科技产业走廊的发展战略,在七北路沿线打造一个具有良好生态环境、商务花园群落特征显著的企业总部聚集区。

(3)文化休闲功能区。在文化居住区内引导发展建设行政服务中心,建设标志性的市民休闲文化设施,合理布局学校、科技馆等公共服务及商业配套等现代城市功能设施,形成文化休闲功能区。

(4)核心居住区。核心居住区是以27个经济适用房小区为主体的文化居住大社区,以地铁13号线为界分为南北两部分,又以京藏高速公路为界分为东西两部分。“十二五”期间该区域增设了三个外围居住区,分别是位于京藏高速公路以东,七北路以北的北五村旧村改造回迁小区;配合“金十字”高科技产业走廊的开发建设,配套建设高档公寓以满足产业精英人士需求的商居集中区,以及在北四村搬迁后,为满足中关村生命科学园内外籍专家居住需求,在国际商城北侧规划建设的较高水准的国际社区。回龙观核心居住区范围如图3-2所示。

图3-2 回龙观核心居住区范围

2)上地软件园

上地软件园也称为中关村软件园,位于北京市海淀区,占地面积为139公顷,建筑面积60余万平方米。上地软件园是我国著名的软件基地,由商务区和研发区组成。上地软件园是中

关村国家自主创新示范区中的新一代信息技术产业高端专业化园区，是北京建设世界级软件名城的核心区，同时也是我国创新驱动战略体系成果的展示窗口、国际合作与技术转移的关键节点、科技惠及民生的重要源头。目前，上地软件园正在向着区域辐射、创新聚集的方向加速迈进，目标是率先在软件与信息服务业领域建设成为具有全球影响力的科技创新中心。

上地软件园的主要定位有以下几点。

（1）高端产业布局

园区内集聚了能源、交通、通信、金融、国防等国民经济重要领域的行业应用领军企业，体现了工业化与信息化的深度融合，代表了战略性新兴技术创新国家队水平。园区始终站在行业创新发展的最前沿，在云计算、移动互联、大数据、互联网金融、人工智能、新型 IT 服务产业等方面率先形成了全国领先的特色产业集群，拥有高度的产业话语权和技术主导权，呈现出典型的现代服务业高端形态。

（2）总部企业云集

截至 2018 年年底，园区集聚了逾 600 多家国内外知名 IT 企业总部和全球研发中心，总部经济达 80% 以上。在园区从业的软件工程师达 7.79 万人，总产值 2519.6 亿元，国家规划布局内重点软件企业 28 家、跨国公司研发总部 7 家、上市企业（含分支机构）67 家、中国软件百强企业 15 家、收入过亿企业 71 家。

（3）高端人才汇集

园区“国务院特殊津贴”“青年千人”“长江学者”“海聚工程”“高聚工程”和“科技北京”领军人才等共计 101 人（131 人次），拥有两院院士 10 人。

（4）自主创新

随着园区产业环境和服务的不断完善和优化，企业取得的新技术、新产品、新应用和新成果不断涌现。2018 年，园区研发经费共投入 296 亿元，研发投入占比达 11.7%，知识产权共计 46964 项。企业共获得国家级科技进步奖励 43 项，其中国家科技进步奖特等奖 1 项，国家科技进步奖一等奖 7 项，科技成果转化 448 项。

3.1.2　出行需求

手机信令数据显示，回龙观地区日均集散人口约 62.5 万人。其中，居住人口约 27.6 万人，占 44%；工作人口约 8.4 万人，占 13.4%。本地职住人口约 5.7 万人，职住比为 0.3∶1。

回龙观地区工作人口通勤期望线分布如图 3-3 所示。从图中可以看出，该地区通勤具有明显的方向性，且通勤方向较为集中，主要集中在上地、中关村、望京、温泉及泛 CBD 区域。其中，上地软件园为最主要的工作地，占回龙观工作人口的 13.8%，约 1.16 万人。

回龙观地区是现代化城市居住区，以居住为主要职能；上地软件园是新一代信息技术产业高端专业化园区，以就业为主要职能。两地之间具有大量集中定向的通勤需求，具备修建自行车专用路的基础条件。

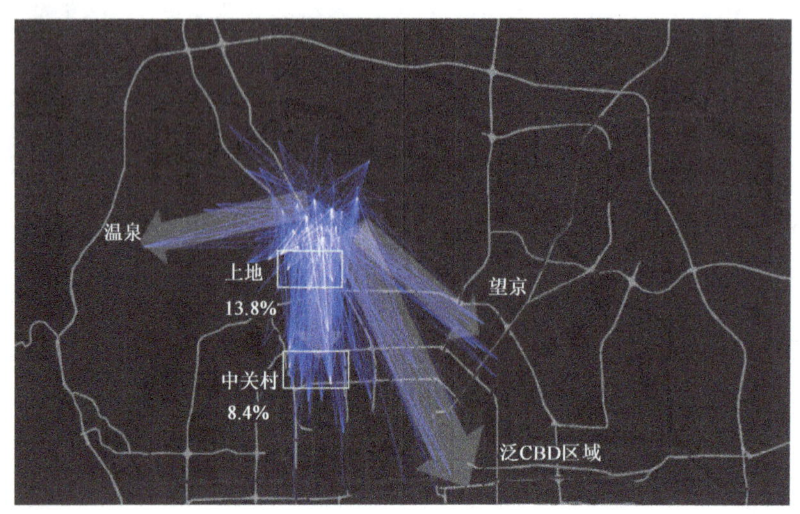

图 3-3　回龙观地区工作人口通勤期望线分布图

3.2　区域现状交通运行情况

3.2.1　道路交通堵

通过北京市浮动车监控数据可以看出，早高峰时段，回龙观地区、上地软件园与京藏高速公路和京新高速公路交织路段的道路拥堵情况严重。早高峰道路交通运行情况如图 3-4 所示。

图 3-4　早高峰道路交通运行情况

回龙观地区内部道路早高峰时段较为顺畅，拥堵路段主要集中在内部道路与周边道路的衔接段，即回龙观大街进入京藏高速公路处（北郊农场桥附近）。回龙观地区早高峰道路交通运行情况如图 3-5 所示。

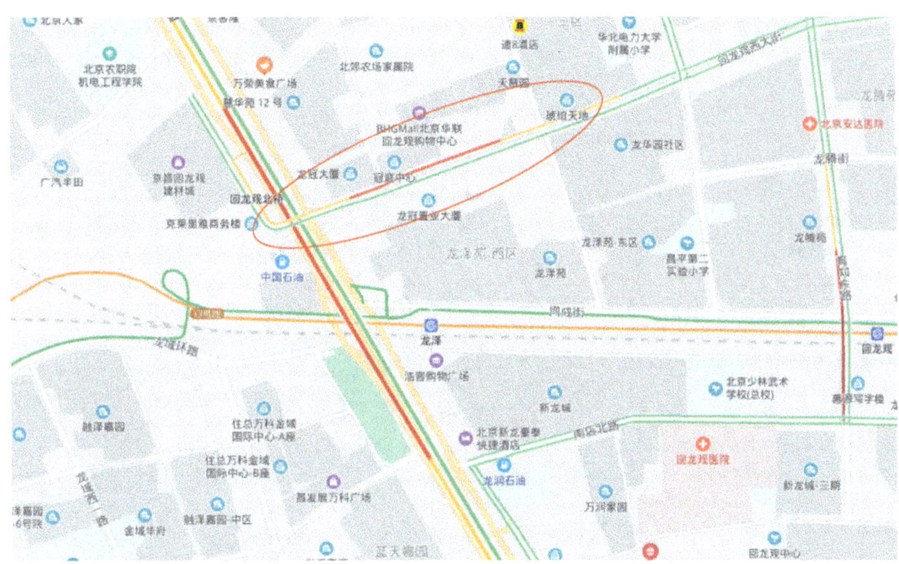

图 3-5 回龙观地区早高峰道路交通运行情况

上地软件园早高峰主要以到达客流为主,拥堵路段主要集中在工作地聚集处,以及连接京新高速公路东西走向的西二旗大街和后厂村路附近(即西二旗桥下)。上地软件园早高峰道路交通运行情况如图 3-6 所示。

图 3-6 上地软件园早高峰道路交通运行情况

3.2.2 地面公交慢

连接回龙观地区和上地软件园的公交线路仅有 1 条,即 636 路公交车。636 路公交车线路如图 3-7 所示。

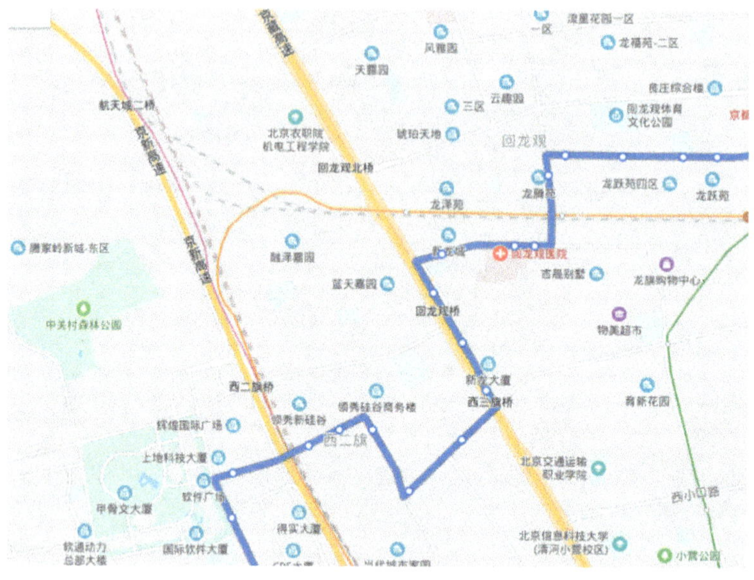

图 3-7　636 路公交车线路图

从图中可以看出，受京藏高速公路和京新高速公路的阻隔，公交线路绕行距离较远。早高峰时段京藏高速公路拥堵情况较为严重，从回龙观乘坐公交车前往上地软件园的早高峰出行时间长达 1 小时 20 分钟左右。

3.2.3　轨道交通挤

回龙观与上地软件园区域之间有 1 条轨道交通线路——地铁 13 号线，4 座地铁站——霍营站、回龙观站、龙泽站和西二旗站，其中前三座地铁站为早高峰限流车站。龙泽至西二旗段高峰小时断面满载率超过 110%，轨道交通的运行压力大。轨道交通早高峰拥挤度如图 3-8 所示。

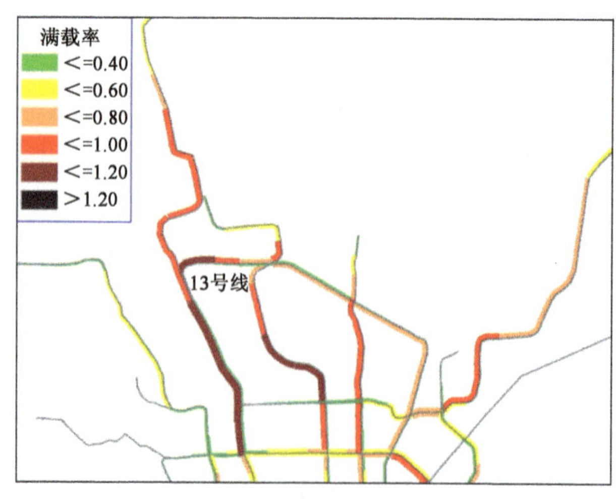

图 3-8　轨道交通早高峰拥挤度

根据轨道交通自动售检票系统(AFC)数据可知,早高峰N1时回龙观地区的各车站进站量都较大,总进站人数超过3.4万人次,其中霍营站、回龙观站和龙泽站的进站人数分别为1.4万人次、1万人次和1万人次。

早高峰期间龙泽站、回龙观站和霍营站站外排队时间较长,平均站外排队等候时间为15分钟以上。图3-9为早高峰期间回龙观站进站客流排队情况。

早高峰期间龙泽站、回龙观站和霍营站站台同样较为拥挤。图3-10为龙泽站站台等候情况。

图3-9 早高峰期间回龙观站进站客流排队情况

图3-10 早高峰期间龙泽站站台等候情况

3.2.4 自行车出行风险

回龙观至上地软件园的直线距离仅为3.8公里,通勤距离在6公里左右,如图3-11所示。通过对该区域的实地踏勘发现,回龙观至上地软件园由于受到京藏高速公路和京新高速公路的阻隔,地面自行车出行条件较差,自行车道连续性不佳,机非混行突出,对骑行者的安全出行造成威胁。

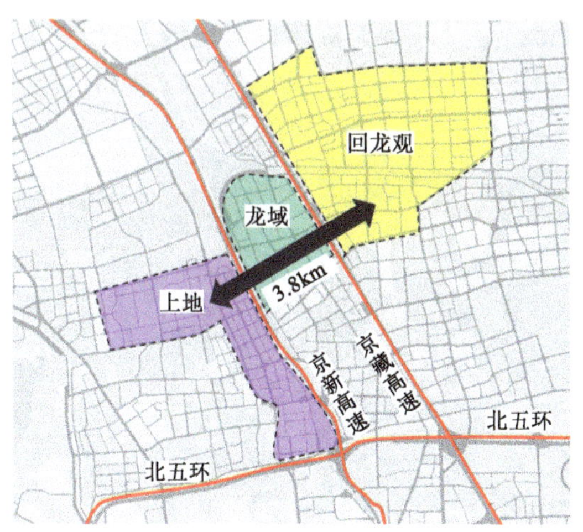

图3-11 回龙观—上地软件园位置图

目前,跨越京藏高速公路和京新高速公路的节点主要有7个,具体位置如图3-12所示。跨越京藏高速公路的节点有4个,跨越京新高速公路的节点有3个。其中,位于北部的跨越京藏高速公路的 3 个节点,主要依靠机动车立交桥和人行天桥进行跨越,自行车骑行环境较差。

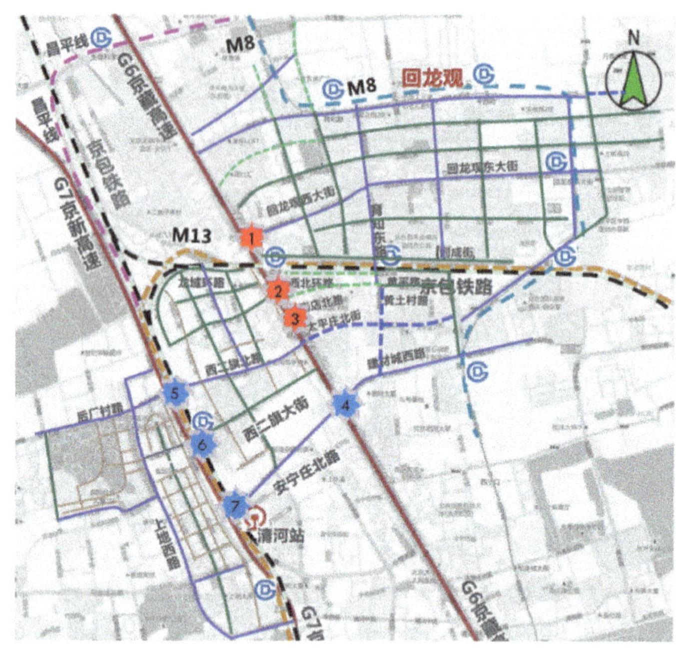

图 3-12　京藏、京新高速公路主要跨越点位置图

各节点的具体情况如下:

(1)1 号节点位于北郊农场桥处。该桥为机动车立交桥,目前无自行车道。但调研发现,自行车通行的需求较大,回龙观地区部分通勤人员选择该条通道跨越京藏高速公路。

(2)2 号节点位于北郊农场桥以南,为人行过街天桥,可通过推行自行车跨越京藏高速公路,如图 3-13 所示。

(3)3 号节点为回龙观桥。目前该桥为机动车立交桥,无非机动车道,但该节点处存在自行车骑行人群。回龙观桥如图 3-14 所示。

图 3-13　跨越京藏高速公路的人行天桥

图 3-14　回龙观桥

(4)其余 4 个节点为地面平交自行车道,自行车可通过地面系统通过。平交道路自行车骑行流量较大,且受下穿立交桥的影响,骑行坡度较大,骑行环境和骑行体验有待提升。

表 3-1 为现状立交骑行条件表。

现状立交骑行条件表　　表 3-1

序　号	名　称	桥名(道路)	骑行条件	现　状
1		北郊农场桥	×	无自行车道,有需求
2	G6 京藏高速公路	人行天桥	×	自行车推行
3		回龙观桥	×	无自行车道,有需求
4		西三旗桥	√	平交
5		西二旗北路	√	下穿
6	G7 京新高速公路	西二旗大街	√	下穿
7		安宁庄路	√	平交

同时,由共享单车开关锁数据显示,回龙观地区不同居住地人群选择的骑行通道有所差异。主要的出行通道有 4 条,分别为建材城西路、回龙观东西大街、西二旗北大街和后厂村路。通过共享单车开关锁热力分布图可知,连接两区域的出行线路以南部通道为主,北部通道由于目前尚未连续,自行车流量较低。图 3-15 为某品牌共享单车早高峰开关锁热力分布图。

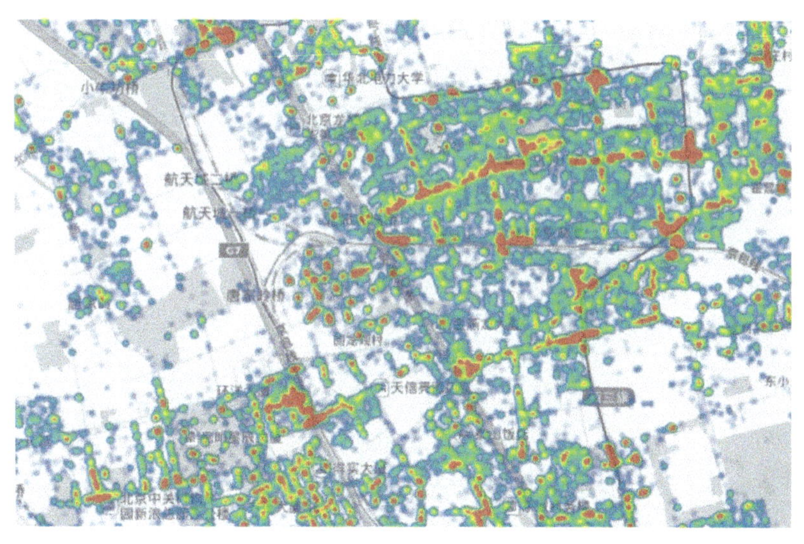

图 3-15　某品牌共享单车早高峰开关锁热力分布图

总体来看,可将回龙观与上地软件园之间的自行车通勤人群分为 4 个不同区域,如图 3-16 所示:回龙观西侧人群、回龙观东侧人群、西三旗地区人群和龙域区域人群。目前,南部区域的居民出行可通过既有的地面自行车道实现出行,但北部的回龙观及龙域区域的居民利用自行车出行的通道条件较差,自行车出行安全性较低。

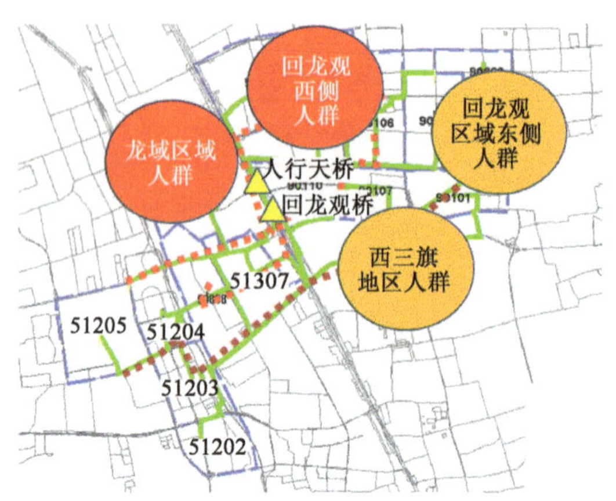

图 3-16　回龙观与上地软件园之间的自行车通勤人群分区

3.3　区域出行距离

回龙观与上地软件园之间的直线距离为 3.8 公里，通勤距离在 6 公里左右，属于中短距离出行。不同交通方式的合理出行距离如图 3-17 所示。其中，步行的合理出行距离在 1 公里以内，自行车的合理出行距离大致在 0.5～8 公里，公共汽车、小汽车和轨道交通的合理出行距离跨度较大，既适合 2～3 公里的中短距离出行，也适用于 300 公里以上的长距离出行。

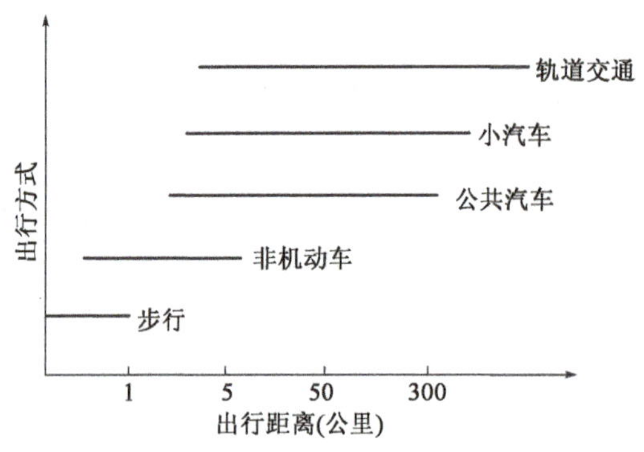

图 3-17　不同交通方式的合理出行距离

综上所述，回龙观与上地软件园之间的通勤在自行车的合理出行距离范围之内，满足在回龙观至上地区域建设自行车专用路的前提条件。

3.4　区域居民自行车出行意愿

为了解回龙观至上地软件园区域通勤居民对建设自行车专用路的意愿，在规划初期开展了自行车专用路选择意愿调查工作。意愿调查的对象为居住在回龙观地区，同时在上地软件园工作的人群。

(1)调查地点：为准确把握调查群体，选择在地铁西二旗站和上地九街西口公交站周边开展调查。

(2)调查时间:早高峰7:30—9:30。

(3)调查数量:200份问卷。

问卷结果显示,居民对建设自行车专用路的呼声较高。80%以上的被访者表示,在自行车出行条件较好的情况下愿意选择使用该道路。其中,乘坐公交车的乘客选择转移的意愿为80%,乘坐轨道交通的乘客选择转移的意愿为82%。问卷调查具体结果如图3-18和图3-19所示。

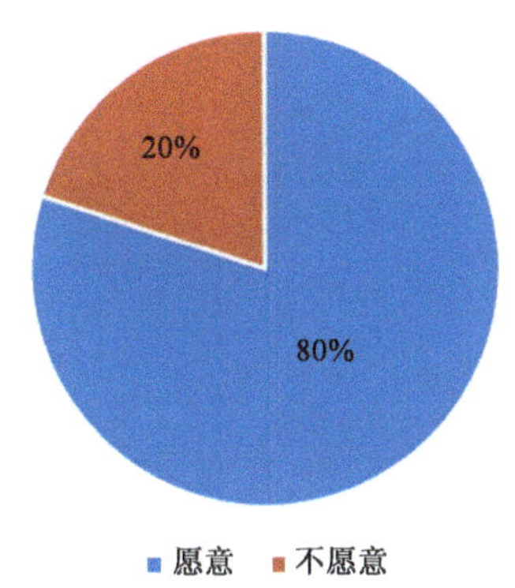

图3-18　公交车乘客选择意愿图

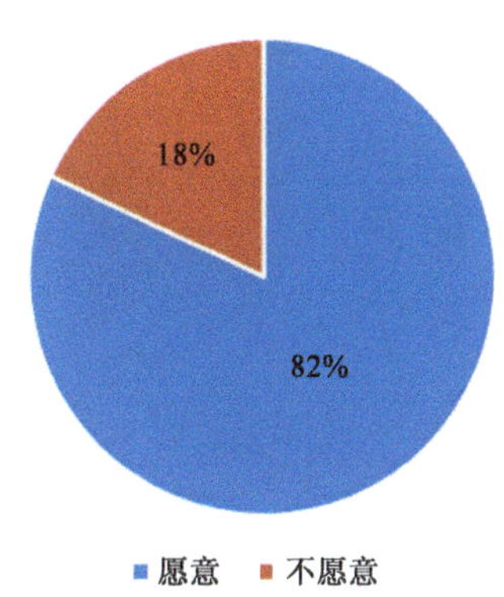

图3-19　轨道交通乘客选择意愿图

通过上述分析可以得出以下几个结论。

1)该区域具有大量集中定向的通勤出行需求

回龙观地区以居住为主,上地软件园以就业为主。回龙观地区的工作人口中大约有1.16万人的工作地点在上地软件园,两地之间具有大量集中定向的通勤出行需求,具备修建自行车专用路的基础条件。

2)区域现状交通运行情况有待提升

(1)道路交通堵。由于这两个区域与京藏、京新高速公路衔接路段拥堵不堪,导致早高峰两地之间的出行耗时在40~50分钟。

(2)地面公交慢。地面公交运行线路绕,停靠站点多,同时受道路交通拥堵的影响,早高峰两地之间的出行耗时在70~80分钟。

(3)轨道交通挤。两区域内涉及的地铁车站均为限流车站,地铁13号线龙泽至西二旗段满载率超过110%,站外排队等候时间超过15分钟,车厢内拥挤不堪。

(4)自行车出行险。受高速公路阻隔影响,两地之间自行车出行需要穿越多个立交桥,自行车道连续性差,机非混行严重,自行车出行危险且费力。

3)区域出行距离适宜自行车出行

回龙观与上地软件园之间的通勤距离在6公里左右,属于中短距离出行,适宜采用自行车出行,满足了在两地区之间建设自行车专用路的基础条件。

4)区域居民自行车出行意愿强烈

通过对居住在回龙观地区并在上地软件园工作的人群开展意愿调查发现:居民对该区域建设自行车专用路的呼声较高。80%以上的被访者表示,在自行车出行条件较好的情况下愿意使用该道路。

综上所述,回龙观与上地软件园之间拥有大量集中定向的中短距离出行需求,现状交通运行情况差,并且周边居民希望建设自行车专用路的呼声强。因此,在该区域建设自行车专用路是十分必要和迫切的。

建设昌平区回龙观至海淀区上地软件园自行车专用路,是对群众呼声的响应,为两地区之间大量的通勤者提供一种高效、便捷、绿色、健康的自行车出行选择。同时可优化两地区交通组织结构,解决两地区之间自行车连通性差、出行困难的问题,加强两地区交通联系,提高两地区通勤效率。

本章参考文献

[1] 中关村软件园[EB/OL]. http://www.zpark.com.cn.html.

第4章

自行车专用路需求预测

4.1 预测思路及方法

4.1.1 预测思路

为分析回龙观至上地软件园自行车专用路的建设需求，采用居民出行意愿调查和流量调查等方式，以获取区域居民出行的特征数据和道路流量的分布数据。通过轨道和公交 IC 卡监测数据，分析区域居民利用轨道交通和公交车出行的特征，并基于自行车专用路沿线相关土地数据和人口统计资料数据，在前期区域居民出行特征分析的基础上，采用四阶段法构建回龙观至上地软件园自行车专用路通道需求预测模型。采用整体区域分析和具体预测相结合的方法，提出不同情景下通道的出行量预测结果和各出入口的出行结构。

具体需求预测研究思路如图 4-1 所示。

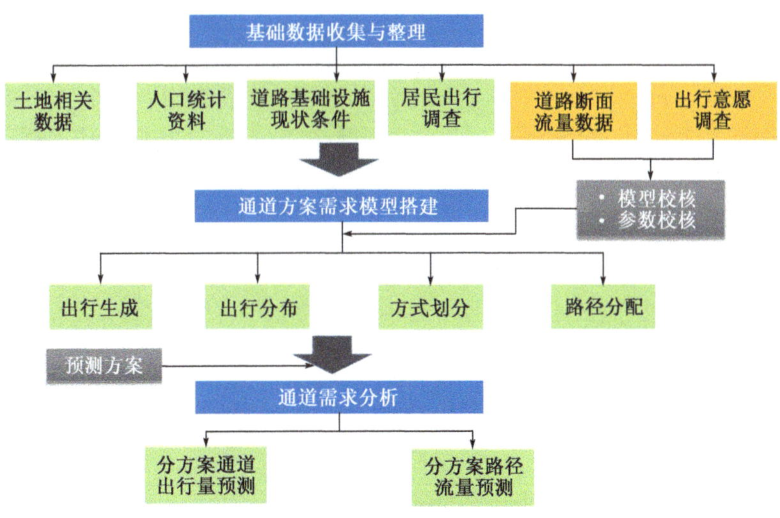

图 4-1　需求预测研究思路

4.1.2 预测方法

交通需求预测模型是交通需求预测的基础。该模型主要包括交通需求模型和交通供给模型。交通需求模型与交通供给模型相互作用,需求模型根据供给模型交通分配计算的结果对交通出行生成、出行分布、出行方式的选择进行调整,调整后的交通需求将产生新的分配结果。需求模型和供给模型循环迭代直到供需双方达到平衡收敛,使得交通系统最终达到一个平衡的状态。需求模型和供给模型的原理及预测方法如下。

1)需求模型

交通需求模型包含交通小区的分类居住人口、土地使用数据和基于出行目的(Activity-Based)的活动链数据。交通需求模型根据交通小区的居住人口、土地利用数据、供给模型计算的服务水平指标进行预测,根据个人出行行为划分的居民分组来模拟居民的出行活动,以生成居民一日的活动链估计和预测不同模式的 OD 矩阵。

基于活动(或称之为出行目的链)的交通需求模型(Activity-Based Travel Demand Model)包括三个子模型:活动模型(Activity Model)、目的地选择模型(Destination Choice Model)、LOGIT 模式选择模型(Logit Mode Choice Model),分别对应于四阶段模型中的出行生成、出行分布、方式划分三个阶段。

(1)出行生成

在出行生成阶段,活动模型根据交通小区中的居民分组数据和不同分组居民的一日出行活动链(Activity Chains),计算出各交通小区一日的出行目的活动链数据。活动链描述了一个人一日中与出行相关活动的次序,活动链的起点和终点都是家庭。这里活动的定义相当于一次目的地的出行(Trip Purpose),活动是与出行行为相关的活动,而与出行行为无关的活动则不计入活动链中。

(2)出行分布

在出行分布阶段,目的地选择模型通过将各种活动分布到相应的目的地小区,将活动链数据转化为出行链数据。对于出行链中活动目的地的选择,模型必须为每个活动提供交通小区对这个活动(出行)的吸引度量化数据(如土地利用数据);然后目的地的选择根据出行 OD 对之间的阻抗(例如距离、出行时间等)、各居民分组、居民活动类型对于这些阻抗的敏感度决定。

(3)出行方式的选择

经过出行生成和出行分布阶段,得到总的出行需求,并以 OD 小区之间出行链的形式表现。然后根据多维 LOGIT 模式选择模型,考虑到可转换交通模式和不可转换交通模式的因素,将出行链分解为特定的交通模式。

针对自行车专用路的需求预测,在既有模型的基础上采用 LOGIT 模型,对自行车出行方式的各项参数进行了调整。

自行车流量预测常规考虑的关键影响因素为出行时间和出行费用。本次分析中进一步考虑了与自行车专用路通道吸引力相关的关键影响因素,包括坡长、出入口设置、宽度、雨棚、停车平台等。基于此,对参数 Γ 进行调整。

具体的 LOGIT 模型公式如下:

$$P_i = \frac{\exp(U_i)}{\sum_{i=1}^{N}\exp(U_i)} \tag{4-1}$$

$$U_i = \alpha_i T_i + \beta_i C_i + \Gamma \tag{4-2}$$

式中：Γ——自行车专用路通道吸引力关键影响因素常数；

U_i——效用；

α_i、β_i——未知参数；

P_i——交通方式划分率；

T_i——出行时间因素；

C_i——出行费用因素。

基于自行车出行的交通方式划分阶段重点考虑了三个方面：一是社会经济状况，如出行人群的车辆拥有状况；二是各种交通模式的效用函数，其中自行车专用路的选择效用函数充分考虑了自行车出行的影响因素，包括坡道、出入口设置位置、宽度、雨棚、停车平台等；三是在一个出行链中选择的约束（这些约束定义为可转换的交通模式和不可转换的交通模式）。

2）供给模型

交通供给模型包括交通供给系统的相关交通网络数据（交通小区、道路路段、道路节点等）和交通分配模型。供给模型以交通需求（OD 矩阵）和交通网络数据作为输入量，使用交通分配模型对交通系统进行分析和评价。

（1）交通网络

交通网络描述了交通系统中供给的数据，包括道路网络、相应的交通模式、产生出行的交通小区，节点（代表网络中的交叉口），路段（小汽车和自行车在道路网络的速度、不同道路的通行能力以及自行车和其他交通方式的行程时间），转向关系，交通小区和小区引线。

（2）交通分配

在交通分配阶段，根据需求模型得到各模式的交通矩阵，供给模型再进行不同交通方式的交通方式分配，并计算相应各模式的道路网络指标，与需求模型进行循环迭代，使得交通系统供需达到平衡收敛。

4.2　基础数据调查及分析

为掌握回龙观至上地软件园的自行车出行需求及意愿，采用断面流量调查和居民出行意愿调查，对区域主要通道的自行车断面流量和自行车专用路选择意愿开展数据收集，为后续自行车专用路需求分析模型的构建和需求预测奠定基础。

4.2.1　断面流量调查及分析

本次开展的断面流量调查主要在跨区域的主要通道上进行。调查位置包括北郊农场桥、上跨京藏高速公路人行过街天桥、回龙观桥、西三旗桥；调查时间为工作日早高峰 8:00—9:00；调查内容为双向自行车流量。

断面流量调查结果显示，早高峰跨越京藏高速公路的双向自行车流量约为 6000 辆/小时，其中双方向流量基本持平。在跨越京藏高速公路的 4 个通道中，西三旗桥的骑行量最大，其次为人行过街天桥和北郊农场桥。自行车早高峰断面流量分布如图 4-2 所示。

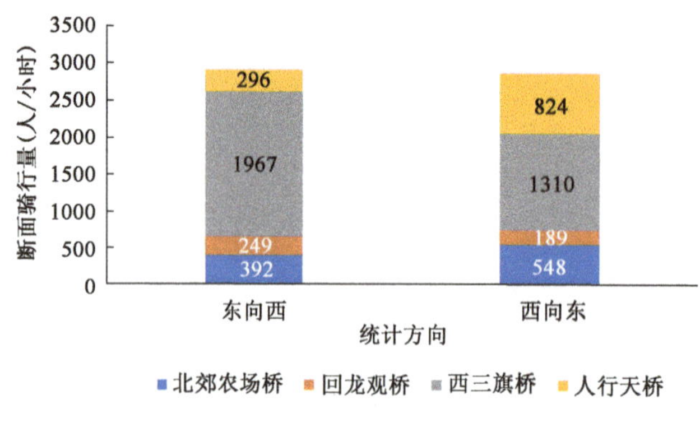

图 4-2　自行车早高峰断面流量分布图

4.2.2　居民出行意愿调查及分析

为进一步分析居民对自行车专用路的选择意愿,针对自行车专用路的大致线路方案,在规划初期开展了居民出行意愿调查。

4.2.2.1　调查方案

1)调查目的

本次居民出行意愿调查的主要目的是:明确回龙观与上地软件园之间通勤人员的现状交通出行结构,作为模型校核的基础,并分析自行车专用路建成后,通勤人员的使用意愿。

2)调查对象

本次居民出行意愿调查的主要对象是:居住地点位于回龙观区域,工作地点位于上地软件园区域的通勤人员。

3)调查方法及问卷要求

本次调查使用结构性问卷进行抽样调查。问卷阅读及答题时间控制在 3 ~4 分钟之内,问卷内容尽量直观、明确。问卷发放的主要方法是联系上地软件园社区,通过社区力量在该区域内随机选取满足调查条件的人员,以网络问卷调查为主。

4)样本数量

以 95% 为置信水平、3% 为误差区间,需要抽取全部研究对象的 10% 作为调查样本。目前回龙观与上地软件园之间的通勤人员数量约为 15000 人,因此计划样本量约为 1500 份。

5)调查时间

本次问卷调查时间为 2017 年 8 月 16 日。

4.2.2.2　调查结果分析

1)问卷回收情况

本次调查共回收 783 份有效样本,且样本分布基本均匀。将回龙观地区分为 4 个区域,如图 4-3 所示。样本统计结果表明,4 个区域的样本数量均超过 140 份,其中居住在回龙观区域①的样本量最多,占总样本量的 37%,其次是居住区域②的样本,占 29%,如图 4-4 所示。

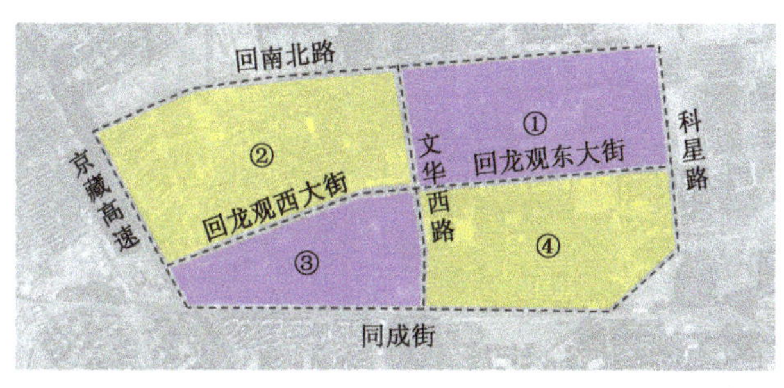

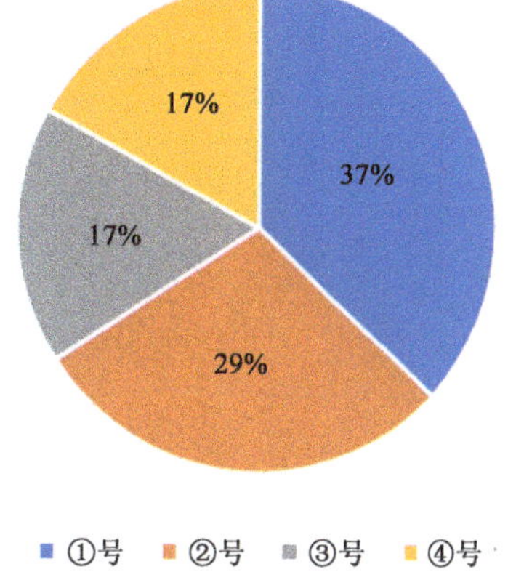

图 4-3 回龙观调查问卷回收区域划分图

图 4-4 回龙观区域调查人群居住分布

本次调查将上地软件园划分为 8 个区域，如图 4-5 所示。样本统计结果表明，在上地软件园就业的样本分布较为均匀，其中在区域③就业的样本量最多，占总样本量的 20%，如图 4-6 所示。

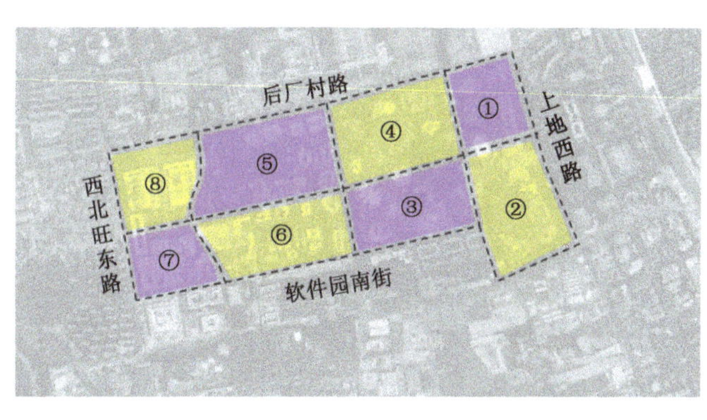

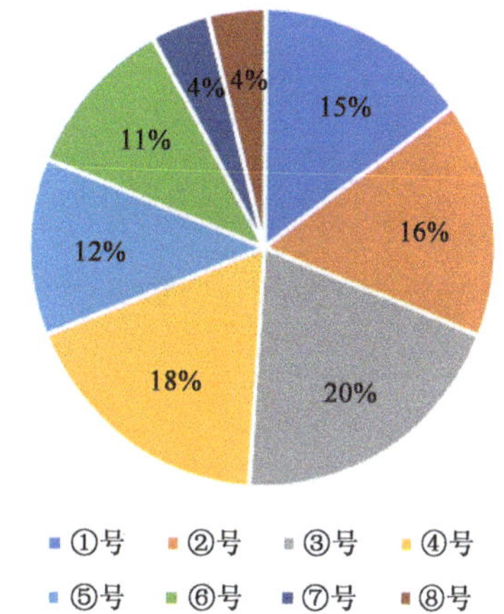

图 4-5 上地软件园调查问卷回收区域划分图

图 4-6 上地软件园区域调查人群就业地点分布

2）主要骑行通道

调查发现，使用自行车通勤的市民，其骑行路径主要有两条，如图 4-7 所示。其中第一条为回龙观西大街—北郊农场桥—龙域中街—西二旗大街—后厂村路及上地西路；第二条为同成街—逆行京藏高速公路辅路—回龙观桥—后厂村路及上地西路。

3）非机动车类型

调查发现，使用私家自行车、共享单车和电动自行车出行的比例基本相等，各约占三分之一，如图 4-8 所示。

4）对自行车道宽度的要求

调查结果显示，97% 的被访者认为当时的自行车道较窄，自行车骑行的安全性和舒适性较低，如图 4-9 所示。

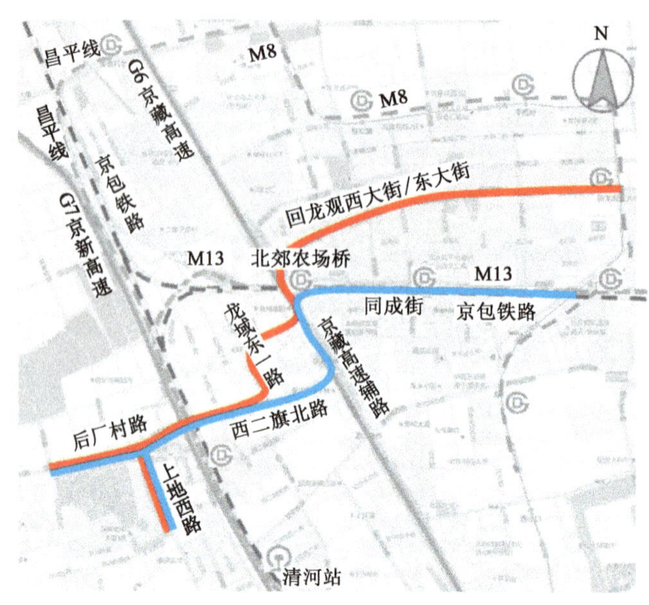

图 4-7　主要骑行通道

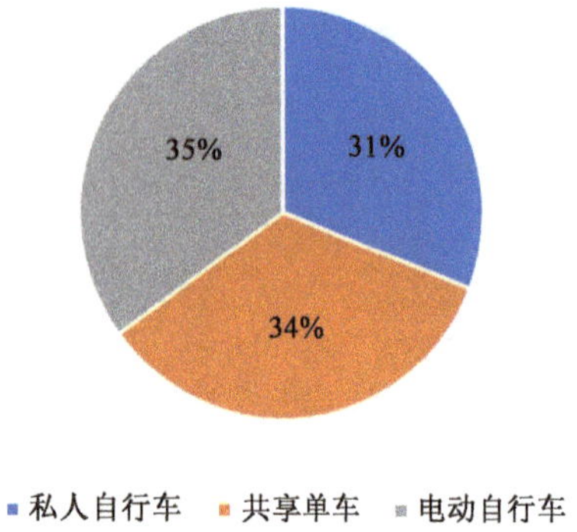

35%
31%
34%

■ 私人自行车　■ 共享单车　■ 电动自行车

图 4-8　非机动车类型分布图

5)居民交通方式转移意愿

调查结果表明,回龙观至上地软件园自行车专用路开通后,居民的整体转移意愿较高,约 94% 的被调查者表示愿意选择使用自行车专用路通勤,如图 4-10 所示。

通过分析各种交通方式的转移意愿,发现当时利用通勤班车、小汽车和出租车的居民,其转移意愿相对较低。而当时利用非机动车、轨道交通和地面公交出行的通勤者,其转移意愿相对较高。不同出行方式转移意愿如图 4-11 所示。

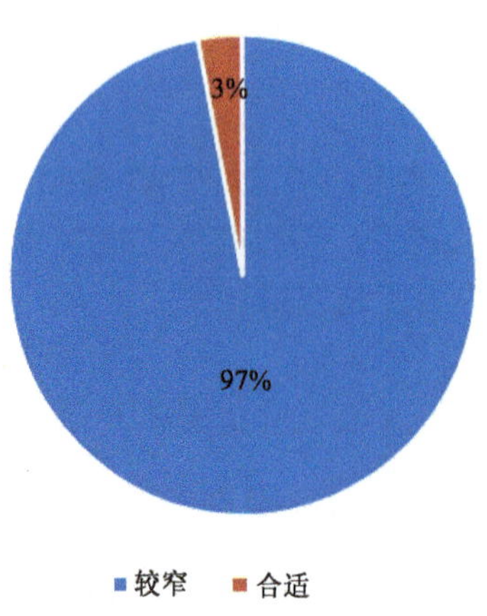

图 4-9　对自行车道宽度的意见

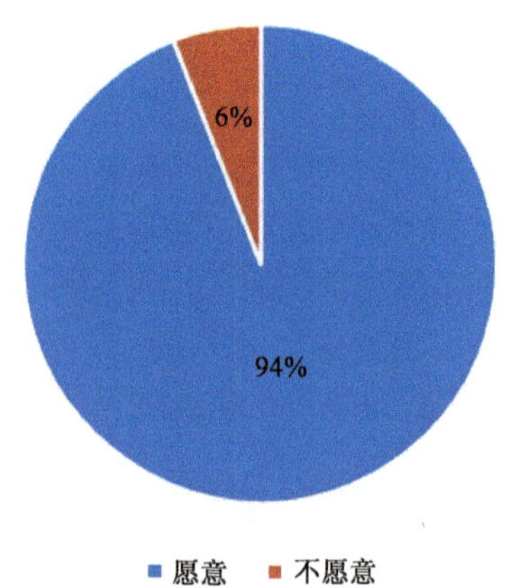

图 4-10　居民交通方式转移意愿分布图

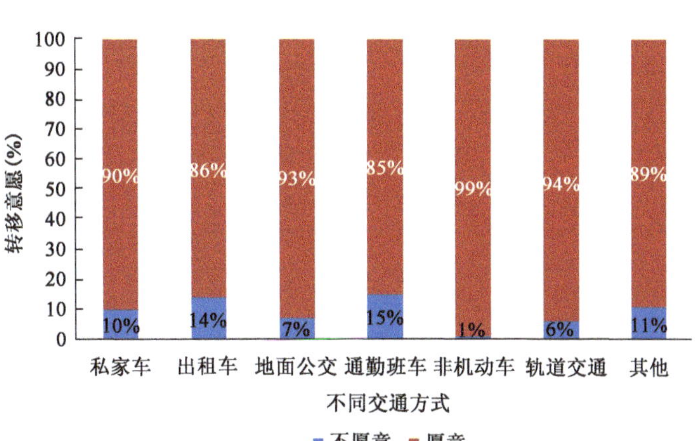

图4-11　不同出行方式转移意愿

4.3　回龙观至上地软件园自行车需求分析

4.3.1　预测方案

1)路线走向

如图4-12所示,自行车专用路起于同成街与文华路相交路口,沿13号地铁北侧绿地布线,向西经回龙观、龙泽地铁站,跨越京藏高速公路,下穿京包铁路,跨越龙域东一路,沿龙域环路至西二旗北路,止于后厂村路与上地西路交叉口,与现况自行车系统相衔接,长度约6.4公里。

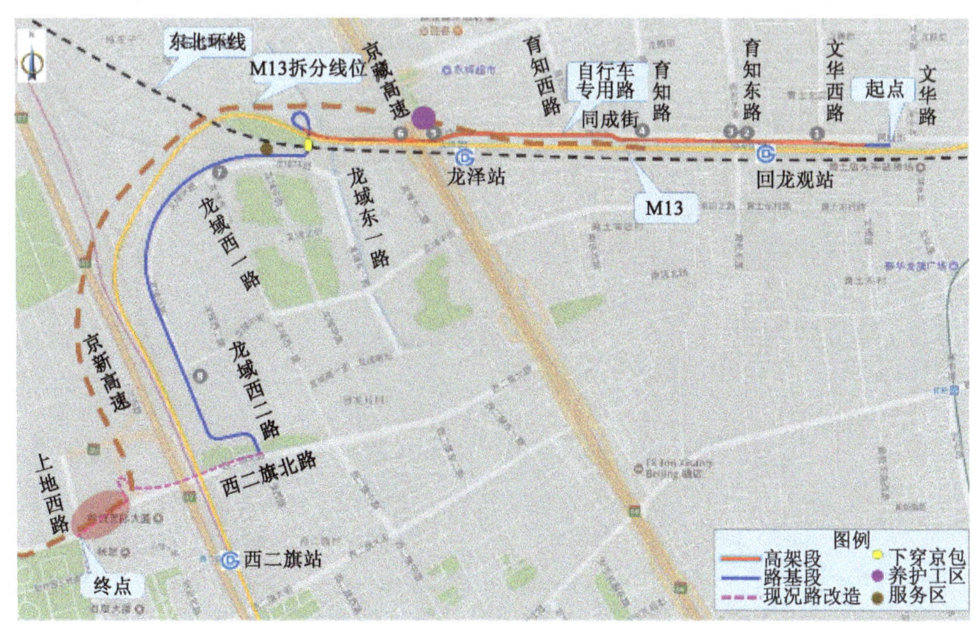

图4-12　回龙观至上地软件园自行车专用路线路走向

2)出入口设置情况

本路线方案共设置出入口10处(包括起、终点):回龙观区域7处,龙域区域3处。其中,可骑行进入的出入口共4处,推行进入的出入口共6处。各出入口的具体设置方式如表4-1所示。

出入口设置汇总表　　表4-1

序　号	出入口位置	出入口设置方式
1	同成街与文华路交叉口(起点)	骑行
2	回龙观地铁站(天桥)	改造现况天桥
3	育知东路东侧	推行(坡度1:7)
4	育知东路西侧	推行(坡度1:10)
5	育知路交叉口	推行(坡度1:10)
6	京藏高速公路东辅路	推行(坡度1:10)
7	京藏高速公路西辅路	推行(坡度1:10)
8	龙域西一路	骑行
9	龙域中街	骑行
10	西二旗北街(终点)	骑行

4.3.2　通道需求预测

4.3.2.1　模型基础数据

1)小区现状人口和就业

基于现状人口就业数据,模型中将回龙观区域、上地软件园区域和龙域区域划分为17个交通小区,各小区现居住人口和就业岗位分布情况如图4-13所示。图中交通小区的划分及编号依据为历次北京城市交通综合调查数据。

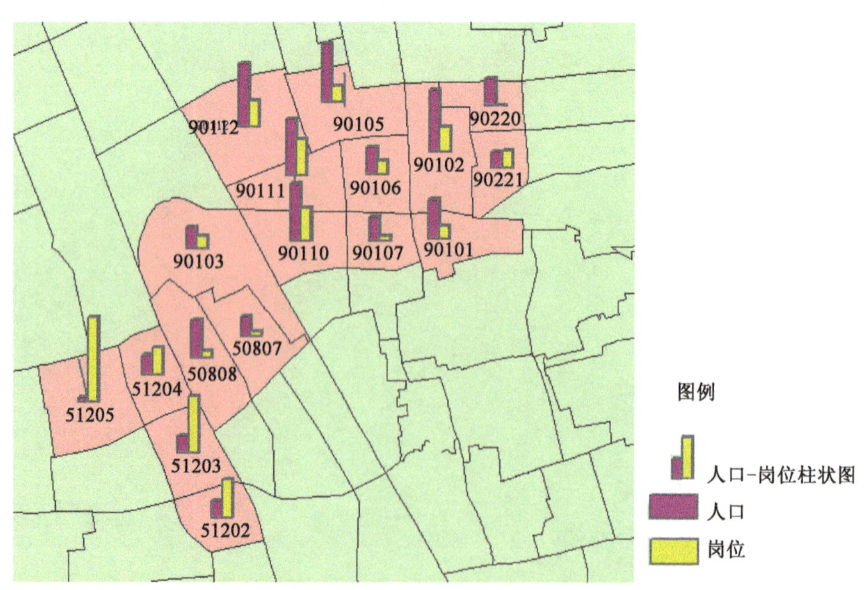

图4-13　回龙观—上地软件园交通小区人口和就业岗位分布图

图 4-13 中 17 个交通小区的总面积为 17.8 平方公里，当时居住人口约为 22 万人。其中，工作人口为 17 万人，约占居住人口的 77%。该区域的工作岗位约有 16 万个。各交通小区人口、工作岗位数量如表 4-2 所示。

各交通小区人口、工作岗位情况表　　表 4-2

小区编号	人口数量(人)	工作岗位数量(个)	面积(平方公里)
50807	7876	1543	1.035
50808	14973	2773	1.133
51202	6329	14811	0.901
51203	6458	21895	0.992
51204	7914	10745	0.929
51205	1809	32868	1.228
90101	15254	5062	0.971
90102	24435	9962	1.187
90103	8452	5006	1.457
90105	22697	5971	1.144
90106	10721	5236	0.964
90107	9342	2105	0.84
90110	22243	12722	1.039
90111	22026	14130	1.014
90112	24771	10058	1.345
90220	10652	71	0.8
90221	6259	6643	0.859
合计	222211	161601	17.838

2）现状 OD 分布

回龙观至上地软件园的早高峰 OD 量为 1.1 万人次，具体分布如图 4-14 和表 4-3 所示。

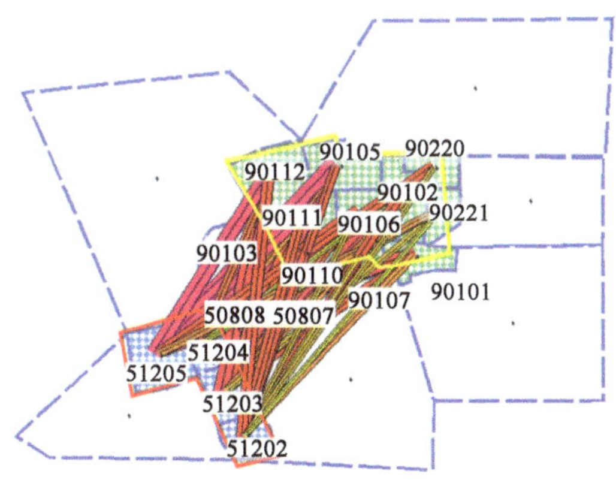

图 4-14　回龙观至上地软件园 OD 分布图

回龙观至上地软件园 **OD** 分布表(人)　表 4-3

O 交通小区编号	D 交通小区编号				
	51202	51203	51204	51205	合计
90101	176	261	128	390	955
90102	293	433	213	648	1587
90105	256	379	186	566	1387
90106	128	190	93	284	695
90107	114	169	83	253	619
90110	310	458	225	685	1678
90111	246	363	179	543	1331
90112	308	456	224	681	1669
90220	124	184	90	275	673
90221	77	114	56	170	417
合计	2032	3007	1477	4495	11011

3)现状道路负荷度

从图 4-15 可知,该区域路网的负荷度较大,主要集中在京藏高速公路沿线。超过 15% 的道路早高峰负荷度在 80% 以上。

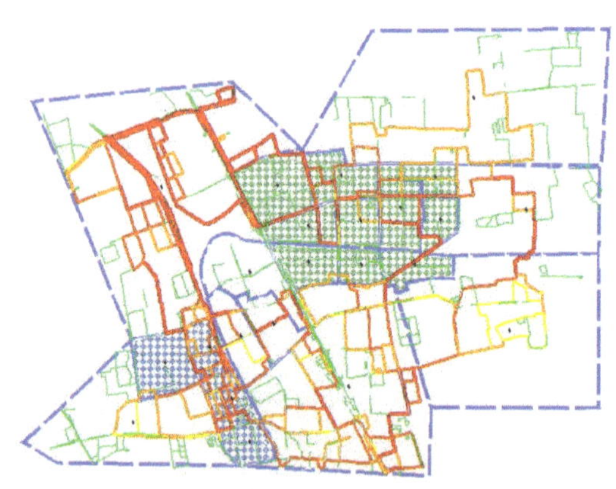

图 4-15　现状网路负荷度分布

4)现状出行结构

利用交通模型和调查数据,得到回龙观至上地软件园区域现状出行结构,如表 4-4 所示。从表中可以看出,采用轨道交通出行的居民数量最多,占 41%;其次为私家车,占 22.8%;而选择非机动车出行的居民仅占 11%。

交通方式出行结构表(不含步行)　　　　表4-4

交通方式	交通出行结构(%)	交通方式	交通出行结构(%)
轨道交通	41.00	通勤班车	7.60
私家车	22.80	出租车	1.50
地面公交	12.30	其他	3.80
非机动车	11.00	合计	100

5)出行距离

模型按照既有的道路情况,通过最短路径,测算了回龙观至上地软件园区域各交通小区间的出行距离。从整体来看,回龙观至上地软件园区域受京藏高速公路和京新高速公路的阻隔较为严重,平均出行距离为8公里,交通小区间的出行距离为5.6~11公里,基本属于中短距离出行。具体情况如图4-16和表4-5所示。

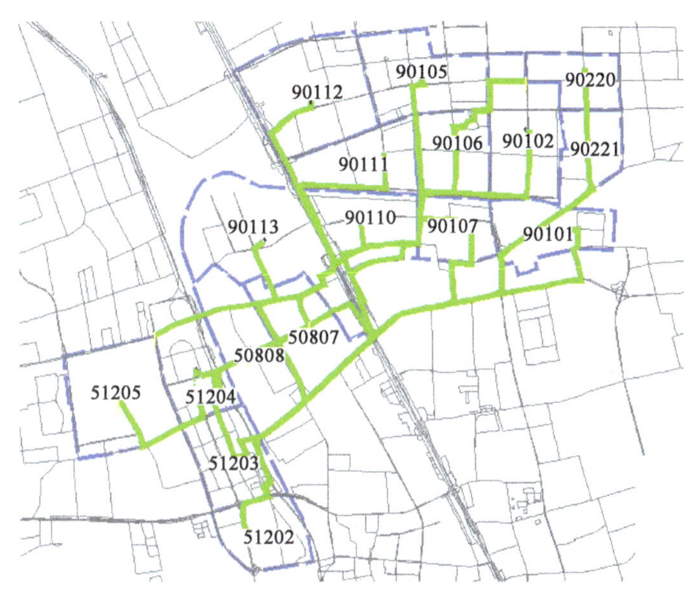

图4-16　各交通小区最短路径分布图

回龙观至上地软件园各交通小区出行距离分布表(公里)　　　　表4-5

O交通小区编号	D交通小区编号			
	51202	51203	51204	51205
90101	6.6	7.4	7	7.6
90102	9.3	9.3	9	9.2
90105	8.4	8.2	8	8.2
90106	8.8	8.1	7.5	7.6
90107	7	6.9	6.4	6.6

续上表

O 交通小区编号	D 交通小区编号			
	51202	51203	51204	51205
90110	6.7	6.2	5.6	5.7
90111	8.4	7.8	7.2	7.4
90112	9.9	9	8.5	8
90220	11	10.5	10	9.8
90221	10.4	10	9.4	9.6

6)出行时间

通过模型测算出早高峰期间各小区轨道交通、地面公交和私人小汽车的出行时间。

(1)轨道交通

早高峰期间乘坐轨道交通的居民出行时间约为 37～53 分钟,平均用时为 42 分钟。其中,轨道交通出行时耗中考虑了两端接驳和进出站等候的时间。假设两端接驳使用自行车,高峰进出站等候时间约为 15 分钟。各小区之间轨道交通出行时间分布如表 4-6 所示。

轨道交通出行时间分布(分钟) 表 4-6

O 交通小区编号	D 交通小区编号			
	51202	51203	51204	51205
90101	40	42	38	40
90102	50	48	46	48
90105	51	48	45	46
90106	45	40	37	40
90107	40	40	37	40
90110	40	37	37	38
90111	42	41	40	40
90112	45	46	43	45
90220	53	50	42	44
90221	45	43	40	42

(2)地面公交

地面公交的出行时间基本为 50～70 分钟,平均用时为 59 分钟,其中,地面公交出行时耗中考虑了两端接驳和在站等候的时间。具体地面公交出行时间分布如表 4-7 所示。

地面公交出行时间分布(分钟) 表 4-7

O 交通小区编号	D 交通小区编号			
	51202	51203	51204	51205
90101	52	55	52	55
90102	75	70	60	63
90105	64	63	55	60

续上表

O交通小区编号	D交通小区编号			
	51202	51203	51204	51205
90106	72	64	50	52
90107	50	51	50	52
90110	51	50	50	50
90111	64	63	59	60
90112	64	62	58	62
90220	70	65	58	60
90221	67	64	54	56

(3)私家小汽车

私家小汽车的出行时间为35～50分钟,平均出行时间为43分钟,具体私家小汽车出行时间分布如表4-8所示。

私家小汽车出行时间分布(分钟)　　表4-8

O交通小区编号	D交通小区编号			
	51202	51203	51204	51205
90101	40	46	42	44
90102	55	51	45	45
90105	45	42	40	42
90106	47	43	38	42
90107	50	46	40	41
90110	40	38	35	36
90111	45	42	40	41
90112	47	45	42	43
90220	50	46	42	44
90221	50	48	37	40

4.3.2.2　分情景需求预测结果

在以上模型的基础上,将自行车专用路方案加入既有模型中,并按照其舒适性设置4种预测情景。这4种预测情景具体如下。

情景1:基于居民对自行车专用路建成后不同交通方式的转移意愿,得到通道的需求量。

情景2:基于模型,调整参数,按照设计方案完全符合居民出行意愿,且不受天气等因素影响的情况。

情景3:基于模型,调整参数,按照设计方案符合部分居民出行意愿的情况。

情景4:基于模型,调整参数,按照设计方案仅符合少数居民出行意愿的情况。

不同情景的预测结果如下。

1)情景1(理想情况)

基于居民对交通方式选择比例发生的变化,对不同方式居民的转移意愿进行统计,理想情况下各交通方式转移量如表4-9所示。

理想情况下各交通方式转移量汇总表 表4-9

交通方式	交通出行结构(%)	高峰小时出行量(人次/小时)	转移意愿(%)	理想情况(人次/小时)
私家车	22.80	2508	90.67	2274
轨道交通	41.00	4510	93.92	4236
地面公交	12.30	1353	92.47	1251
通勤班车	7.60	836	94.44	790
非机动车	11.00	1210	98.95	1197
出租车	1.50	165	85.71	141
其他	3.80	418	88.89	372
总计	100			10261

通过问卷调查可知,回龙观区域的居民对自行车专用路的期望较高,转移到自行车专用路的意愿较强。若完全按照该转移意愿即理想情况下,高峰小时自行车专用路的单向骑行量约为1万人次/小时。

2)情景2

结合现状出行结构,基于交通小区间各方式的出行时间,考虑自行车专用路方案完全符合居民出行意愿,且不受天气等因素影响的情况,利用交通模型得到不同交通方式的出行量和转移量,如表4-10所示。

情景2中各交通方式的出行量和转移量 表4-10

交通方式	交通出行结构(%)	高峰小时出行量(人次/小时)	模型预测不同交通方式的出行量(人次/小时)	出行量变化情况(人次/小时)	不同交通方式转移比例(%)
私家车	22.80	2508	1705	-803	-32
轨道交通	41.00	4510	2120	-2390	-53
地面公交	12.30	1353	541	-812	-60
通勤班车	7.60	836	828	-8	-1
非机动车	11.00	1210	5252	4042	334
出租车	1.50	165	140	-25	-15
其他	3.80	418	414	-4	-1

由上表可知,自行车专用路建成后,非机动车的出行比例显著上升,出行量由1210人次/小时增加至5252人次/小时。根据自行车流量分配结果,自行车专用路最大断面的单向交通量接近4500人次/小时,如图4-17所示。

3)情景3

情景3与情景2相似,结合现状出行结构,基于交通小区间各方式的出行时间,考虑自行车专用路方案符合部分居民出行意愿的情况,利用交通模型得到的不同交通方式的出行量和转移量,如表4-11所示。

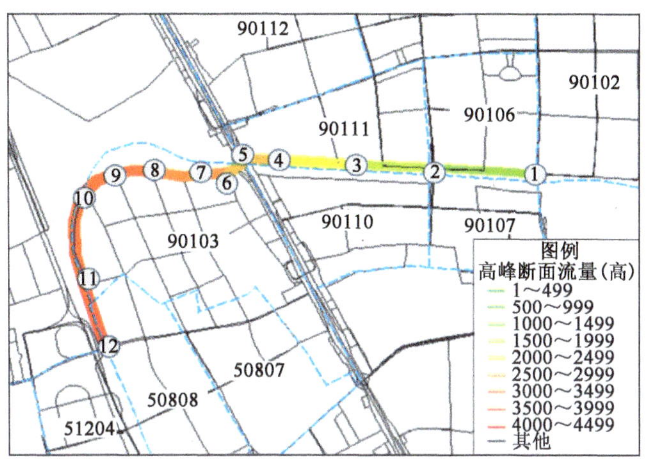

图4-17　情景2自行车专用路断面流量分布图

情景3中各交通方式的出行量和转移量　　表4-11

交通方式	交通出行结构(%)	高峰小时出行量（人次/小时）	模型预测不同交通方式的出行量（人次/小时）	出行量变化情况（人次/小时）	不同交通方式转移比例(%)
私家车	22.80	2508	2132	-376	-15
轨道交通	41.00	4510	2706	-1804	-40
地面公交	12.30	1353	812	-541	-40
通勤班车	7.60	836	828	-8	-1
非机动车	11.00	1210	3942	2732	226
出租车	1.50	165	162	-3	-2
其他	3.80	418	418	0	0

高峰小时非机动车出行量由1210人次/小时增加至3942人次/小时，比情景2有所下降。根据自行车流量分配结果，自行车专用路最大断面的单向交通量接近3000人次/小时，如图4-18所示。

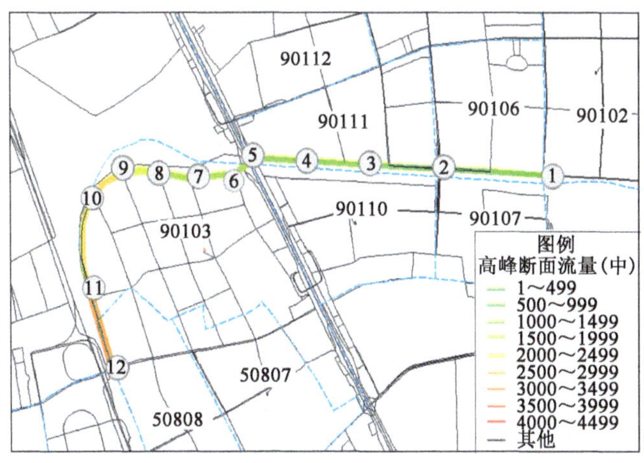

图4-18　情景3自行车专用路断面流量分布图

4)情景 4

情景 4 与情景 2、3 相似,但考虑自行车专用路方案仅符合少量居民出行意愿的情况,利用交通模型得到不同交通方式的出行量和转移量,如表 4-12 所示。

情景 4 中各交通方式的出行量和转移量　　表 4-12

交通方式	交通出行结构(%)	高峰小时出行量(人次/小时)	模型测算不同交通方式的出行量(人次/小时)	出行量变化情况(人次/小时)	不同交通方式转移比例(%)
私家车	22.80	2508	2483	-25	-1
轨道交通	41.00	4510	3382	-1128	-25
地面公交	12.30	1353	1218	-135	-10
通勤班车	7.60	836	828	-8	-1
非机动车	11.00	1210	2509	1299	107
出租车	1.50	165	162	-3	-2
其他	3.80	418	418	0	0

本情景中自行车专用路的吸引力较上述情景降低,区域间的自行车出行量仅为 2509 人次/小时。根据自行车流量分配结果,自行车专用路最大断面的单向交通量约为 1400 人次/小时,如图 4-19 所示。

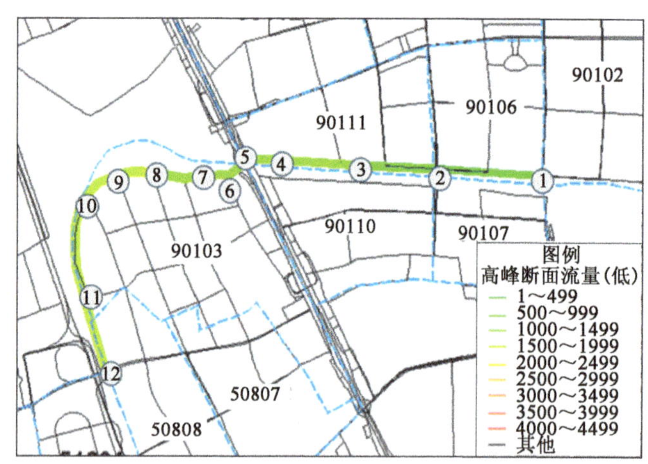

图 4-19　情景 4 自行车专用路断面流量分布图

4.3.2.3　推荐预测结果

通过对上述 4 种情景的对比可知,自行车专用路的骑行量与规划设计方案息息相关,规划设计方案应符合居民的出行意愿。若以调查结果中居民的转移意愿为依据,预测得出的自行车专用路骑行量最大,单向骑行量达 1 万人次/小时。但居民的转移意愿往往与实际使用量存在较大差异,因此,基于模型的预测值更符合实际情况。

交通模型预测结果显示,自行车专用路开通后,回龙观至上地软件园早高峰小时的自行车出行量由 1200 人次/小时上升至 2500 人次/小时 ~ 5200 人次/小时。自行车专用路早高峰最大断面骑行量为 1400 人次/小时 ~ 4500 人次/小时。

自行车专用路的骑行量受很多因素的影响，在规划设计阶段应更多考虑自行车专用路在“绿色出行”中的引领性和倡导性。基于此，建议设计方案中通道需求可考虑2500人次/小时～3500人次/小时，既可避免资源浪费，同时也可保障自行车出行的基本通行条件。

由于回龙观与上地软件园之间的通勤出行具有明显的潮汐现象，早高峰以回龙观至上地软件园方向为主，晚高峰反之。建议考虑设置自行车潮汐车道，可以合理配置资源，提高骑行者的出行体验。

4.3.3　出入口交通需求预测

1）预测思路

为预测自行车专用路各出入口的进出量，需考虑周边人口和就业岗位的影响，将各出入口与周边的交通小区相连接。同时，参考某品牌共享单车以自行车专用路沿线为起、终点的开关锁分布，确定各出入口及其相关交通小区的范围。最后通过交通模型，预测各出入口的进出量。各出入口及其相关交通小区如图4-20、图4-21所示。

图4-20　1～5号出入口及其相关交通小区

图4-21　6～9号出入口及其相关交通小区

2）预测结果

预测得到的各出入口高峰小时的进出量，如表4-13所示。

各出入口高峰小时进出量　　表4-13

序　号	位　置	连接形式	高峰小时进出量(人次/小时)	
			进量	出量
1	同成街与文华街交叉口	骑行+推行	500～750	—
2	回龙观地铁站	改造现状天桥	400～600	150～210
3	育知东路西侧	推行	150～250	0～10
4	育知东路东侧	推行	200～250	50～100
5	育知路	推行	250～350	50～100
6	龙泽地铁站 (京藏高速公路东辅路)	骑行+推行	300～400	150～200
7	京藏高速公路西辅路	推行	100～150	0～20

续上表

序号	位置	连接形式	高峰小时进出量(人次/小时)	
			进量	出量
8	龙域西一路	骑行	300~400	0~20
9	龙域中街	骑行	200~400	0~20
10	西二旗北街	骑行	—	2450~3550

4.4 本章小结

通过断面流量调查和居民意愿调查,对区域主要通道的自行车断面流量和自行车专用路选择意愿开展数据采集与分析,构建基于四阶段法的回龙观至上地软件园自行车专用路需求预测模型。预测结果显示,自行车专用路的骑行量与规划设计方案是否符合居民意愿密切相关。在进行自行车专用路规划设计时,可考虑加强人性化细节,鼓励并提倡居民绿色出行。由于回龙观与上地软件园之间的通勤出行具有明显的潮汐现象,可考虑设置自行车潮汐车道,以使资源有效利用,提高骑行者的出行体验。建议在设计方案确定自行车专用路宽度时,考虑通道需求在2500至3500人次/小时之间,这样既可避免资源浪费,同时也可保障自行车出行的基本通行条件。

本章参考文献

[1] 邵春福.交通规划原理[M].北京:中国铁道出版社,2004.

[2] 章玉,胡兴华,王佳.交通规划模型:TransCAD的操作与应用[M].北京:中国建筑工业出版社,2011.

设 计 篇

自行车专用路作为一个崭新的项目，因其只服务于人力自行车，其设计区别于一般的城市道路，在设计过程中应重点对道路的功能定位、设计标准、骑车者的安全性、便捷性、舒适性、人性化及景观设计等方面进行分析研究。结合总体规划要求、区域建设特点，对工程功能定位、技术标准、道路线位、工程规模等进行合理论证，多专业协同配合，提出合理、可行的设计方案。

第5章

道路工程

5.1 平面设计

自行车专用路工程平面设计需结合区域建设条件,选择合理可行的道路路线,减少工程建设对周边环境的影响,并与周边环境相融合;充分考虑自行车的出行特点,最大限度地减少自行车上下坡,提高骑行者的舒适性;结合出行特点,选择合理的断面宽度,在满足需求的同时节约空间,减少投资。同时,在路面结构及材料选择上,本着“因地制宜、就地取材、方便施工”的原则,选择结构合理、技术可行、施工方便、维修养护便利且适用于本地区特点的路面结构形式,并积极采用新技术、新工艺。

5.1.1 设计原则

路线平面线形设计应充分考虑沿线的地形、地物、地质、水文、排水及景观要素,在满足规范要求、保障行车安全的条件下,尽量缩短道路长度,减少道路弯折。自行车专用路平面设计原则主要有:

安全性:保障相对独立的路权,减少交通干扰,提高行车安全性。

连续性:自行车道及设施连续,是吸引公众绿色出行、提高快速通行体验的关键。

可达性:在合理的服务区域内尽可能抵近建筑,实现“门”到“门”的连接。

便捷性:连接重要节点以及人流集中的场所,如车站、商场、学校、居住区、办公区、公园及街道等,构建便捷性较高的自行车交通网络廊道。

融合性:以线带面,将道路景观与周边环境高度相融合,形成优美的景观廊道,唤醒城市空间。

5.1.2 沿线主要控制条件

根据自行车专用路规划线位走向,道路沿线主要为绿化用地、轨道交通车站及站前广场、公交车站、P + R 停车场以及相交道路。图 5-1 为自行车专用路沿线用地情况。

根据自行车专用路路线走向及周边用地情况,沿线主要控制因素包括轨道交通 13 号线防护要求、地铁站口及站前广场、公交场站及 P + R 停车场现况设施、周边规划建设情况等。具体如下。

1)轨道交通 13 号线防护要求

自行车专用路起点位于同成街与文华路交叉口,起点至京藏高速公路段利用同成街与地铁 13 号线之间的用地布线，用地宽度为 15 ~ 30m。考虑地铁 13 号线的轨道交通安全防护需求、专用路与同成街现况设施的位置关系、出入口设置方式等因素，自行车专用路沿同成街南红线外侧 4m 的走廊带进行布线。图 5-2 为同成街沿线横断面关系图。

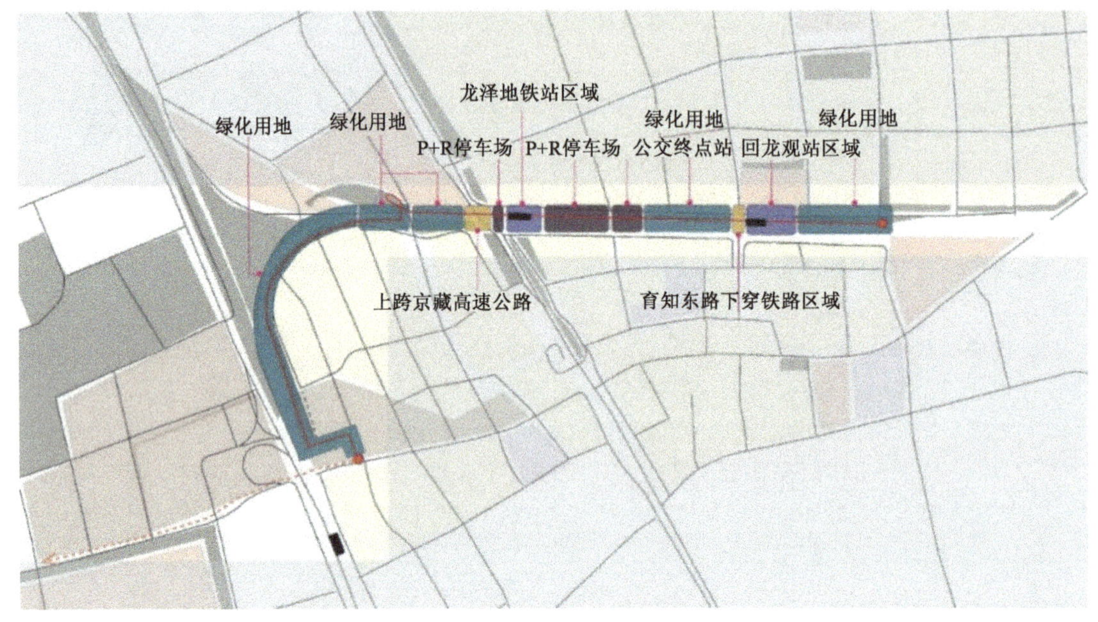

图 5-1　自行车专用路沿线用地情况

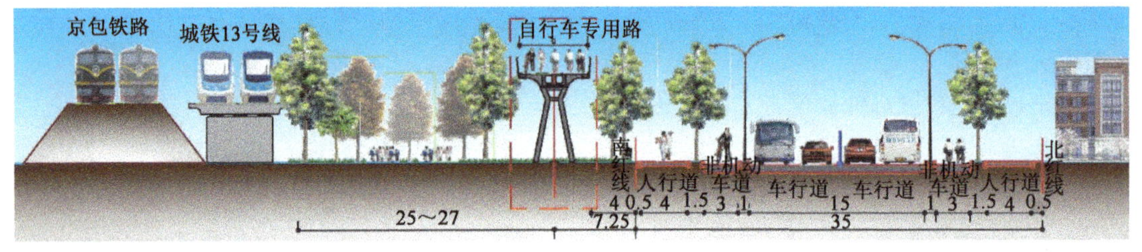

图 5-2　同成街沿线横断面关系图(尺寸单位:m)

2)地铁站及站前广场用地需求

自行车专用路沿线经过回龙观、龙泽两座地铁站。其中，受回龙观地铁站安检设施影响，需采用高架形式跨越站前广场。此外，由于地铁站站前广场为人流重要集散地，需要设置消防通道以满足人员疏散需求。综合考虑以上两个因素，本段自行车专用路采用独立墩柱的桥梁形式跨越回龙观地铁站，同时结合本项目对站前广场进行综合整治，调整地铁站进站大厅进出口位置及安检设备位置，以保障站前广场人员疏散及进出站便利。图 5-3 为回龙观站前广场横断面关系图，图 5-4 为回龙观地铁站改造前后对比图。

3)公交场站、P + R 停车场等现况设施

回龙观地铁站至龙泽地铁站之间路段，存在公交车场站、P + R 停车场、停车场管理用房及 10kV 高压线杆等控制因素。为降低自行车专用路对公交场站的影响，避免产生大量拆迁改移，该段专用路由绿地转向同成街南侧机非隔离带，利用隔离带空间设置桥梁墩柱。在满足交

通需求的同时最大限度地保障公交场站设施的使用需求，并减少拆迁改移工程量，使专用路线位布设更加灵活、飘逸。图 5-5 为公交场站改造前后对比图。

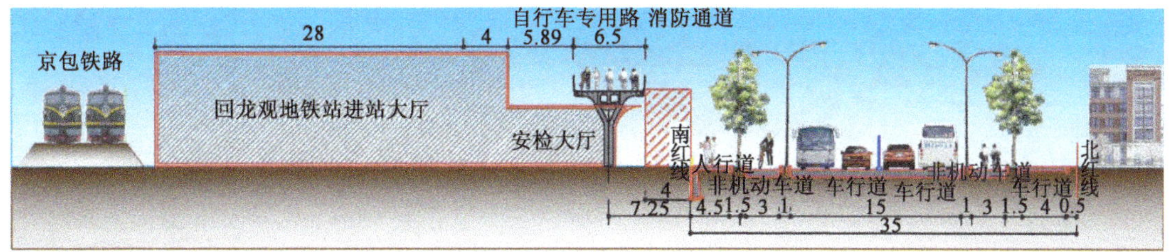

图 5-3　回龙观站前广场横断面关系图（尺寸单位：m）

a)改造前

b)改造后

图 5-4　回龙观地铁站改造前后对比图

a)改造前

b)改造后

图 5-5　公交场站改造前后对比图

4）轨道交通 13 号线远期规划

为提高地铁 13 号线运送能力，北京市计划对既有地铁 13 号线进行扩容，拆分为 A、B 两条支线。其中，拆分后的 13B 线位于回龙观地铁站和龙泽地铁站之间，与自行车专用路部分线位重叠。因两工程处于不同的实施阶段，为保障地铁 13 号线扩容工程的顺利实施，自行车专用路在平面布线过程中，充分考虑地铁 13 号线拆分实施条件，合理布设平面线位与桥梁墩柱，为地铁 13 号线预留线位。图 5-6 为自行车专用路与地铁 13 号线拆分线位平面关系图，图 5-7 为自行车专用路与地铁 13 号线拆分线位横断面关系图。

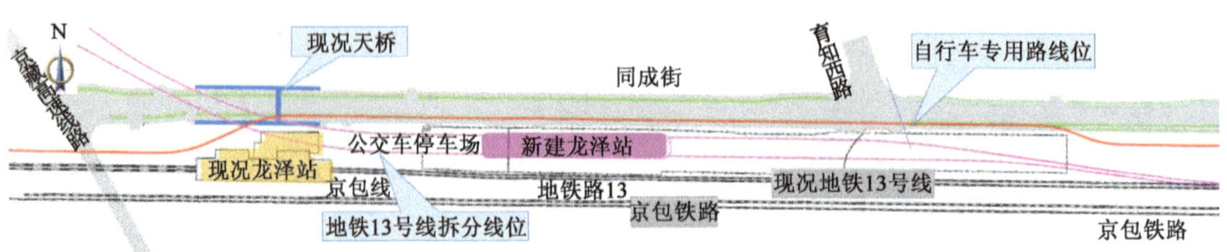

图 5-6　自行车专用路与地铁 13 号线拆分线位平面关系图

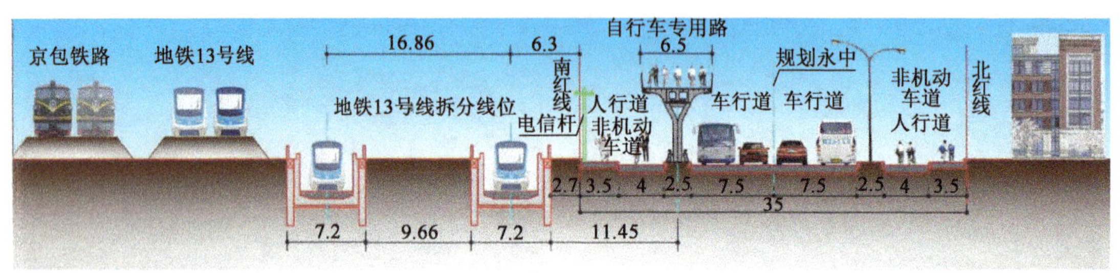

图 5-7　自行车专用路与地铁 13 号线拆分线位横断面关系图(尺寸单位:m)

5)西二旗北路下穿节点控制

自行车专用路在西二旗北路由东向西集中与京张高铁、地铁 13 号线、地铁昌平线、上地东路、京新高速公路及匝道等重要交通线路横向交叉,专用路上跨及下穿以上道路的实施难度较大,且骑行条件差。经综合考虑,现况西二旗北路辅路宽度 6m,可以满足骑行要求,骑行条件较好,因此西二旗北路至后厂村路段利用现况辅路对局部路段进行改造处理。图 5-8 为西二旗桥下穿节点平面示意图。

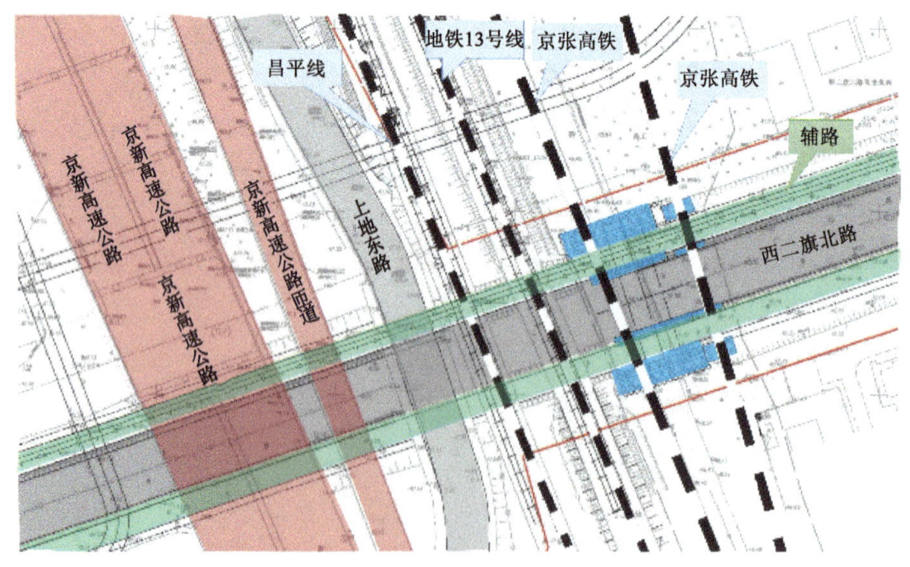

图 5-8　西二旗桥下穿节点平面示意图

5.1.3 平面布线

1）线形指标

结合沿线用地及建设规划条件，自行车专用路的平面指标如表5-1所示。

自行车专用路平面相关指标表 表5-1

项 目	相关指标	项 目	相关指标
路线长度(km)	5.46	沿线相交折点(个)	14
设计速度(km/h)	20	圆曲线最小半径(m)	30
道路净宽(m)	6		

2）超高及加宽

自行车专用路全线圆曲线最小半径为30m，曲线段设单面坡，坡向圆曲线内侧，坡度为1.5%，道路全线无超高。

考虑自行车专用路在回头弯段坡度较大，为弯坡斜段，为保障骑行者安全，对道路内侧进行适当加宽。

3）渠化设计

对路基段出入口进行加宽，设置出入口集散车道，出入口宽度2.5m。出入口与主路之间设置1m宽的隔离带，加宽段长度30m，渐变段长度10m。

路基段终点出入口位置设置右转专用车道，在道路右侧进行加宽，加宽宽度为3m，加宽段长度30m，渐变段长度20m。

自行车在桥梁段以坡道及梯道的形式进出专用路，为推行车道。为避免进出自行车专用路的骑行者影响主线车辆行驶，桥梁进出口位置设置集散平台，进行加宽处理。加宽宽度与桥梁出入口宽度相同，加宽段长度结合桥梁布跨设置。图5-9为出入口集散车道及集散平台。

a)路基段集散车道

b)桥梁段集散平台

图5-9 出入口集散车道及集散平台

5.2 纵断面设计

道路纵断面是指道路沿中线的竖向剖面。纵断面设计的主要内容是：根据规划道路等级、交通量、沿线地形地物、气候条件、水文条件及排水要求等,确定道路的坡度、坡长、坡度变化点及竖曲线半径等。自行车专用路对于纵坡坡度、坡长要求相对较高。因此,纵断面设计是自行车专用路设计的重要内容。

5.2.1 设计原则

为使纵断面设计经济合理,保障骑行舒适度和安全性,纵断面设计应结合选线或定线,考虑满足技术标准、交叉路网、平纵组合、土方平衡、排水、地下管线、投资等方面的情况,使道路的纵断面设计合理、行车顺畅。自行车专用路纵断面设计原则如下:

(1)纵断面设计应认真研究和分析道路沿线两侧的规划用地功能及场地高程,使道路纵断面设计与两侧地块相协调。

(2)纵断面设计应考虑土石方填挖平衡,尽量使挖方土就近用作填方,减少弃方和借方,降低工程造价、节约土地资源。

(3)为保障自行车骑行的舒适性,纵断面设计应具有一定的平顺性,并严格控制纵坡坡度与坡长之间的关系,避免大坡、长坡及频繁的纵坡变化。

5.2.2 主要控制指标

1)主线坡度及坡长

自行车道路的坡度及坡长是影响骑行者选择骑行交通方式的重要因素之一,坡度过大或坡长过长都会影响骑行的舒适性。确定坡度和坡长关系是纵断面设计的重点之一。

根据《城市道路路线设计规范》(CJJ 193—2012)(以下简称《规范》)7.2.3 规定,非机动车道的最大坡度不宜大于 2.5%,困难时不应大于 3.5%,同时坡长应满足《规范》7.3.3 相关规定。当非机动车道的纵坡坡度大于或等于 2.5% 时,其最大坡长应符合表 5-2 规定。

根据台湾地区《自行车道系统规划设计参考手册》中的规定,自行车道最大坡度以 5% 以下为宜,且不得大于 8%,当坡度大于 3% 时,其最大坡长应符合表 5-2 规定。

国内非机动车道不同纵坡坡度的最大坡长 表 5-2

<table>
<tr><td rowspan="2">城市道路路线
设计规范</td><td>纵坡坡度(%)</td><td colspan="5">2.5</td><td colspan="5">3.0</td><td colspan="5">3.5</td></tr>
<tr><td>最大坡长(m)</td><td colspan="5">300</td><td colspan="5">200</td><td colspan="5">150</td></tr>
<tr><td rowspan="2">台湾地区
(自行车专用道)</td><td>纵坡坡度(%)</td><td colspan="3">3</td><td colspan="3">4</td><td colspan="3">5</td><td colspan="3">6</td><td colspan="3">7</td></tr>
<tr><td>最大坡长(m)</td><td colspan="3">500</td><td colspan="3">200</td><td colspan="3">100</td><td colspan="3">65</td><td colspan="3">40</td></tr>
</table>

查阅国外关于自行车道路的相关规范,对自行车道坡度及坡长的规定见表 5-3。

国外自行车道坡度坡长相关要求 表 5-3

	丹 麦	荷兰	美 国	英 国
相关要求	坡度 3%,坡长 <500m 坡度 3.5%,坡长 <300m 坡度 4%,坡长 <200m 坡度 4.5%,坡长 <100m 坡度 5%,坡长 <50m	<7%	推荐 <5%,坡度在 3% ~5% 时, 坡长 <100m, 坡度极限值为 7%	推荐 <5%, 坡度 >5% 时, 坡长 <50m

本工程设计根据国内外相关规范，选择不同年龄段、不同性别的人群对北京市现有非机动车坡道进行现场测试，结合测试人群感受最终确定纵断面相关指标。图5-10为自行车专用路纵坡测试。

a)

b)

图5-10 自行车专用路纵坡测试

根据测试结果，自行车专用路的纵坡坡度不宜大于2.5%，坡长不宜超过300m。

2）最小纵坡

《规范》规定：道路最小纵坡坡度不应小于0.3%；当特殊困难纵坡坡度小于0.3%时，应设置锯齿形边沟或采取其他排水措施。因自行车专用路宽度较窄，考虑骑行舒适性及桥梁景观，建议自行车专用路的最小坡度为0.2%，采用道路横坡进行排水。

5.2.3 设计要点

根据自行车专用路平面设计及布局，沿线途经回龙观地铁站、公交场站、P+R停车场、龙泽地铁站及相关出入口，需要跨越育知东路、同成街、京藏高速公路、规划龙域东一路等相交道路。

自行车专用路连通昌平回龙观与海淀上地地区，线位必须跨越京藏高速公路。根据沿线建设情况及线位走向，若采用下穿形式，下穿段全长约1800m，坡度及坡长均不满足《城市道路路线设计规范》（CJJ 193—2012）的要求，且施工难度大、建设周期长、后期养护维修费用高。下穿形式对京藏高速公路的通行安全影响大，并影响地铁13号线的拆分工程。因此自行车专用路最终采用上跨形式穿越京藏高速公路。图5-11为下穿京藏高速公路纵断面示意图。

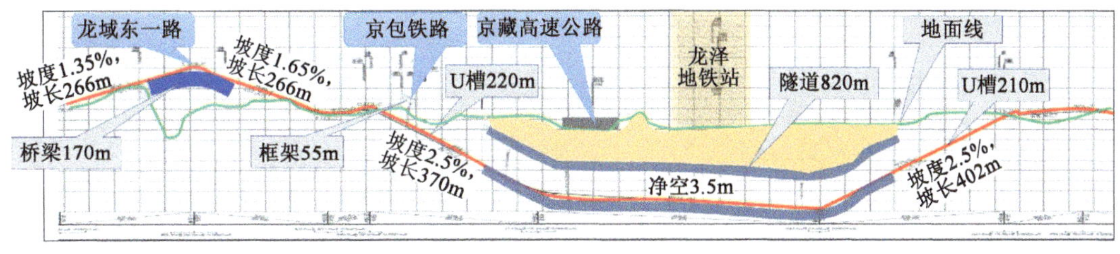

图5-11 下穿京藏高速公路纵断面示意图

根据自行车专用路线位走向及沿线实际情况，若采用路基形式，沿线平均间隔200m即需设置一处交叉口，直接影响骑行舒适度及骑行效率。因此，起点至规划龙域东一路路段采用高架形式。

自行车专用路跨越回龙观地铁站、育知东路、同成街、京藏高速公路及规划龙域东一路，需满足最小净空要求。自行车专用路跨越回龙观地铁站站前广场，需满足消防通道净空要求，具体如表5-4所示。

道路最小净空要求　　表5-4

相交道路	净空要求(m)
高速公路(京藏高速公路)	5.0
城市道路(机动车道) (育知东路、同成街、京藏高速公路辅路及规划龙域东一路)	4.5
消防通道(跨越回龙观地铁站站前广场)	4.0
非机动车道及人行道	2.5

根据桥梁净空要求，结合周边道路用地需求，路桥衔接段专用路纵坡坡度设置为2.1%，坡长为305m。

龙域环路至西二旗北路段，道路线位位于龙域环路外侧绿化用地范围内，且周边无相关规划道路，因此自行车专用路采用路基形式，沿线无交叉口，满足连续通行的条件。考虑自行车骑行舒适度和工程投资等因素，该段路基最大纵坡坡度0.5%，最小纵坡坡度0.2%。

根据专用路沿线控制因素，纵断面具体技术指标见表5-5。

自行车专用路纵断面技术指标表　　表5-5

最大纵坡及坡长(%/m)		最小纵坡(%)	最小坡长(m)	竖曲线最小半径(m)		最小竖曲线长度(m)
桥梁段	路基段			凸曲线	凹曲线	
2.1/305	0.5/311	0.2	110	4500	2000	52

5.3 横断面设计

道路横断面是道路中线的各点法向切面。自行车专用路作为一个独立的系统，其横断面组成包括车行道、路肩、设施带、边沟边坡等，设计过程中需根据道路红线、交通量、周边建设条件等合理布设。

5.3.1 设计原则

道路横断面布设应根据道路规划条件、功能定位、周边建设条件等综合考虑。设计过程中应遵循以下原则：

(1)在道路内合理布设，结合路网规划、红线宽度、交通流量等综合分析确定。

(2)应充分考虑道路交通的需求，既要符合交通特点，又要满足交通功能，保障道路通行。

(3)保障路面及两侧雨水的排除，要考虑道路路拱形式和坡度及现况排水设施的设置情况。

(4)应统筹考虑道路周边建筑协调和景观需求，道路周边景观绿化带应起到保护环境、保障交通安全、美化道路环境等作用。

(5)应注意节约城市用地和建设资金，横断面布设既要紧凑，又要为交通量增加留有余地。

5.3.2 设计要点

1)单车道宽度确定

自行车道路单车道宽度应根据车辆宽度和车辆之间的横向安全距离共同确定。因自行车专用路仅供自行车骑行者使用，车辆宽度由自行车确定，一般为0.5m。根据实际观测资料，车身两侧横向摆动安全净空为0.25m。因此，考虑骑行安全和道路资源，单车道宽度宜为1m。

根据《城市道路工程设计规范(2016年版)》(CJJ 37—2012)，非机动车专用路路面宽度包括车道宽度和两侧路缘带宽度，单向宽度不宜小于2.5m，双向宽度不宜小于4.5m。

2)横断面宽度确定

根据交通量预测结果，本条自行车专用路单向高峰小时交通量为2500～3500veh/小时。经计算，高峰小时单向车道数为3条。同时，因两地之间早晚高峰潮汐现象明显，在设计过程中考虑节约道路资源及工程投资，单向车道数设置为2条，中间设置潮汐车道，双向共计5车道，普通车道宽度为1m。考虑潮汐车道同时具备超车等功能，车道宽度设置为1.5m，同时考虑骑行者安全，道路外侧设置0.25m路缘带，横断面布置如下：0.25m(路缘带)+2×1m(行车道)+1.5m(潮汐车道)+2×1m(行车道)+0.25m(路缘带)。

3)路肩设计

桥梁段：自行车专用路桥梁段将灯管照明系统、标志系统及相关设施结合桥梁栏杆设置，桥梁两侧未设置路肩，既节约了空间，又节省了工程投资。

路基段：结合道路照明、标志及相关设施的设置方案，自行车专用路路基段沿线设置0.75m土路肩，将相关道路设施设置在路肩内。

5.4 出入口设计

自行车专用路作为一个独立系统，与现况系统的接驳换乘是设计重点，便捷的接驳换乘可提高自行车专用路的服务水平和使用效率。出入口是自行车专用路与现况系统接驳换乘的唯一路径，其设置需考虑沿线居住环境、道路、地铁站、公交站、公交场站、学校、医院及商场等分布情况，同时需结合建设情况合理布设进出口间距，便于周边使用者的接驳换乘。

5.4.1 设置原则

结合自行车专用路特点，其出入口的设置遵循以下原则：

(1)与现况慢行交通系统、车站、公交站、商场等实现便利衔接。

(2)结合周边建设需求，合理布设出入口间距。

(3)出入口与主线应设置过渡段,避免进出车辆与主路车辆互相交织。

(4)出入口范围不应设置影响骑行者视线的建筑物。

5.4.2 出入口形式

北京市首条自行车专用路结合周边建设情况,沿线路段共设置 8 处出入口,平均距离约 700m。图 5-12 为出入口平面布置图。

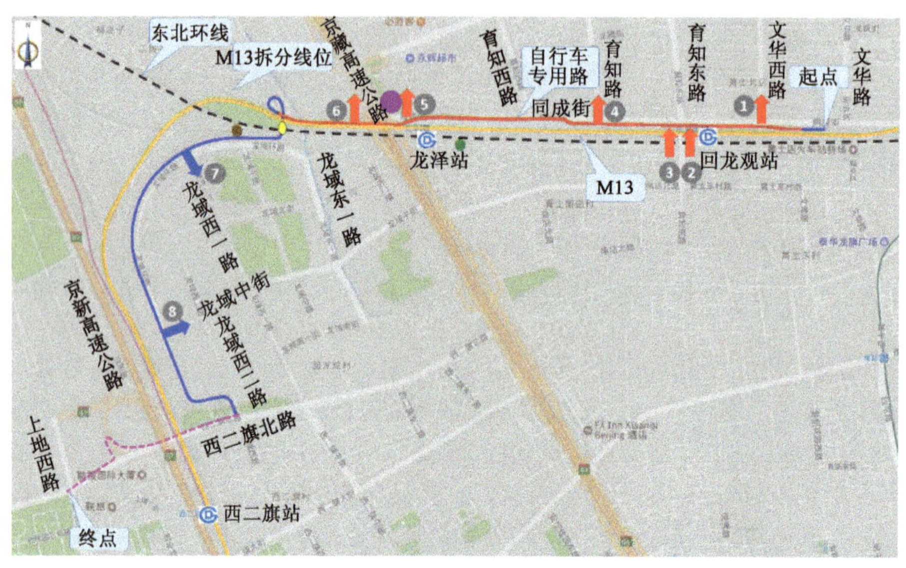

图 5-12 出入口平面布置图

出入口具体位置及形式如表 5-6 所示。

出入口位置及形式汇总表 表 5-6

出入口编号		出入口位置	形式	布置方式
桥梁段	1 号	文华西路	坡道	两侧布置
	2 号	育知东路东辅路(回龙观地铁站)	梯道	单侧布置
	3 号	育知东路西辅路	梯道	
	4 号	育知路	坡道	
	5 号	同成街南侧(龙泽地铁站)	坡道	
		京藏高速公路东辅路(北郊农场桥)	坡道	
		同成街北侧	坡道	
	6 号	京藏高速公路西辅路	坡道	
路基段	7 号	龙域西一路	路基	分散布置
	8 号	龙域中街	路基	

结合周边用地条件及建设条件,桥梁段出入口按照两侧设置或单侧设置,路基段出入口单侧设置。出入口设置的具体形式如图 5-13 所示。

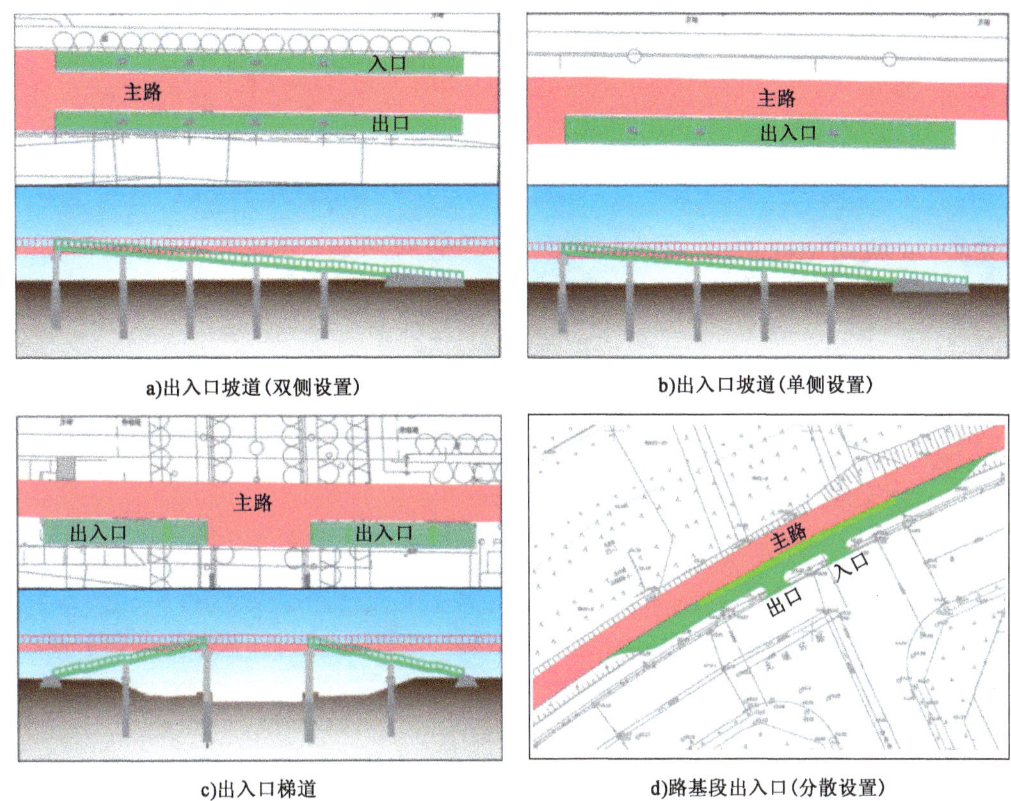

a)出入口坡道(双侧设置)　b)出入口坡道(单侧设置)

c)出入口梯道　d)路基段出入口(分散设置)

图5-13　出入口设置的具体形式示意图

5.4.3 桥梁段出入口坡度的确定

桥梁段出入口设置是研究的重点,坡度过大、坡长过长都影响骑行者体验。为确定桥梁出入口的形式和坡度,在研究阶段对北京市现况天桥的坡度进行了统一梳理,并选择1:2.5、1:4的梯道以及1:6、1:7、1:8、1:10、1:12的坡道进行推行和骑行测试。测试人群分不同年龄段、不同性别。通过测试不同坡度的推行及骑行舒适度,以及不同坡度和坡长对舒适度的影响,确定合适的坡度及坡长。

通过推行及骑行测试,考虑推行舒适度、坡道长度等相关因素,确定桥梁段出入口推行坡道坡度采用1:8,推行梯道坡度采用1:4。

5.4.4 人性化设计

1)助力系统

为便于骑行者通过出入口上下自行车专用路,体现人性化设计,各出入口梯道及坡道均设置了助力系统。上坡有助力(设备运行速度可结合人行速度进行调整),辅助骑行者推行进入专用路;下坡有阻力,增大推行者下坡制动力,保障骑行者进出专用路安全,使专用路与现况非机动车系统实现便利的接驳换乘。

2)出入口加宽

为避免出入口进出车辆与主线车辆的交织,影响主线车速,自行车专用路进出口设置了集散车道,根据设计车速、骑行者反应速度计算,设计集散车道长度不小于15m。本工程路基段设置集散车道,长度15m;桥梁段设置集散平台,长度不小于15m,并结合桥梁跨度设置。

3)驻车区

为便于骑行者存放车辆,本工程结合出入口分散设置了驻车区,并在回龙观地铁站新建自行车停车楼,以满足周边自行车停车需求,实现自行车专用路与周边地铁站及公交车站的接驳换乘。

5.5 路基设计

道路路基一般为压实的自然土壤,是路面的基础。稳定坚固的路基,有利于路面整体强度和使用品质,同时可减少路面结构厚度及建设投资。不良路基在车行荷载下会引起路面的不均匀沉降,影响路面平整度,甚至导致路面过早破坏。影响路基性能的主要因素是稳定性和刚度。

5.5.1 水文地质条件

1)地质条件

根据现场地质勘查结果所揭示的地层条件,按成因年代将勘探深度(最深42.00m)范围内的地层划分为人工堆积层和第四纪沉积层两大类,按其岩性、物理力学性质及工程特性划分为8个大层及其亚层。

(1)人工堆积层(第1大层)

表层为厚度变化较大的人工堆积层,包括粉土、素填土①层,表层局部覆盖房渣土、碎石填土①1层。

(2)第四纪沉积层(第2~8大层)

人工堆积层以下为第四纪沉积的粉土②层,粉质黏土②1层,黏土②2层及粉砂、细砂②3层;粉质黏土③层,粉土③1层,黏土③2层及粉砂、细砂③3层;细砂、中砂④层,粉质黏土④1层,粉土④2层及圆砾④3层;粉质黏土⑤层,粉土⑤1层,黏土⑤2层及细砂、粉砂⑤3层;粉质黏土⑥层,粉土⑥1层,黏土⑥2层及细砂、中砂⑥3层;中砂、细砂⑦层,粉土⑦1层,粉质黏土⑦2层,黏土⑦3层及圆砾⑦4层;粉质黏土⑧层,粉土⑧1层,黏土⑧2层及细砂、中砂⑧3层。

2)特殊性岩土

根据地勘报告结果,拟建场地内分布的特殊性岩土为人工填土。该层厚度变化较大,物质成分杂、结构差、密实度差,未经有效处理不宜作为地基持力层。

3)水文条件

现场勘探期间,钻孔内量测到3层地下水,各层地下水水位情况及类型见表5-7。

地下水水位测量情况一览表　　表5-7

序　　号	地下水类型	稳定地下水位	
		高程(m)	埋深(m)
第1层	潜水	33.84~39.94	3.30~10.00
第2层	层间水	31.25~36.82	5.80~13.90
第3层	承压水	19.15~24.25	18.60~24.60

5.5.2　路基填料选择

填方路基应优先选用级配较好的砾类土、砂类土等粗粒土作为填料，泥炭、淤泥、冻土、强膨胀土、有机质及易溶盐含量超过允许含量的土等，不得直接用于填筑路基。路堤填料最小强度应符合表5-8规定。当路基填料CBR值达不到要求时，需掺加稳定材料处治，路床顶面设计回弹模量不应小于30MPa。

填方路基及路床填料最小强度要求　表5-8

项目	路床顶面以下深度（m）	填料最小强度要求（CBR）（%）	填料最大粒径（mm）
路床	0～0.3	6	100
	0.3～0.8	4	100
路基	0.8～1.5	3	150
	>1.5	2	≥92

按照《城市道路路基设计规范》（CJJ 194—2013）的要求，路基压实度应满足表5-9的标准（采用重型击实标准）。

路基压实度要求　表5-9

项 目 分 类	路床顶面以下深度（m）	压实度（%）
填方路基	0～0.8	≥94
	0.8～1.5	≥92
	>1.5	≥91
零填方及挖方路基	0～0.3	≥94
	0.3～0.8	—

5.5.3　路基处理

1）一般路基处理

（1）考虑利用挖方土，对路基填方、挖方段进行原地清除表土，厚度30cm。

（2）当地面横坡坡度小于1:1.5时，可直接清除表土30cm，压实后在天然地面填筑路基。

（3）当地面横坡为1:1.5～1:2.5时，原地面应开挖台阶并压实后填筑路基，台阶开挖宽度不小于2m，并设置2%反向坡。

2）特殊路基处理

根据地勘资料显示，道路路基段部分段落存在建筑垃圾；通过现场开挖探坑发现，路床下为建筑垃圾、生活垃圾和腐殖土，并夹有一层厚15cm的水泥混凝土路面，宽度1～4m不等。图5-14为建筑垃圾现场情况。

为保证路基稳定，减少土方外弃，降低工程造价，对路床顶面以下0.3～1.5m路基填土进行挖除，分拣出不适宜的路基材料（腐殖土、大粒径建筑垃圾、生活垃圾等）后分层回填，采用冲击压路机进行碾压，并通过试验段确定压路机碾压遍数。

a)

b)

图 5-14　建筑垃圾现场情况

因路基土夹杂建筑垃圾，现有的路基检测指标不满足检测要求。为确保建筑垃圾材料能够满足路基稳定性要求，需要确定合理的压实遍数及检测指标。通过对比分析，本工程压实指标采用地基系数 K_{30} 与弯沉值相结合的方式进行检测，其中，路床各层采用 K_{30} 进行检测，路床顶采用 K_{30} 与弯沉值结合的方式进行检测。通过试验段确定检测指标合理性及指标要求。

3）路基防护

自行车专用路作为一种慢行出行方式，道路沿线景观是骑行者选择专用路出行的重要影响因素之一。良好的出行环境可以有效提升骑行的舒适度。为了提升道路沿线的环境，专用路两侧边坡采用植物护坡形式，坡度为 1∶1.5。坡高小于 2m 时选择用植草护坡，坡高大于 2m 时选用六棱砖植草护坡。

5.6　路面设计

道路路面主要由各种材料铺筑在路基上以供骑行者行驶，路面质量的好坏直接影响骑行的安全性和舒适性，甚至影响骑行者的出行选择。路面结构的设计要满足安全性、舒适性和经济性。

5.6.1　设计原则

道路路面需要承受行车荷载而不受破坏，保障骑行者的安全性和舒适性。因此，城市道路路面应该满足以下要求：

（1）应具有足够的强度和刚度，可承受行车荷载。

（2）应具有足够的稳定性，减小道路在外界条件下的变化。

（3）应具有良好的平整度，提高骑行的安全性和舒适性。

（4）应具有足够的粗糙度，保障车辆轮胎与地面之间具有足够的摩擦力。

5.6.2　设计要点

1）路面结构选择

按照路面在行车荷载作用下的力学特征，路面可分为柔性路面和刚性路面两类。

柔性路面在车辆荷载作用下易产生弯沉,结构本身抗弯拉强度低,总体结构刚度较小,路面结构的抗弯拉强度和抗剪强度承受车辆荷载作用。典型的柔性路面为沥青混凝土路面。

刚性路面抗压及抗弯拉强度较高,弹性模量较大,总体具有较强的刚度,在车辆荷载作用下,竖向弯沉较小。典型的刚性路面为水泥混凝土路面。

自行车专用路在设计过程中选择了沥青路面和水泥路面两种结构进行对比分析。沥青混凝土路面具有较好的骑行舒适度,其生命周期内综合造价较低,施工效率较高且质量稳定,可铺设不同颜色,但需增设功能层以延缓路面裂缝的产生。水泥混凝土路面耐久性较好,但需增设功能性伸缩缝,伸缩缝处理工艺较为复杂,如处理不好将降低骑行的舒适度。水泥混凝土路面施工效率较低,养护周期长,后期维修养护较复杂。

综合考虑,由于自行车专用路仅允许自行车通行,车辆荷载较轻,对路面结构及承载力要求相对较低,但对平整度及舒适度要求较高,因此本工程最终选择采用沥青混凝土路面。

2)路面结构设计

为区别自行车专用路与其他道路,对自行车专用路进行彩色铺装,路面总厚度为40cm。具体路面结构如表5-10所示。

自行车专用路路面结构 表5-10

彩色铺装	4 ±0.5mm
细粒式 SBS 改性沥青路面 AC-10	3cm
改性乳化沥青黏层油	
中粒式沥青混凝土 AC-16C	5cm
下封层	
乳化沥青透层油	
石灰、粉煤灰稳定碎石混合料(两层)	15cm + 15cm
总厚度	38.4cm

5.6.3 彩色铺装

1)颜色选择

国内外自行车道路彩色铺装的颜色以红色、蓝色和绿色为主。英国自行车道彩色铺装以蓝色、绿色为主,荷兰以红色和蓝色为主,丹麦以红色为主。图5-15为英国自行车道路彩色铺装,图5-16为荷兰自行车道路彩色铺装,图5-17为丹麦自行车道路彩色铺装。

国内自行车道路铺装颜色主要以红色、绿色、蓝色为主,图5-18为厦门自行车快速道彩色铺装,图5-19为成都自行车高速路彩色铺装,图5-20为赤水自行车公路彩色铺装。

对不同颜色反光率、吸热率及颜色特点进行分析,红色较为活跃、热烈、有朝气;橙色较为柔和、温暖、明快;绿色较为平缓、自然、明朗。参考国内外彩色铺装颜色,结合颜色配置特点及居民意愿调查结果,本工程选择普通车道铺装颜色为橄榄绿,多功能车道铺装颜色以橙色作为彩色铺装方案。图5-21为颜色配置分析图,图5-22为居民意愿调查结果(1604份问卷)。

a)

b)

图 5-15　英国自行车道路彩色铺装

a)

b)

图 5-16　荷兰自行车道路彩色铺装

a)

b)

图 5-17　丹麦自行车道路彩色铺装

a)

b)

图 5-18 厦门自行车快速道彩色铺装

图 5-19 成都自行车高速路彩色铺装

图 5-20 赤水自行车公路彩色铺装

颜色		反光率	吸热率	
	白色	100%	18%	纯洁，光明，单纯，希望
	红色	67%	55%	活跃，热烈，有朝气
	橙色	66%	39%	柔和，温暖，明快
	黄色	65%	31%	光明感，明快，纯洁
	绿色	47%	85%	平缓，自然，明朗
	蓝色	36%	87%	沉静，理智，清澈，安全
	靛蓝	26%	88%	信任，诚实，责任，忠诚
	紫色	25%	89%	高雅，神秘，低沉
	黑色	0%	90%	侵占，霸气，高贵，压抑

图 5-21 颜色配置分析图

选项	小计	比例(%)
普通沥青路面颜色	112	6.98
橄榄绿色	342	21.32
红色	44	2.74
橙色	65	4.05
组合色(橄榄绿色+橙色)	1015	63.28
其他颜色或组合色	13	0.81
(空)	13	0.81

图 5-22　居民意愿调查结果(1604 份问卷)

2)材料选择

彩色沥青路面是指经过特殊工艺而形成的所有非黑色沥青路面形式,主要通过采用染色处理的脱色沥青,采用新型人工调配的彩色胶结料,或者在原有沥青路面上涂布其他彩色路用物质等方式获得。目前使用较多的彩色沥青路面主要有以下 3 类:彩色沥青混合料类、水性环保彩色铺装类(水性)、环氧树脂彩色铺装类(油性)。

彩色沥青混合料类路面是指脱色沥青或人工调配的浅色胶结料与各种颜色的石料、色料和添加剂等材料在特定的温度条件下拌和,经过摊铺、碾压而形成的具有一定强度和路用性能的非黑色沥青混凝土路面。它与传统沥青路面具有相同的性质,主要通过使结合料脱色或者更换沥青混合料中的结合料及石料,来达到改变颜色的目的。彩色沥青混合料路面在国外最典型的应用有:日本北九州市 199 号国道(街道);韩国首尔快速公交系统(BRT)等。国内在北京磁器口非机动车道和昆明金碧路公交车道也有应用。

随着技术的进步,彩色沥青混凝土工艺也在不断改进,并在一部分场合进行了应用。但受限于颜色添加剂的性能,混合料高温搅拌后的颜色较难控制,与所选基色有一定色差,后期破损修补困难,且颜色无法更改。

水性环保彩色路面是在沥青路面表面喷涂的一种水性材料,该材料喷涂完成后养护 24h 即可开放交通,同时维修养护较为方便。后期颜色可调,但价格较贵,该材料在国内外慢行交通系统道路中有一定的应用。

环氧树脂彩色铺装(油性)是用特殊的高分子树脂黏合剂和各种粒径的集料,以一定的数量涂敷于各种路面形成的一种新型路面,典型厚度 3mm,颜色丰富可调,但施工较慢,工时较长,且施工需保证无尘无水。该项技术在国外作为成熟技术已广泛应用,特别是在欧洲、大洋洲、亚洲国家。英国伦敦就将其应用到公交专用道上;国内也将该项技术应用到慢行车道及公交专用道上,北京市慢行交通系统彩色铺装多以环氧树脂(油性)为主。

根据自行车专用路的特点,考虑道路铺装后的色差、环保性及后期养护等因素,本工程采用环氧树脂彩色铺装(油性)。

本章参考文献

[1] Stinson M A, Bhat C A. A comparison of the route preferences of experienced and inexperienced bicycle commuters[C]. Washington, DC: Proc of the 84th Annual Meeting of the Transportation Research Board, 2005:05-1434.

[2] Statistical Mechanics;Investigators atTongji University Report Findings in Statistical Mechanics (Modeling the Illegal Lane-changing Behavior of Bicycles On Road Segments:Considering Lane-changing Categories and Bicycle Heterogeneity)[J]. Journal of Physics Research,2020.

[3] Ardeshir Faghri,Erika Egyháziová. Development of a Computer Simulation Model of Mixed Motor Vehicle and Bicycle Traffic on an Urban Road Network[J]. Transportation Research Record,1999,1674(1).

[4] Mikko Räsänen,Ilkka Koivisto,Heikki Summala. Car Driver and Bicyclist Behavior at Bicycle Crossings Under Different Priority Regulations[J]. Journal of Safety Research,1999,30(1).

[5] Peter Nyberg. Road characteristics and bicycleaccidents[J]. Scandinavian Journal of Public Health,1996,24(4).

[6] 李志斌,杨晨,王炜,等.基于出行态度的自行车通勤出行市场划分[J].东南大学学报:自然科学版,2012(4):784-790.

[7] 赵贤兰.城市自行车道路服务水平研究[D].北京:北京建筑大学,2014.

[8] 付帅.城市规划技术标准适度化研究[D].重庆:重庆大学,2014.

[9] 关宏志,刘小明,陈艳艳,等.利用街巷开辟自行车专用道的研究:以北京市东黄城根为例[J].城市规划.2001,25(4):49-55.

[10] Kay JonathanJ,Savolainen Peter T,Gates Timothy J,Datta Tapan K. Driver behavior during bicycle passing maneuvers in response to a Share the Road sign treatment. [J]. Accident;analysis and prevention,2014,70.

[11] Muneharu Kokura,Masashi Suga,Bongseok Lee,Keiichi Shirakawa,Takahito Suwa,Nobuaki Ohmori. Safety and Enjoyability Evaluation of Roads and Streets for Bicycles:Case Studies of Bicycle Maps from Utsunomiya and Chigasaki,Japan[J]. Journal of Maps,2010,6(1).

[12] Anonymous. Additional rules of the road for bicycles will minimize bicycle hazards[J]. Planning & Environmental Law,2008,60(11).

[13] Elizabeth G. Jones,Timothy D. Carlson. Development of Bicycle Compatibility Index for Rural Roads in Nebraska[J]. Transportation Research Record,2003,1828(1).

[14] Thao Nguyen. Measuring the incidence of injury among bicycle commuters on cycle networks and open roads:A pilot study[J]. Health Education Journal,2001,60(4).

[15] Tetsuro Hyodo,Norikazu Suzuki,Katsumi Takahashi. Modeling of Bicycle Route and Destination Choice Behavior for Bicycle Road Network Plan[J]. Transportation Research Record, 2000,1705(1).

[16] 魏恒,任福田,刘小明.自行车行驶状态与自行车道通行能力关系研究[J].中国公路学报,1993(04):60-64+71.

[17] Hitoshi YAMAKAWA. ON THE EVALUATION OF BICYCLE PARKING SPACE AND ITS ROAD IN DISTRICTTRANSPORTATON[J]. Japan Society of Civil Engineers,1984,1.

[18] Pablo Celis,HANDBOG I CYKELTRAFIK EN SAMLING AF DE DANSKE VEJREGLER PA CYKELOMRADET[M]. Denmark:Celis Consult,2014.

[19] Design manual for Bicycle Traffic[M]. Netherlands:CROW,2007.

[20] London Cycling Design Standards[S]. London,2014.

[21] Urban Bikeway DesignGuide[M]. USA:National Association of City Transportation Officials,2014.

[22] 郑嘉盈,自行车道系统规划设计参考手册[M]. 台湾:交通运输研究所,2014.

[23] 中华人民共和国行业标准. 城市道路工程设计规范(2016 年版):CJJ 37—2012[S]. 北京:中国建筑工业出版社,2016.

[24] 北京市市政工程设计研究总院有限公司. 北京城区行人和非机动车交通系统设计导则[R]. 北京:中国计划出版社,2010.

[25] 北京市地方标准. 城市道路空间规划设计规范:DB 11/1116—2014[S]. 北京,2014.

[26] 中华人民共和国行业标准. 城市道路路基设计规范:CJJ 194—2013[S]. 北京:中国建筑工业出版社,2013.

[27] 中华人民共和国行业标准. 城市道路路面设计规范:CJJ 169—2012[S]. 北京:中国建筑工业出版社,2011.

第6章
桥梁工程

6.1 主要技术指标

自行车专用路桥梁贯穿绿地及同成街、毗邻地铁站，整体线形自然飘逸流畅。设计阶段同步考虑回龙观地铁站站前广场改造和同成街改造，与绿地环境一体化设计，以做到与周边环境景观的整体融合。

主梁采用开口钢结构梁式桥体系，墩柱采用预制拼装钢结构体系。整个桥梁结构体系简洁、明快、通透，桥梁造型、景观设计、整体色调等与周边建筑融为一体，且桥梁结构形式便于制造、运输、安装、施工和养护。跨京藏高速公路桥梁采用V形墩刚构体系，桥梁整体结构优雅、动感、富有张力。作为回龙观区域自北向南进京的第一座桥梁，既形成了标志性门户，又起到了遮挡现有工程性桥梁的重要作用。

目前，国内对于自行车专用桥梁的设计标准研究尚处于起步阶段，没有专门的设计规范可以遵循。因此，设计荷载的取值以《城市桥梁设计规范》(CJJ 11—2011)和《城市人行天桥与人行地道技术规范》(CJJ 69—1995)为依据，参考美国AASHTO规范，通过计算分析确定最终自行车专用路的桥梁设计标准。此标准可为今后自行车专用路的设计提供借鉴，也可为相关标准、规范的制定提供参考。

6.1.1 设计荷载

桥梁设计荷载根据《城市桥梁设计规范》(CJJ 11—2011)中，关于非机动车专用桥的规定。当桥面宽度大于3.5m时，取以下两种设计荷载分别计算，取其不利者。

1)不计冲击的汽车荷载

小型车专用道路，设计汽车荷载可采用城—B级车道荷载效应乘以0.6的折减系数，车辆荷载的效应乘以0.5的折减系数。

2)人群荷载

(1)人行道板的人群荷载按5kPa或1.5kN的竖向集中力作用在一块构件上，分别计算，取其不利者。

(2)梁、桁架、拱及其他大跨结构的人群荷载(W)可采用以下两式计算，且W值在任何情况下不得小于2.4kPa。

当加载长度$L<20$m时：

$$W = 4.5 \times (20 - \omega_p)/20 \tag{6-1}$$

当加载长度 $L \geqslant 20\text{m}$ 时：

$$W = \left[4.5 - \frac{2(L - 20)}{80}\right]\frac{20 - \omega_p}{20} \tag{6-2}$$

式中：W——单位面积的人群荷载(kPa)；

L——加载长度(m)；

ω_p——单边人行道宽度(m)；在专用非机动车桥上为1/2桥宽，大于4m时仍按4m计。

6.1.2 自振频率

由于骑行者在桥上的骑行速度不同，骑行舒适感会有所不同。本次设计从骑行人员舒适性的角度来考虑桥梁自振频率。

为避免共振，减少骑行者的不安全感，桥梁上部竖向自振频率以《城市人行天桥与人行地道技术规范》(CJJ 69—1995)为依据，取值不小于3Hz。结合主梁结构及梁高，实际结构计算中自振频率均大于3.6Hz。

6.1.3 栏杆荷载及高度

1)栏杆荷载

首先，考虑到骑行者站在桥上时，荷载应遵循《城市桥梁设计规范》(CJJ 11—2011)中关于人行天桥或人行道上栏杆荷载的规定，即栏杆扶手上竖向荷载应为1.2kN/m，水平向外荷载应为2.5kN/m。

其次，自行车专用路桥梁与普通人行天桥的荷载的不同在于自行车的撞击力，但目前尚无关于自行车撞击力计算的设计规范。因此，设计阶段结合不同品牌、型号的自行车轮胎的轴心位置(即撞击力位置)建模，模拟骑行者以不同的速度、角度撞击栏杆时的水平撞击力。

2)栏杆高度

美国AASHTO规范中，对于自行车栏杆高度的规定为：从车行道表面的顶部量起，自行车栏杆的高度不应小于1370mm。

参照国内规范《公路交通安全设施设计规范》(JTG D81—2006)中关于桥梁上自行车道栏杆的相关规定，从桥梁顶面起，自行车道栏杆高度值取为1.4m。此高度也是根据不同高度栏杆的视线与安全性试验，考虑骑行者感受所确定的。

此外，为防止自行车撞击对栏杆的影响，从安全角度考虑在距离桥面0.4m的位置设置不锈钢防撞护栏，提高栏杆的整体安全性。

6.1.4 其他

对于抗震设防烈度、风荷载、温度作用等其他设计标准均采用国家标准，在此不进行赘述。

6.2 桥梁景观设计

自行车专用路通过自行车通行系统缓解回龙观至上地软件园区域的交通压力，以此鼓励市民绿色出行。工作日可作为交通动脉，节假日可作为休闲廊道。本工程充分开发和利用绿地空间，沿线提供多样的服务空间，提供品质休闲服务。同时，综合整治地铁站站前广场空间，有序组织人流、提高城市品质。

6.2.1 设计理念

自行车专用路桥梁景观设计应遵循“整体性、连续性、标志性”的设计理念。

1）整体性

桥梁设计与周边环境景观整体融合，整体考量；桥面与地面非机动体系相辅相成，相互协调；桥上与桥下景观整体考虑，形成完整的城市服务空间体系。

2）连续性

自行车专用路连续跨过区域内南北向相交道路，无其他交通体系干扰，保证快速、贯通；常规段桥梁与跨京藏高速公路桥梁建筑结构、形式语言的连续性。

3）标志性

自行车专用路服务于回龙观至上地软件园区域，不仅代言该区域的形象，更代表北京品质。

遵循上述设计理念，本工程在桥梁设计中体现出了“低碳、科技、人文、绿色”的概念。如，装配式结构体系、钢结构材料的使用、对环境的最小干预、材料的回收利用；智慧交通、智慧灯光、智慧服务；舒适的骑行环境、愉快的骑行体验、安全的骑行过程、人性化的骑行服务；城市环境空间一体化设计、绿化环境一体化设计等。

6.2.2 桥梁设计

1）常规段桥梁

上部结构采用大悬臂钢结构预制拼装体系，外侧悬臂隔板结构尺寸小，侧面视觉轻盈，底板位置设置装饰格栅，以遮挡顺桥向的各种管线。

下部结构墩柱采用最小化的结构截面，墩柱形式充分考虑桥下用地情况，Y 形墩柱占用地面空间小，分布在地铁站、同成街等人行密集区；H 形墩柱与绿地环境一体化设计，提供舒适的步行、活动空间。在墩柱顺桥方向设置铝扣板，以遮挡保护各种管线。

桥上桥下空间一体化设计，以提供休闲活动空间；既是桥，也是绿地中的廊架。轻盈的栏杆体系，创造骑行在绿色植物景观中的效果和体验。夜景在灯光设计上强调悬臂的韵律感，立柱灯光为桥面提供安全照明。图 6-1 为自行车专用路桥梁景观效果图。

图 6-1 自行车专用路桥梁景观效果图

2）桥梁栏杆

特别值得一提的是，本工程首次在国内采用穿孔镂空铝板作为桥梁栏杆面板。经多方案比选，穿孔图案根据当地文化、服务人群和景观采用“源代码”的设计理念，代表未来、科技、动感、力量。白天，阳光透过穿孔板，与骑行者形成有趣的光影互动；夜晚，在灯光映照下，穿孔板与桥梁结合形成一道美丽的城市风景线。

图 6-2 为桥梁栏杆穿孔板设计方案。

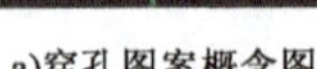
a)穿孔图案概念图

b)穿孔板制作图

c)骑行者与穿孔板的光影互动

图 6-2　桥梁栏杆穿孔板设计方案

3）跨京藏高速公路桥梁

跨京藏高速公路桥梁是常规段桥梁的延续，保持与常规段桥梁相同的工字形主梁结构；下部结构考虑墩柱落点，采用 V 形墩形式支撑结构，形成变截面梁体系；穿孔板的使用可形成轻盈、通透的防风、防抛、防眩光、防噪体系。

南北侧结构基础顺应京藏高速公路斜交关系，错位布置。在光线照射下，形成大步向前的视觉效果，整个结构优雅、动感、富有张力。图 6-3 为京藏高速公路跨线桥设计方案图。

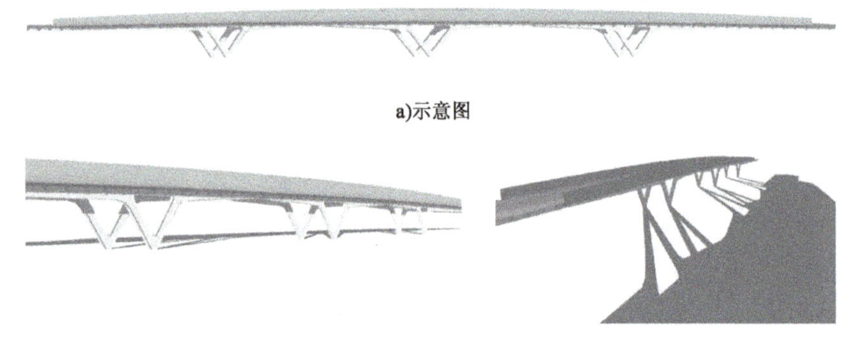
a)示意图

b)光影图

图　6-3

c)效果图

图6-3 京藏高速公路跨线桥设计方案图

6.3 上部结构

6.3.1 常规段桥梁

常规段桥梁上部结构采用开口工字形钢结构主梁,梁高1.1m,跨径为15~32m,以25m居多,这与邻近地铁13号线的高架桥跨径保持一致,以避免视觉混乱。桥面净宽6m,两侧栏杆各宽0.25m。图6-4为桥梁上部结构示意图。

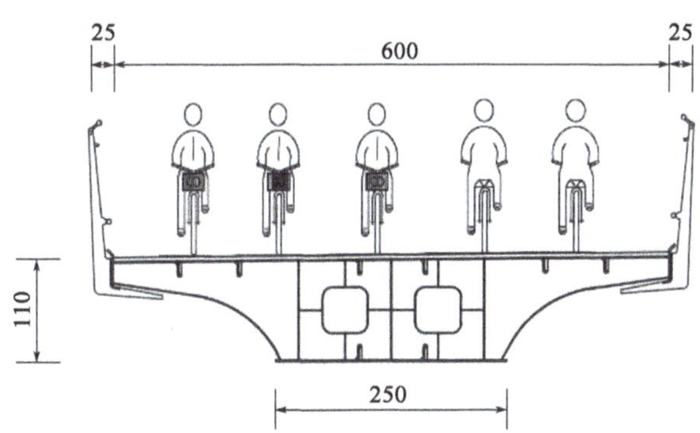

图6-4 桥梁上部结构示意图(尺寸单位:cm)

钢结构主梁主受力部件为两根工字梁结构,两根工字梁之间按照一块横隔板、两块加劲板的方式布置,将两根工字梁连为一体,以加强结构整体受力性能。在工字梁外侧横隔板及加劲板的对应位置处布置悬臂加劲板,悬臂加劲板以曲线变高的形式从工字梁底板延伸至顶板,既可以加强顶板受力,还能提高桥梁的整体美观性。图6-5为主梁横隔板位置细部构造,图6-6为主梁加劲板位置细部构造。

双工字梁结构的主梁为开口形截面,便于观测病害及日常养护维修,还方便桥上管线从梁体内通过。主梁底部工字梁底板之间设置可拆卸的铝格栅吊顶,材质为挤压铝。通过顶部铝合金框架栓接在底板上,能够随时拆卸,既可以起到遮挡桥上管线的作用,而且不影响后期养护维修。图6-7为主梁结构实景图。

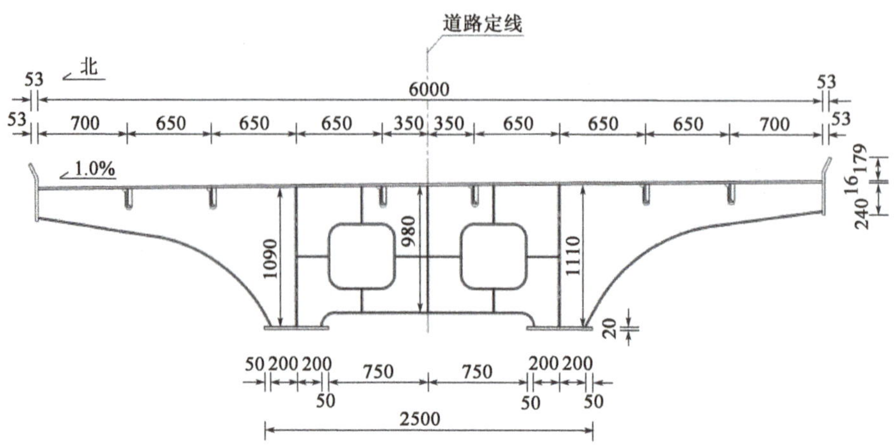

图 6-5 主梁横隔板位置细部构造(尺寸单位:mm)

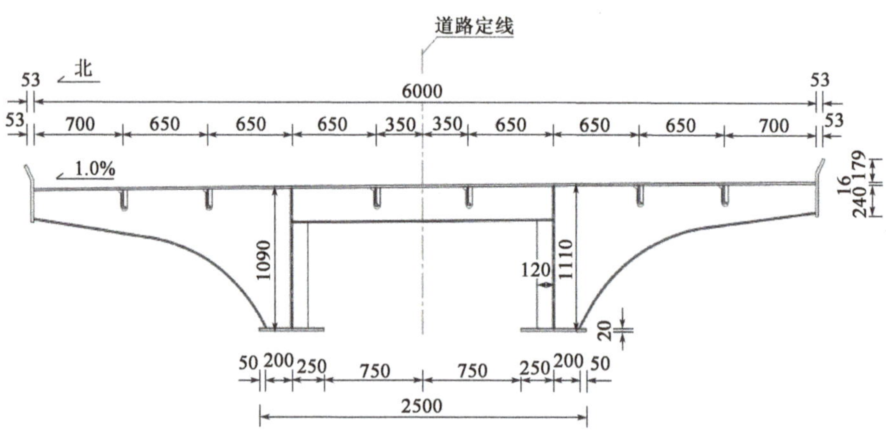

图 6-6 主梁加劲板位置细部构造(尺寸单位:mm)

图 6-7 主梁结构实景图

钢结构主梁采用预制装配式施工工艺,在工厂内分节段统一标准化加工生产,运输至现场吊装就位后焊接成型,为多跨连续梁体系。该工艺具有现场工艺简单、桥梁整体造型美观新颖、后期养护维修方便等优点。

6.3.2 跨京藏高速公路桥梁

综合考虑高速公路宽度大、地下管线复杂、施工期间交通导行困难等问题，跨越京藏高速公路桥梁采用四跨变截面H形钢结构V形墩刚构体系，跨径为38m+46m+50m+41m。高架桥全长175m，梁高1.5~2.5m。图6-8为京藏高速公路跨线桥上部结构图。

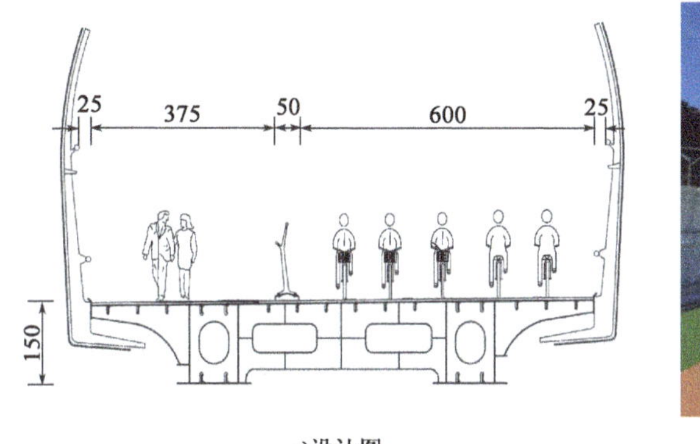

a)设计图

b)实景图

图6-8 京藏高速公路跨线桥上部结构图(尺寸单位:cm)

由于存在行人通过高速公路的需求，因此本段桥梁增加了3.75m宽的人行步道，自行车专用路的净宽仍保持6m，整个桥面宽度为10.75m，专用路与人行步道之间采用栏杆作为硬隔离。主梁结构由双工字梁调整为双箱，双箱之间仍采用横隔板连接，以增加主梁结构的整体稳定性。图6-9为主梁横隔板位置细部构造，图6-10为主梁加劲板位置细部构造。

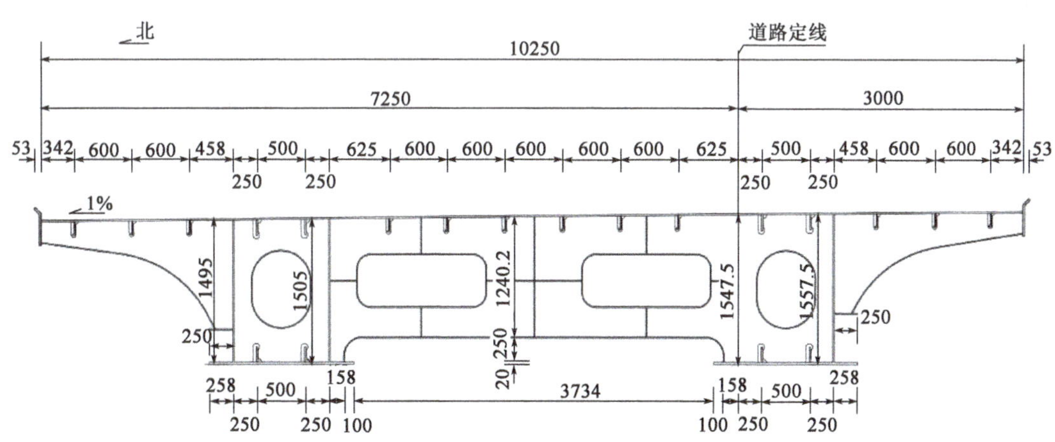

图6-9 主梁横隔板位置细部构造(尺寸单位:mm)

此外，跨京藏高速公路桥梁钢结构采用耐候钢材质。耐候钢利用钢铁表面自然形成致密锈，从而可以实现“以锈防锈”。耐候钢具有环保、免维修的优势，这为后期自行车专用路的养护运营提供了很大的方便。

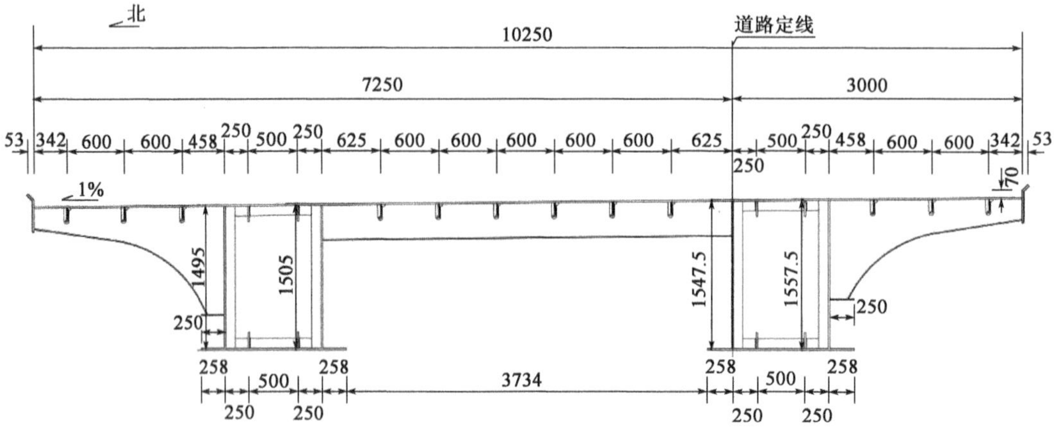

图 6-10　主梁加劲板位置细部构造(尺寸单位:mm)

6.3.3　出入口

自行车专用路出入口采用梯道或坡道的形式,坡度分别设置为 1:4 和 1:8。为了与常规段桥梁的主梁结构保持一致,出入口主梁也采用开口工字形钢结构主梁,工字梁之间采用横隔板连接,梁高为 0.75m。

从视觉效果上看,出入口主梁是常规段主梁的延续,设计阶段在保证桥梁使用功能的同时,又对主梁结构形式和梁高进行优化,充分体现了桥梁各部分的一体化设计。

6.4　下部结构

6.4.1　墩柱

常规段桥梁下部结构采用 H 形或 Y 形钢结构墩柱。两种墩柱均由两根矩形钢墩柱组成,矩形钢墩柱之间采用钢横梁相连。两种墩柱顶部构造形式保持一致,随后矩形钢墩柱按照主梁悬臂加劲板的变化曲线继续延伸,延伸至 1m 左右后,通过不同角度的变化表现出 H 形、Y 形两种不同的造型。在顺桥方向,两种墩柱自上而下均采用变化截面,使墩柱在视觉效果上呈现出优美的曲线变化,尤其对于路面行驶的机动车来说,主梁、墩柱的曲线变化交相呼应,形成城市中靓丽的风景线。

两种墩柱形式的选择是基于地理位置和桥下空间利用的综合考量。H 形墩柱的两根矩形钢墩柱逐渐分离,墩底位置处距离较宽,可供行人沿桥底穿行,桥下可结合城市绿化修建公园、廊道等;Y 形墩柱的两根矩形钢墩柱逐渐合拢为独柱墩形式,墩底位置占地较小,可适用于城市道路机非分隔带、城市广场等位置。图 6-11 为桥梁墩柱构造图。

钢墩柱内灌注自密实混凝土,可提升墩柱承压能力,防止墩柱钢板受压变形,并对墩柱内表面起到防腐防锈的作用。墩柱顺桥向东西两侧各设置 $D = 40\text{cm}$ 的半圆形铝扣板,排水管、照明电线、通信电缆等过桥管线均可隐藏于铝扣板内,以提高桥梁的整体景观性。图 6-12 为桥梁墩柱实景图。

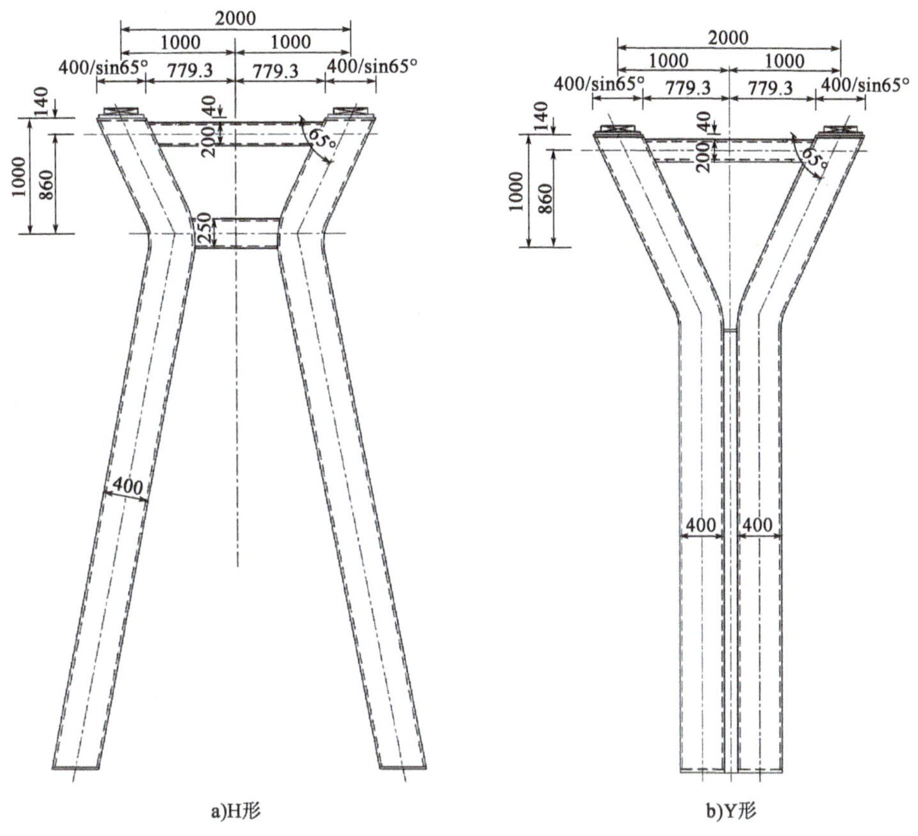

a)H形　　　　　　b)Y形

图 6-11　桥梁墩柱构造图(尺寸单位:mm)

a)H形　　　　　　b)Y形

图 6-12　桥梁墩柱实景图

出入口梯(坡)道桥的墩柱均采用 Y 形钢结构墩柱,顺桥方向墩柱自上而下采用变截面。在出入口主梁与梯(坡)道衔接位置处,墩柱采用斜腿或直腿钢结构双柱盖梁,顺桥向东西两侧各设置 D =70cm 的半圆形铝扣板。图 6-13 为双柱盖梁实景图。

跨京藏高速公路桥梁墩柱采用 V 形墩形式,V 形墩肢高 1.5m,底端渐变为单个矩形截面,截面高度 1.8m,通过法兰与承台相接。图 6-14 为京藏高速公路跨线桥效果图。

图6-13　双柱盖梁实景图

图6-14　京藏高速公路跨线桥效果图

6.4.2　承台及基础

钢结构墩柱采用杯口承插式下接承台及钻孔灌注桩,承台顶部设置杯口槽,墩柱吊装至杯口内后使用钢纤维混凝土填充杯口部分。为保证连接部位杯口的承载能力,在构造上可通过设置大于2倍墩柱宽度的杯口深度、杯口顶部1/4杯口深度范围内配置水平环形筋、墩底设置剪力钉、杯口表面混凝土凿毛、设置连接钢板等措施加强墩柱与承台之间的联系。图6-15为承台杯口构造图。

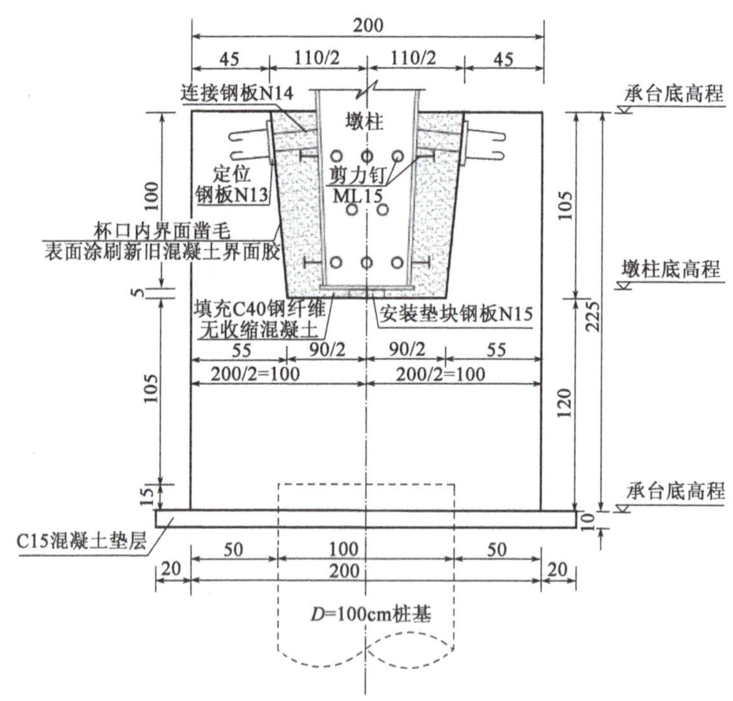

图6-15　承台杯口构造图(尺寸单位:cm)

6.5 预制拼装体系

目前,桥梁的主要施工工艺是上部结构采用现浇或预制,下部结构采用现浇。现浇结构的主要施工场所为桥梁所在位置,施工时产生的灰尘、噪声等污染物对周边环境影响大,且施工周期长,在市区及建成区内实施有较大的局限性。而对于现有的全装配式桥梁结构,桥梁墩柱主要是混凝土结构,可在构件厂加工完成后再运输至现场。混凝土结构的拼装单元存在自重大、吊装难等问题,且拼装界面需进行二次浇筑,影响结构整体性能。

本工程的桥梁主梁、墩柱均采用钢结构预制拼装体系,具有以下优势。

1)快速施工

主梁及墩柱均采用钢结构预制拼装工艺,各构件在工厂内加工完成。钢主梁按照15m左右一段分节段工厂预制,运输至现场吊装就位后焊接拼装;钢墩柱整体工厂预制,运输至现场吊装就位后再填充混凝土。各构件均为厂内统一模数化、标准化加工,流水线式加工模式提高了加工效率,加快了制作速度;现场主梁结构成型只需焊接少量拼接焊缝,墩柱结构成型只需填充混凝土,与绑扎钢筋、支模、现浇混凝土等传统工艺相比,极大节约了施工时间,缩短了施工工期。

2)现场施工简单方便

主梁及墩柱均采用自重较轻的钢结构,便于运输吊装及构件点位调整;主梁拼接时每跨只需搭设一至两处临时支架,且焊接成型后即可拆除支架,施工时临时占地面积小且临时支架占地时间短。

3)整体造型美观新颖

自行车专用路桥梁采用开口形主梁截面,直观展现了整齐排列的悬臂加劲板及工字梁结构,给人一种通透、明快、简洁的现代韵律感。桥梁整体曲线变化从主梁悬臂加劲板一直延续至墩柱底部,造型线条流畅,极具设计感。随桥所敷设的管线均隐藏在主梁吊顶及墩柱铝扣板内,无管线裸露在外,外观整洁,令人舒适。桥梁整体外涂装为交通白,对城市既有景观影响小,可以更好地融入既有景观,与周边城市绿化相辅相成,令自行车专用路成为城市中的一座地标、一道风景。

4)后期养护维修方便

上部结构主梁为开口形截面,便于观测病害及日常养护维修;全桥各部件之间均为焊接或栓接,便于后期维护及改造;整体钢结构自重轻,在地震作用下损伤小,可修复性强。

5)绿色环保

桥梁各构件在工厂内标准化加工生产,现场施工工期缩短,所产生的烟尘、噪声等污染物极少,对周边环境的影响小;主梁拼接时需要搭设的支架少,可节约施工成本;若干年后可对整体钢结构体系进行回收,回收率高于90%,可起到节约社会资源的效果。

6.6 结构计算

本工程桥梁结构计算采用Midas Civil及Civil Designer、ABAQUS等多种有限元计算软件,分别应用梁单元、板单元及实体单位,对桥梁不同部位建立空间动力计算模型,并进行计算分析研究。建模计算中主要遵循以下几个原则:

(1)桩土作用采用节点弹性支承来模拟,通过计算土弹簧刚度近似地基土对于桩基的影响。

(2)不同支座单元所取刚度不同,尽量真实反映支座的力学特性。

(3)E1、E2 纵横向地震效应采用反应谱法计算。

(4)设计荷载取值按前述计算所得,不同跨径的移动荷载有所不同。

6.6.1 静力计算

1)常规段桥梁

以四跨一联常规段 H 形墩柱桥梁为例。主梁计算采用 Midas Civil 软件,应用板单元结构、墩柱、承台和桩基础采用空间杆系单元模拟,分别建立主梁模型及全桥模型。图 6-16 为 H 形墩柱连续梁全桥模型。

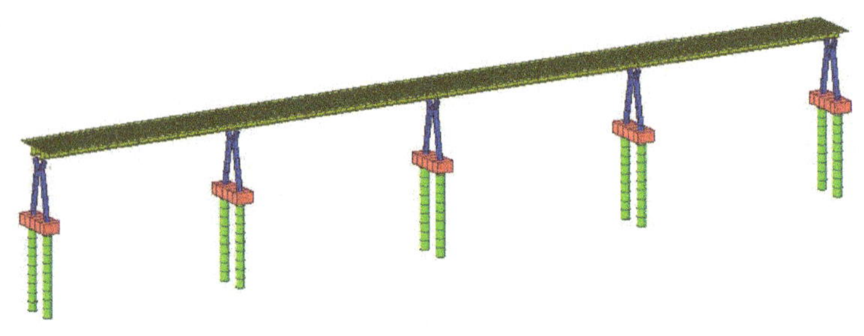

图 6-16　H 形墩柱连续梁全桥模型

计算结果以《公路桥涵设计通用规范》(JTG D60—2015)和《公路钢结构桥梁设计规范》(JTG D64—2015)为标准进行验算。主梁顶、底板应力、变形及墩柱应力、变形均满足规范要求。图 6-17 为不同荷载组合下的桥梁变形图。

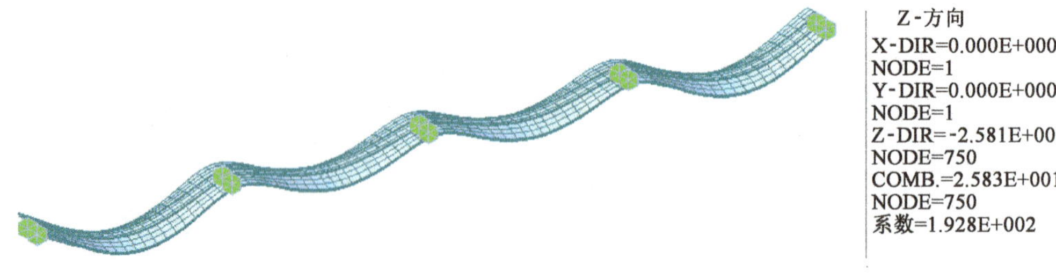

a)频遇组合

图　6-17

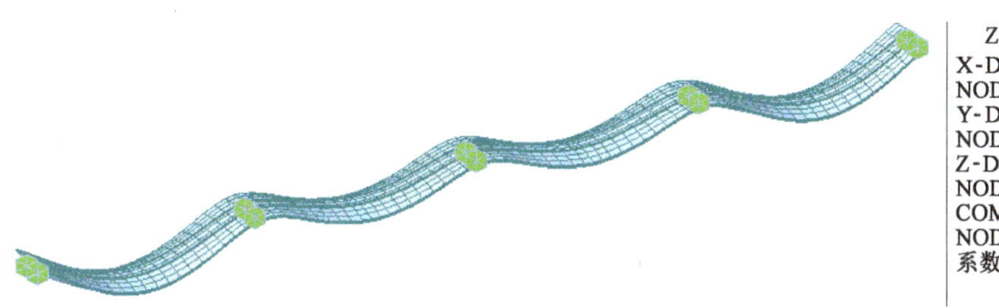

b)准永久组合

图6-17 不同荷载组合下的桥梁变形图

2)跨京藏高速公路桥梁

桥梁计算采用 Midas Civil 及 Civil Designer 软件,计算模型中的梁体、墩柱、承台和桩基础采用空间杆系单元模拟,横向单元及桥梁铺装用集中质量代表,梁单元划分反映结构的实际动力特性。图6-18 为京藏高速公路跨线桥计算模型。

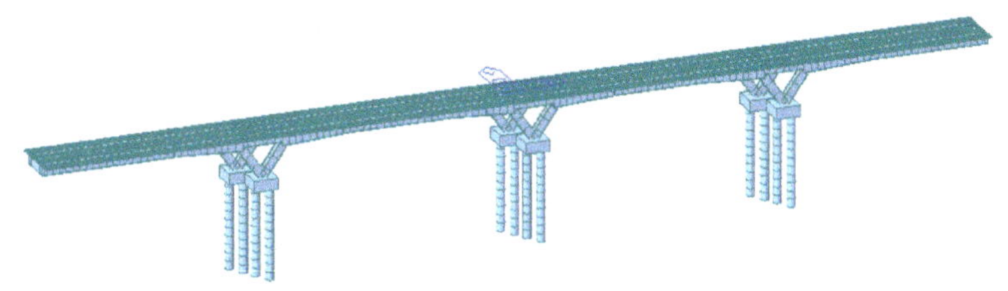

图6-18 京藏高速公路跨线桥计算模型

计算结果以《公路桥涵设计通用规范》(JTG D60—2015)和《公路钢结构桥梁设计规范》(JTG D64—2015)为标准进行验算。主梁最大拉应力、最大压应力、最大剪应力及挠度变形值均满足要求。图6-19 为不同部位主梁应力图,图6-20 为标准组合下主梁位移图(41m + 50m + 46m + 38m)。

3)承台杯口计算

承台杯口连接位置的局部计算是本次节点设计的重难点,用 ABAQUS 软件对墩柱及承台建立精细化有限元模型进行数值模拟分析。

墩柱钢板、墩柱填充混凝土、杯口混凝土、承台混凝土等均采用实体单元,承台内部钢筋采用桁架单元。混凝土采用塑形损伤本构,钢板及钢筋采用弹塑性本构。墩柱钢板与填充混凝土、墩柱与杯口、杯口与承台之间采用 tie 固接,墩柱钢板与加劲板采用内置区域连接。承台底部采用实体单元固结模拟。图6-21 为杯口混凝土应变图,图6-22 为承台混凝土应变图,图6-23 为承台钢筋应力图。

在 E2 状态下,杯口混凝土最大拉应变为 4.647×10^{-4}、3.163×10^{-3},均大于 C40 混凝土的开裂应变 7.98×10^{-5},此时杯口混凝土发生开裂,开裂部位集中在受拉侧上部。

在 E2 状态下,承台混凝土最大拉应变为 2.065×10^{-5}、6.408×10^{-5},均小于 C35 混凝土的开裂应变 7.17×10^{-5},此时杯口混凝土未发生开裂。承台钢筋最大应力为 2.049MPa、2.814MPa,此时承台钢筋未屈服。

a)主梁上缘应力图

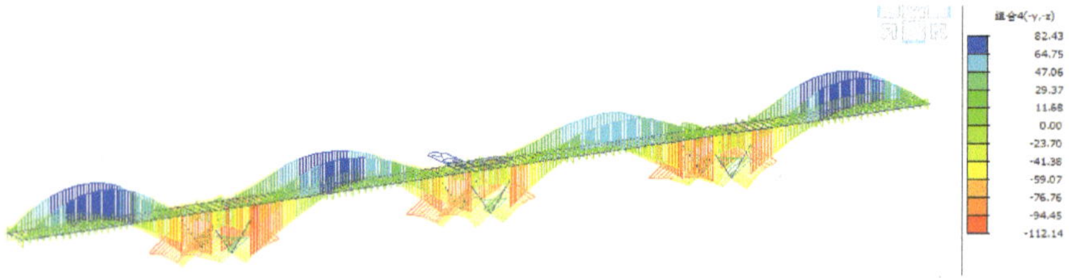

b)主梁下缘应力图

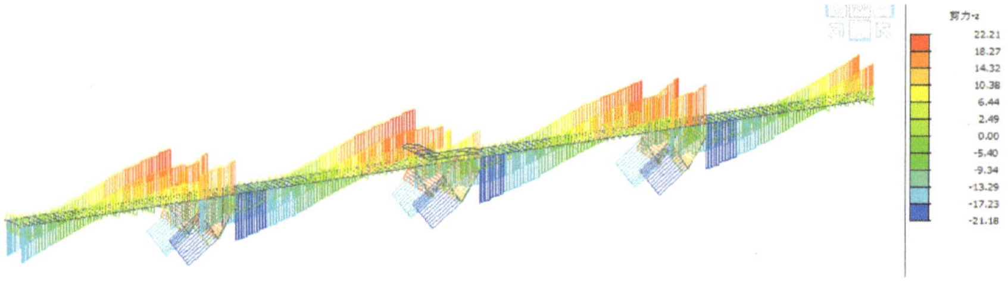

c)剪应力(平均)图

图 6-19　不同部位主梁应力图

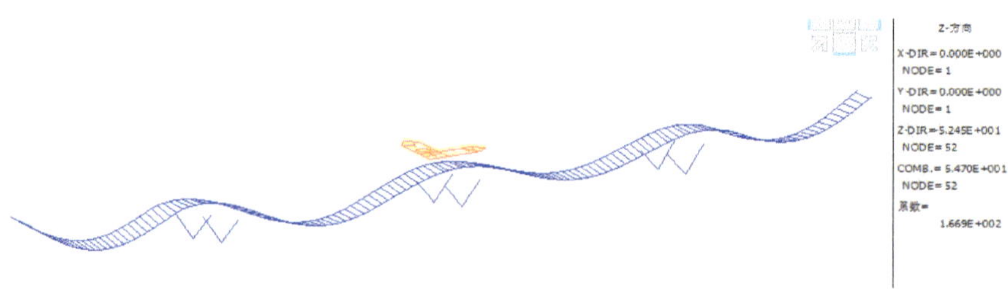

图 6-20　标准组合下主梁位移图(41m+50m+46m+38m)

根据计算结果,E1 地震作用下,承台杯口未出现损伤情况,结构状态完好;E2 地震作用下,杯口混凝土的上部出现裂缝,整体结构保持完好,结构承载力并未下降,表明整体结构抗震承载力满足要求。

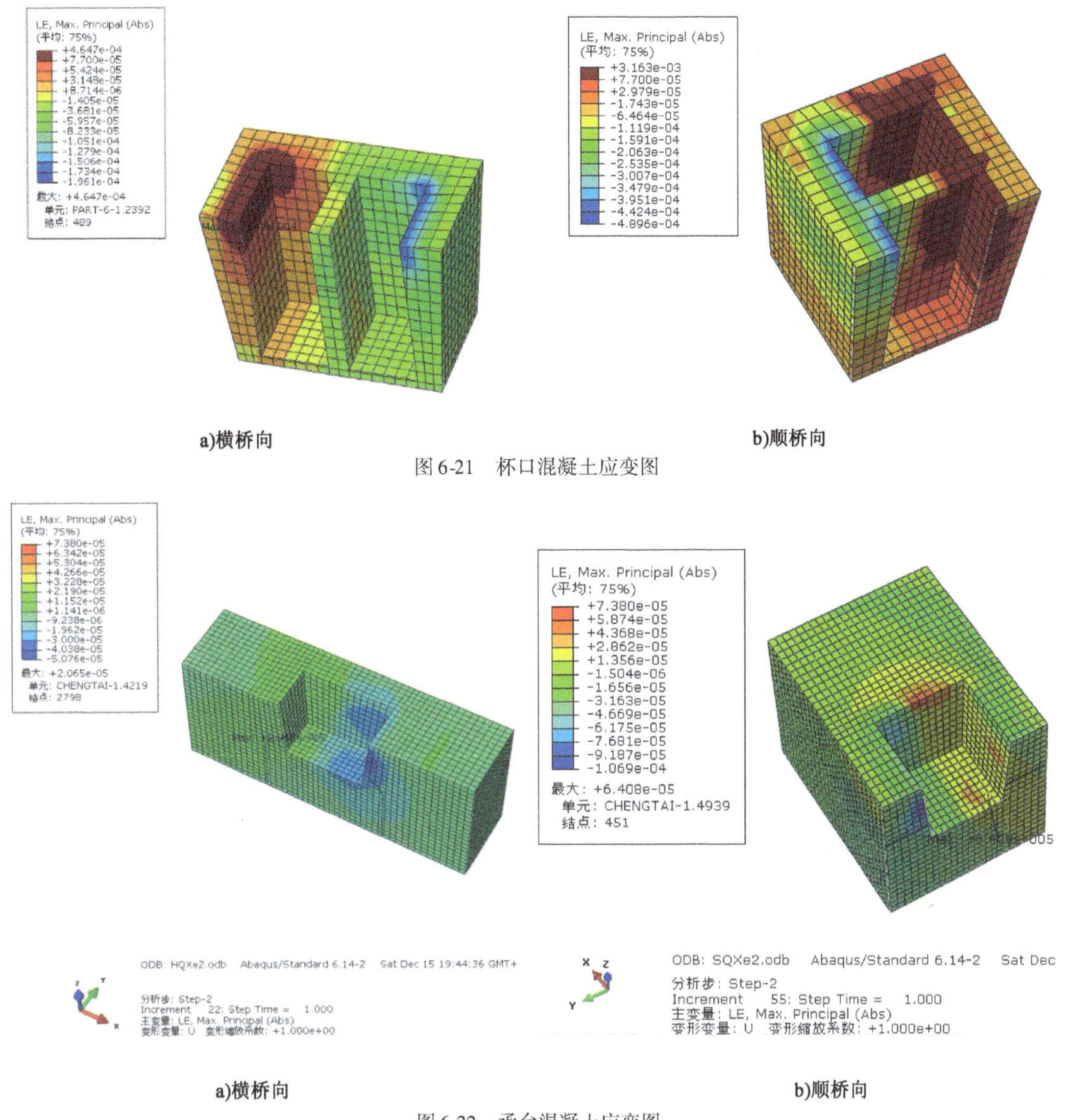

a)横桥向　　b)顺桥向

图 6-21　杯口混凝土应变图

a)横桥向　　b)顺桥向

图 6-22　承台混凝土应变图

6.6.2 抗震计算

通过建立全桥整体模型,采用反应谱法,验算桥梁在 E1、E2 地震作用下的强度及变形情况。

1)标准段

E1、E2 地震组合主梁应力如图 6-24 所示。

2)京藏高速公路跨线桥

不同地震作用下的内力和应力包络图如图 6-25 ~ 图 6-30 所示。

根据计算结果,主梁的内力、应力、变形及墩柱在 E1、E2 地震力作用下的结果,均满足《城市桥梁设计规范》(CJJ 11—2011)和《城市桥梁抗震设计规范》(CJJ 166—2011)等标准。

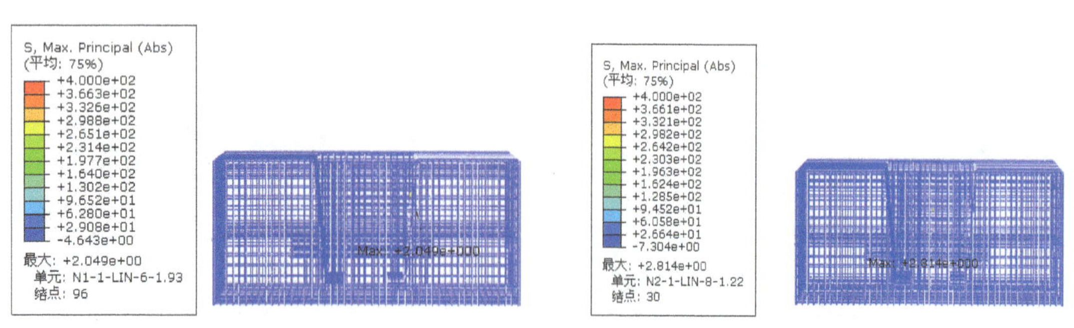

ODB: HQXe2.odb Abaqus/Standard 6.14-2 Thu Dec 13 19:21:55 GMT+0:

分析步: Step-2
Increment 22: Step Time = 1.000
主变量: S, Max. Principal (Abs)
变形变量: U 变形缩放系数: +1.000e+00

ODB: SQXe2.odb Abaqus/Standard 6.14-2 Thu Dec 13 20:41:11 GMT+

分析步: Step-2
Increment 26: Step Time = 0.6508
主变量: S, Max. Principal (Abs)
变形变量: U 变形缩放系数: +1.000e+00

a)横桥向 **b)顺桥向**

图 6-23 承台钢筋应力图

a)E1地震组合

b)E2地震组合

图 6-24 E1、E2 地震组合主梁应力图

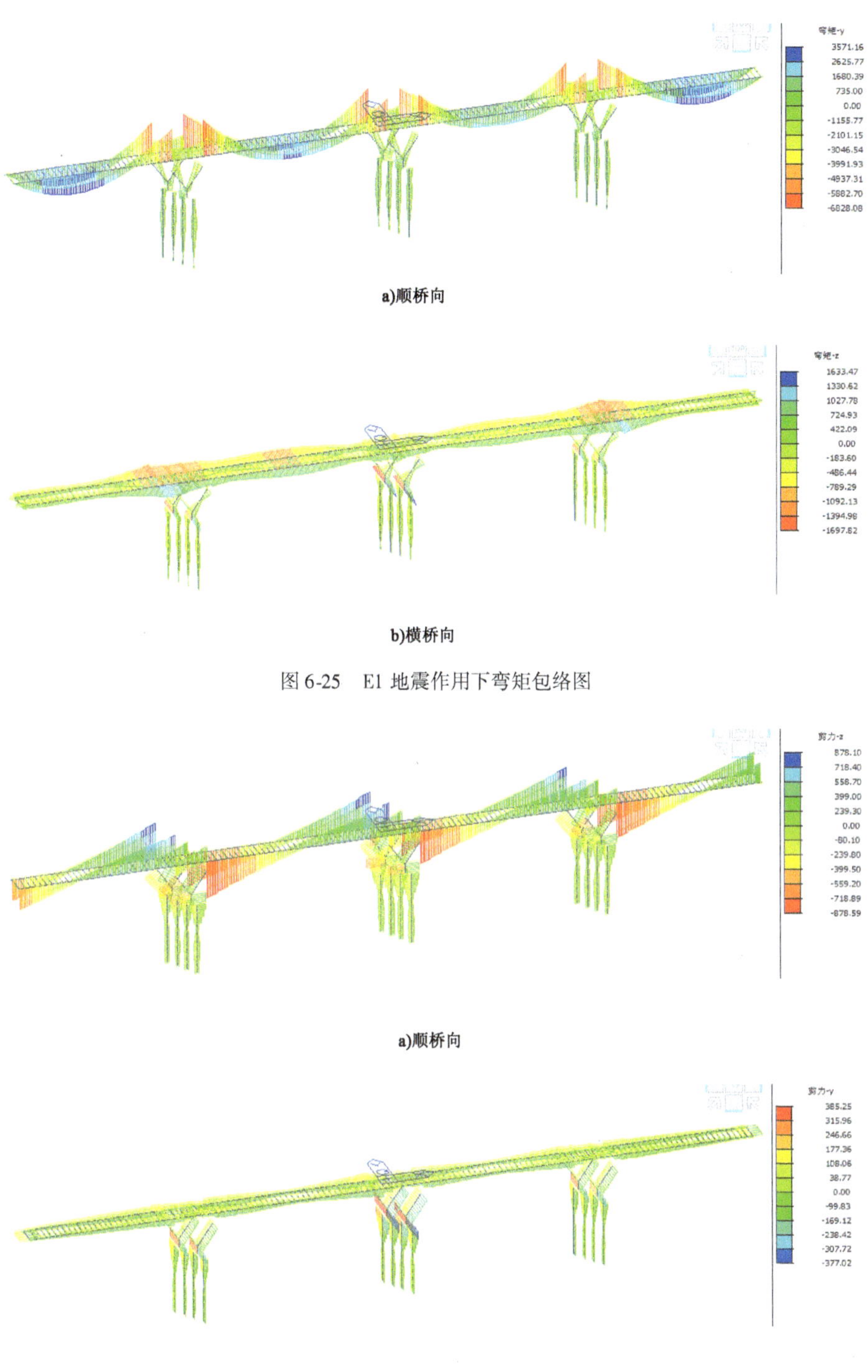

a)顺桥向

b)横桥向

图6-25 E1地震作用下弯矩包络图

a)顺桥向

b)横桥向

图6-26 E1地震作用下剪力包络图

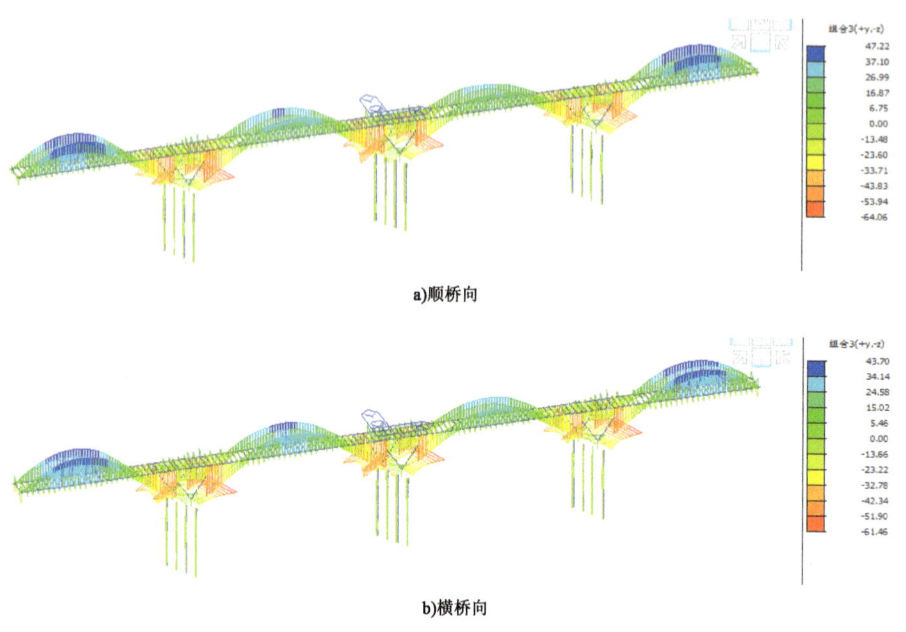

a)顺桥向

b)横桥向

图6-27　E1地震作用下上下缘应力包络图

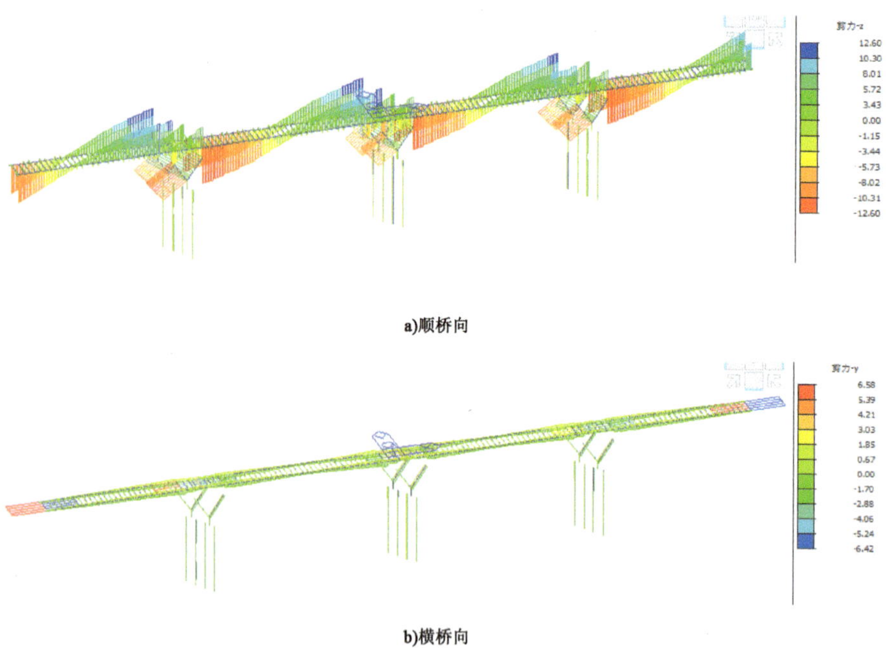

a)顺桥向

b)横桥向

图6-28　E1地震作用下平均剪应力包络图

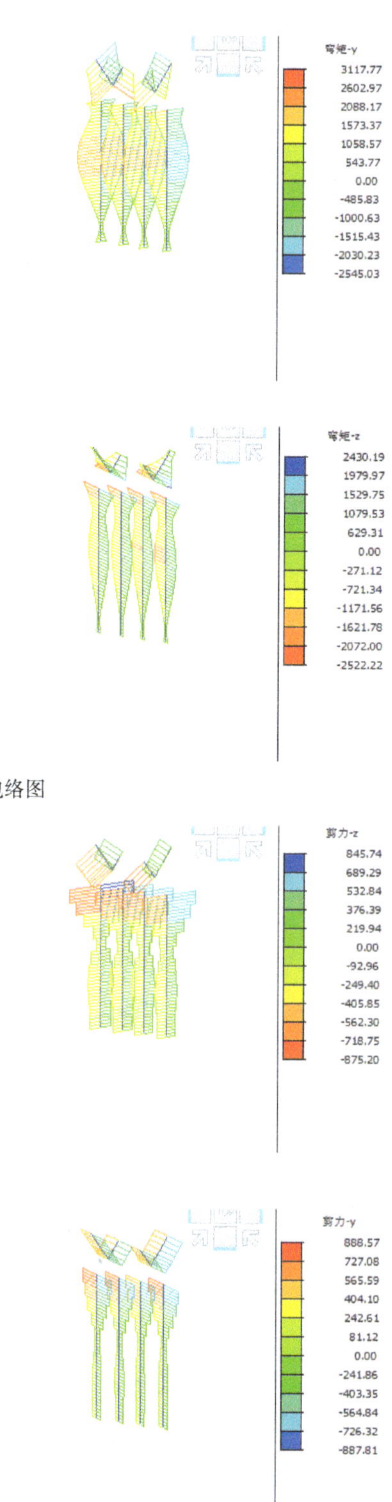

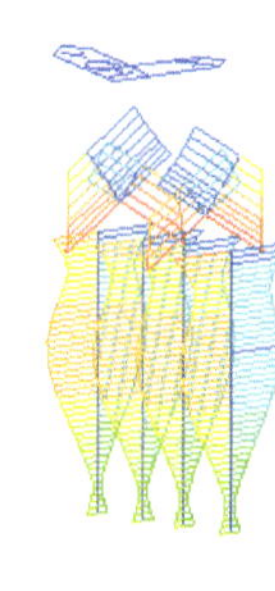

a)顺桥向

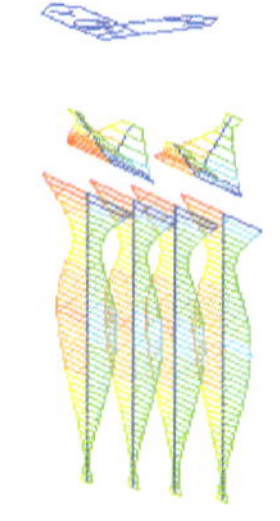

b)横桥向

图 6-29　E2 地震作用下桩基弯矩包络图

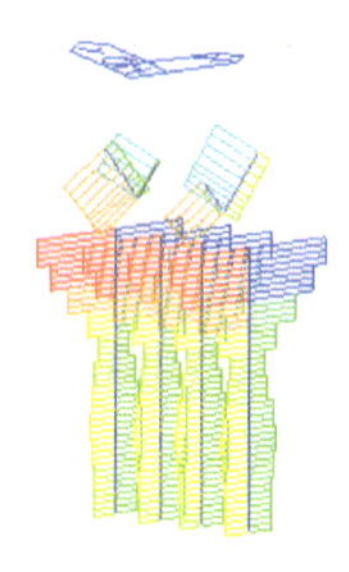

a)顺桥向

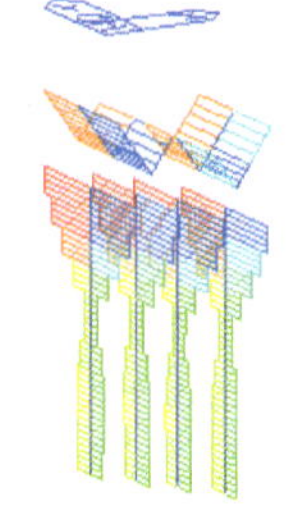

b)横桥向

图 6-30　E2 地震作用下桩基剪力包络图

6.7 附属结构

6.7.1 栏杆、防风装置、隔音屏障

1)常规段桥梁栏杆

目前,人行天桥或高架桥自行车道大多采用钢或不锈钢栏杆,栏杆会存在如下问题:

(1)形式单一:大多数栏杆采用钢或不锈钢立柱形式,不仅形式单一,且占用桥面净宽,如上跨主路还需外侧焊接防护网,桥上管线外露影响美观且不便于在天桥上设置照明系统。

(2)施工、维修困难:当个别栏杆锈蚀或破损严重时,通过将原立柱截断后重新焊接新的立柱进行维修;当栏杆整体破损、锈蚀严重需要更换时,需要将地袱、栏杆整体拆除,重新浇筑地袱混凝土并安装栏杆进行维修,施工工期长且质量难以保证。

对于自行车专用桥梁,立柱形式的栏杆在一定高度上会对自行车把产生绊阻,易发生交通事故。因此,设计者本着可装配式快速施工且兼具安全、适用、耐久、经济、美观、环保等优点的设计理念,设计适用于自行车专用桥梁的栏杆,它具备可模数化、标准化工厂制作,现场快速安装及更换的特点,且集防撞、照明、美观于一体。

常规段桥梁栏杆高度自桥面起为1.4m,在距桥面0.4m处及栏杆顶部设置不锈钢防撞栏杆。栏杆主要由浇铸铝立柱、挤压铝扶手、穿孔铝板栏板、不锈钢防撞钢管及相应连接件组成,整个装置栓接于桥梁外挂板两侧,构件之间通过螺栓装配式连接。桥面照明采用LED灯,照明灯带嵌入栏杆浇铸铝立柱中。

这种栏杆具有安全、适用、耐久、经济、美观、环保等优点。

(1)安全:为保证桥上行人和骑行者的安全,栏杆顶部和底部分别设置不锈钢防撞钢管;栏杆立柱之间通过穿孔铝板栏板连接,并将立柱与铝板栏板一并沿主梁翼缘板方向向下弯折,防止桥上杂物掉落影响桥下行车安全;浇铸铝立柱沿顺桥向按标准间距布置,整体通过立柱底部托座与主桥两侧挂板栓接,保证栏杆整体的安全性。

(2)适用:本装置栓接于桥梁两侧挂板外侧,不占用桥上空间,且向外微倾的外形设计给桥上骑行者和行人带来更加开阔的视野和使用空间;顶底两道不锈钢防撞钢管之间设置挤压铝扶手,满足行人及骑行者的手扶需求;浇铸铝立柱前后两侧沿竖向设置预留槽,形成工字形断面,保证立柱刚度的同时,节约材料且方便嵌入照明灯具,满足夜间照明需求。

(3)耐久:本装置构件材料主要采用铝合金和不锈钢,耐腐蚀性强,且装配式构造更易于维修更换,满足桥梁全寿命周期内的使用要求。

(4)经济:本装置除防撞钢管及其连接件采用不锈钢材料外,其他构件材料均采用铝合金材料,满足强度的前提下极大减轻了材料重量,降低了造价。

(5)美观:材料的特点和独特的构造使本装置更加轻盈、美观,能带来更好的视觉感受,栏杆立柱之间的穿孔铝板栏板的穿孔镂空图案可根据桥梁所在地的特色和景观进行单独设计,与周围环境更好呼应,且阳光穿过孔洞投射在桥面上的光影效果本身也是一种视觉享受;栏杆立柱本身的竖向预留槽可嵌入照明灯具,提供桥面照明功能外,使桥梁本身在夜间也成为一道风景;浇铸铝立柱底部沿桥梁翼缘板向下弯折,与穿孔铝板栏板一同起到遮挡管线的作用,提

高桥梁整体景观性。

(6)环保:本装置可工厂标准化加工生产,构件运到现场后通过螺栓连接,安装速度快且减少对市区环境的影响。图6-31为常规段桥梁栏杆图。

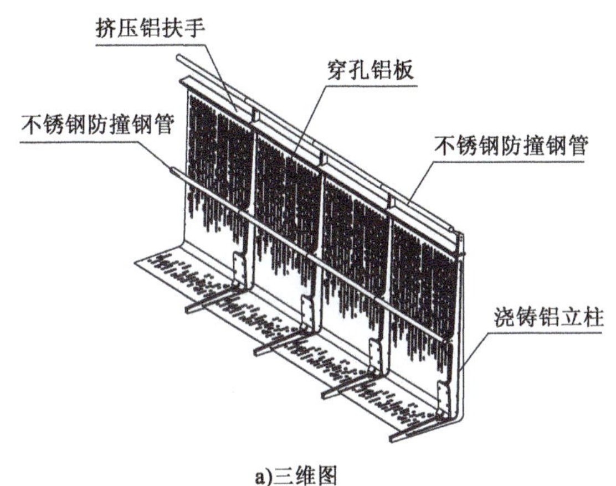

a)三维图

b)实景图

图6-31 常规段桥梁栏杆图

这种栏杆外形美观、重量轻便、可标准化加工,施工速度快,质量容易保证,同时具有安装、拆除、更换简单,更换施工速度快、交通影响小以及后期养护压力小等优点。若在桥梁运营过程中栏杆发生局部破损需要更换,仅需拆除更换相应节段位置的破损构件即可,不影响桥梁其他位置的结构,具有更换施工速度快、交通影响小等优点,具有广泛的应用前景及良好的经济效益和社会效益。

2)防风屏障

北京冬季的主导风向是西北风,由于京藏高速公路地理位置的特殊性,京藏高速公路成为该区域的通风廊道。为了提供更为舒适的骑行体验,设计者在跨京藏高速公路桥梁上设置防眩、隔音、挡风、防抛屏障。此屏障以常规段桥梁栏杆为基础,根据桥位风力情况,改进设计了栏杆立柱高度和穿孔铝板栏板构造。通过增高后栏杆和穿孔板整体的流线型设计,起到防抛、防落物、减弱桥上横向风、保护桥上行人及骑行者安全的作用。防风屏障依旧采用浇铸铝立柱、挤压铝扶手和铝制穿孔板,在桥位中心位置高度最高,向两侧渐进式降低,高度变化为1.4~2.5m,直到桥梁两侧与常规段桥梁栏杆顺接。在距桥面40cm及140cm处设置不锈钢防撞栏杆,屏障所有部位均采用锚栓连接。

防风屏障采用孔状铝材结构,保证桥面骑行时两侧视线通透,并与周边植物共同作用增加骑行的舒适度;同时可部分阻挡临近地铁产生的噪声。此外,防风屏障使桥梁整体结构更显轻盈,其流线型的造型,除满足原有功能的基础上,也最大程度上优化材料利用,使桥梁整体结构优雅、动感、有张力。

集防撞、防落物、防抛、防风、防腐、隔音、照明、美观于一体的防风屏障同样可工厂标准化生产、装配式快速施工,方便后期养护更换。图6-32为防风屏障图。

3)隔音屏障

高架桥临近地铁线路,部分位置噪声偏大。为了给骑行者提供更为舒适的骑行环境,设计者结合噪声评判指标和环评结果,在部分噪声超限的位置设置隔音屏障。

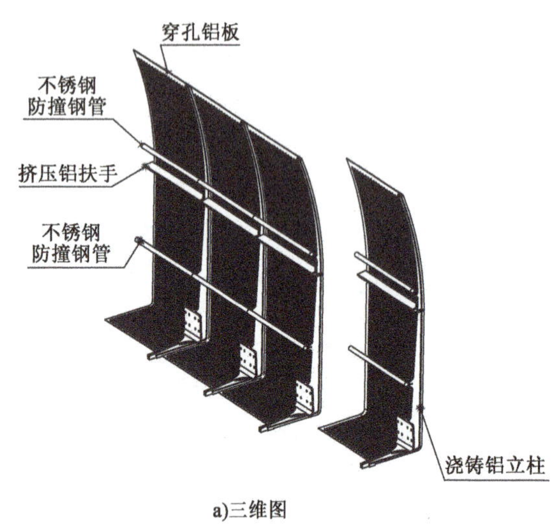

a)三维图

b)实景图

图 6-32　防风屏障图

隔音屏障仍以常规段桥梁栏杆为基础，通过改进设计可附着栓接于栏杆外侧，取消原栏杆顶部防撞不锈钢管连接件，配套隔音屏通过与栏杆立柱顶部以及立柱外侧根部栓接，实现外附于栏杆立柱外侧，不需要单独占用桥面空间且便于装配式施工，满足降噪需求。与常规的隔音屏障不同，该装置轻盈、通透、美观，与栏杆融为一体。图 6-33 为隔音屏障图。

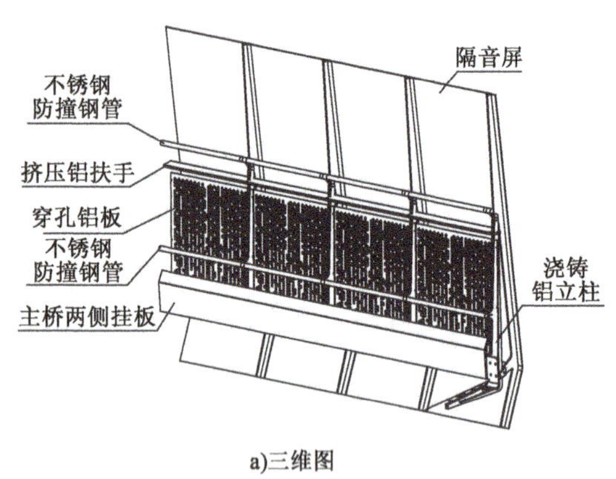

a)三维图

b)实景图

图 6-33　隔音屏障图

6.7.2　伸缩缝

常规的桥梁伸缩缝在荷载及环境的反复作用下容易发生损坏，止水带容易老化，导致梁端漏水，造成梁端钢板或钢筋锈蚀、桥梁下部结构表面泛白、水渍等病害，严重时导致梁端杂物填充，影响结构的正常伸缩功能，最终影响结构安全。此外，目前更换伸缩缝工序复杂，同时存在梁端构造破坏、梁端缝隙被建筑垃圾填充以及无法达到伸缩缝维修效果等风险。

设计者在设计伸缩缝时充分考虑常见病害产生的原因，基于快速维修施工、保证行车舒适性的思路,研制发明了不同于常规车行桥和人行天桥的伸缩缝,即不锈钢伸缩齿梳板与橡胶伸缩缝相结合的定制伸缩缝,伸缩量为30~110mm。自行车专用路桥梁伸缩缝除保证梁端变形量、安装拆除方便快速外,还应有保证行车舒适性的效果。

此种伸缩缝装置主要由橡胶伸缩缝、齿梳变位钢板、导水槽、调高支承套筒、不锈钢压条、钢纤维混凝土、挡板及加劲肋组成,齿梳变位钢板加工成模数式梳齿形状,通过调高支承套筒及钢纤维混凝土与桥梁结构固定;橡胶伸缩缝可采用天然橡胶材料,通过调高支承套筒及不锈钢压条与齿梳变位钢板固定,实现上层防水及易更换功能;导水槽可以采用不锈钢、聚乙烯(PE)等材料制作,设置在伸缩缝下方,将少量渗水排除;挡板及加劲肋采用钢板制作,与桥面铺装衔接。其特征在于:齿梳变位钢板及橡胶伸缩缝共同组成防水伸缩缝装置,在满足桥梁伸缩功能的同时又增强了伸缩缝防水功能,齿梳变位钢板可分模数进行制作并现场安装,橡胶伸缩缝则可通长制作,通过不锈钢压条进行安装,提高伸缩缝防水性能。若伸缩缝在荷载及环境的反复作用下损坏,仅需打开不锈钢压条紧固螺丝,更换橡胶伸缩缝部分即可,具有更换施工快捷、避免伤及桥梁结构、交通影响小以及防水质量容易保证等优点。

该伸缩缝可防止桥面水流入梁端,即使存在少部分水渗入,也能及时排除少量渗水。自然条件下,若伸缩缝上层橡胶老化,只需快速更换上层结构,不会伤及梁端、伸缩缝受力构造,此过程操作简单,对交通影响小,顶层橡胶增加了行驶舒适度、防滑、防腐、防噪声等效果,同时保证其防水效果及伸缩功能。此伸缩装置具有外形美观,重量轻便,可模数化加工,施工速度快,质量容易保证,安装、拆除、更换简单,不伤及桥梁端部构造,更换施工交通影响小以及后期养护压力小等优点。图6-34为桥面伸缩缝图。

6.7.3 桥面铺装

1)桥面铺装的作用

桥面铺装直接承受行车荷载,具有分散车轮荷载,参与桥面结构共同受力。同时,桥面铺装与主梁良好黏结,联系各主梁协调工作,适应梁体变形,防止桥面结构磨损或受到侵蚀,保障行车安全性、舒适性及美观性。

2)对桥面铺装的要求

自行车专用路桥梁采用钢结构,为避免桥面铺装出现开裂裂缝、车辙破坏、推移、腐蚀等病害,对其桥面铺装提出如下要求:

(1)自重轻:桥梁结构轻盈,桥面铺装尽量轻薄,以减少结构自重。

(2)防水性能:桥面铺装具备完美的防水、防腐性能。

(3)层间黏结:铺装基面为钢结构,要求铺装具有良好的层间结合。

(4)随变性:主梁为钢结构,要求铺装能够与主梁协同,适应梁体变形。

(5)弹性模量:铺装结构具有适当的弹性模量,分散车轮荷载,降低桥面钢板应力。

(6)材料性能:具有优良的温度稳定性和抗疲劳开裂性能。

(7)施工工艺:便捷易控的施工工艺。

(8)使用性能:平整、防滑、有利排水;行车安全、舒适。

(9)耐久性能:材料耐久性能好,维修方便、经济。

(10)整体外观:能够掺加颜色,外观美观。

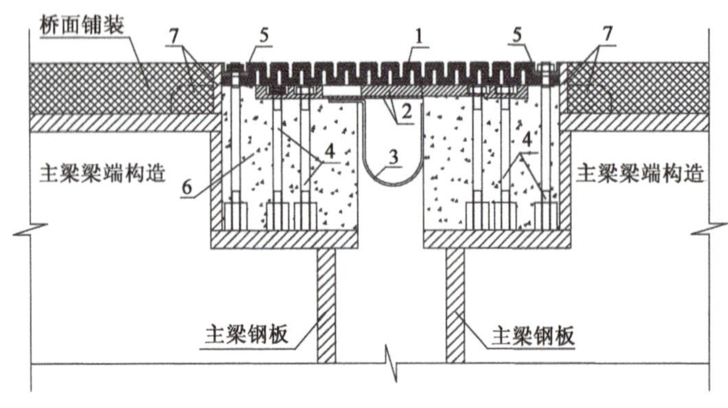

a)设计图

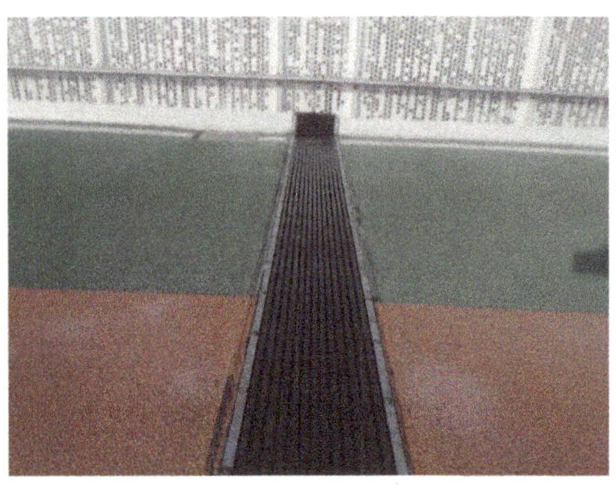

b)实景图

图6-34 桥面伸缩缝图

3)专用桥面铺装材料

桥面铺装采用沥青、树脂类彩色薄层组合铺装，该铺装结构由防腐防锈底涂、无溶剂改性环氧树脂防水层、热熔颗粒黏结层、AC-10C 沥青和树脂类彩色薄层铺装组成。图6-35为桥面铺装结构图。

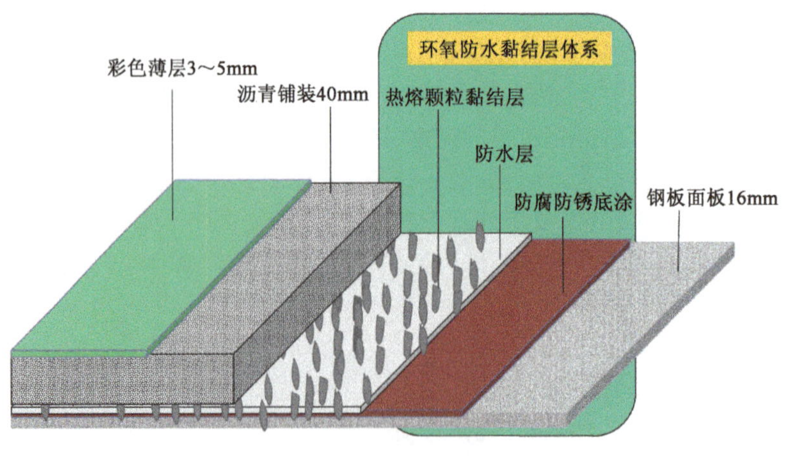

图6-35 桥面铺装结构图

桥面防水层采用了耐高温的环氧树脂,确保在沥青铺装的过程中分子结构不受高温影响而破坏。避免了目前现有的普通环氧树脂因高温而导致的粉化和蠕变(其粉化和蠕变会使环氧防水层在钢结构表面的黏结力丧失,造成沥青铺装系统在横向剪切力的作用下产生的整体位移,进而降低沥青铺装层的使用寿命)。同时,利用优质环氧树脂的“韧性”特性,缓解了防水层在钢结构桥面因自身或外界应力变形而产生的疲劳损坏性能,增强了对钢板变形的随从性能,增强了防水层的使用寿命。

特别值得一提的是,首次在沥青铺装中采用热熔颗粒黏结层。在沥青摊铺过程中,热熔颗粒与改性沥青中的纤维交联在一起,形成网状结构,改善了沥青的黏度。而黏度是影响沥青混合料抗剪强度的主要原因,沥青黏聚力是随沥青黏度的提高而增加的,当受到剪切作用时,其黏滞阻力增大,产生超强的抗剪强度。

由于将传统的碎石播撒改变为热熔颗粒工艺,增加了有效接触面积,从而改善了车轮在沥青表面的横向剪切作用力的传递效果,将集中应力均匀分散,将点剥离作用向面剥离转化。热熔颗粒有效地改变了传统的防水层和沥青铺装层之间单一的物理剪切键的作用,通过化学黏结键和物理力学剪切键的双重功效,增强了铺装系统的黏结强度和抗剪切强度。

此种桥面铺装能够隔绝桥面水分直接渗透到钢桥面,产生腐蚀侵害;杜绝环境中氯离子腐蚀及其他腐蚀;减少维修施工铺装钢桥面时喷砂产生的钢桥面磨耗,提高使用寿命;将车轮在沥青铺装层产生的剪切作用力通过黏结层而转移到防水层,通过韧性变形,化解剪切破坏;强大的黏结功能可以延长沥青铺装层的使用寿命。

出入口推行坡道、梯道处采用防水系统加耐紫外线聚氨酯涂层组合铺装,由于此位置无沥青铺装,因此防水系统中取消热熔颗粒黏结层,黏结层改为石英砂,保留防锈底涂、无溶剂改性环氧树脂防水层。

6.7.4 排水口

桥面排水采用虹吸式排水口,排水口采用特殊的构造,使雨水在进入雨水排放系统前得到整流,最大限度地将空气隔离在雨水排放系统之外,为系统内形成满管流提供条件。

桥面横坡底点处桥面侧面设置单面复合不锈钢挡水板,拦截桥面雨水至虹吸式雨水口中,并通过与高密度聚乙烯(HDPE)排水管将水排入桥下排水系统中。虹吸式雨水口由虹吸式整流器、进水篦子、雨水斗斗盘、防水翼环、雨水斗安装框和雨水斗尾管组成。虹吸式整流器采用铝硅合金,进水篦子、雨水斗斗盘为不锈钢材质,防水翼环、雨水斗安装框采用镀锌钢板材质。图6-36为桥面排水系统构造图。

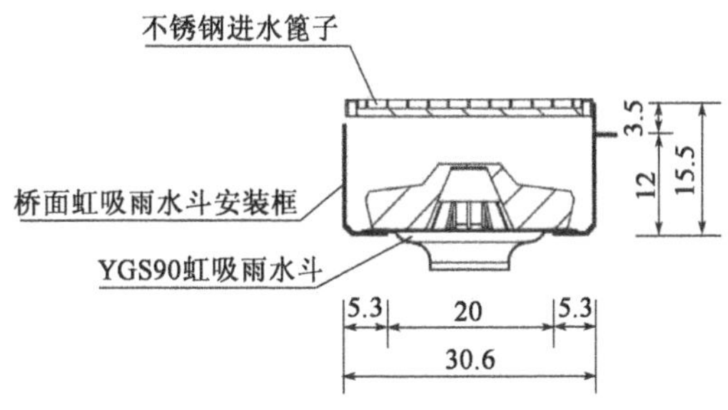

图6-36 桥面排水系统构造图(尺寸单位:mm)

雨水斗为可控制虹吸雨水斗,不会随着降雨量增大,泄流量无限增加,造成管道内水流速度过大,负压急剧上升而导致系统崩溃。当斗前水深达到一定高度、不再有空气掺入时,便形成满管压力流态。通过对管道的管径、高差的控制,可以实现对管道内雨水流态的控制,使系统大部分时间在虹吸压力满管流的流态下工作,使管道内满管流形成一定的负压,雨水斗前水面受到管道内外压差的作用,增大了管道的流量,大大增强了雨水系统的排水能力。与传统桥梁排水系统相比,虹吸式排水系统具有管径小、排水量大的优势。

6.7.5 景观装饰

对于市政桥梁,需要随桥敷设多种市政管线以及桥梁自用的排水管线、照明管线等。现况桥梁敷设管线的形式多为直接裸露在外,给人一种杂乱无序感,影响整个城市景观。因此,设计者在隐藏现况管线、增强景观装饰中,提出梁底装饰格栅和墩柱铝扣板。装饰格栅可遮挡顺桥向的市政管线,墩柱铝扣板则为从主梁到地面的管线提供隐藏空间。

装饰格栅和墩柱铝扣板均采用铝合金材质,材料本身耐久性好,可塑性强,可根据需要做成各种形状,成为桥梁最美的点缀。装饰格栅和墩柱铝扣板均可拆卸,便于后期养护巡查和维修施工。

1)装饰格栅

主梁底面工字梁之间安装铝条装饰格栅,起到遮挡过桥管线、装饰外观的作用;铝格栅每1.25m一榀,采用挤压铝材质,通过顶部铝合金网格连接;铝格栅的连接板与主梁底板上锚栓水平滑动固定或螺母连接。图6-37为装饰格栅实景图。

图6-37 装饰格栅实景图

2)墩柱铝扣板

墩柱顺桥向东西两侧各设置一个半圆形铝扣板,整体分为3段:中间特殊弧形段、弧形上部段、弧形下部段;墩柱结构表面焊接铝扣板固定角钢,铝扣板在墩柱内侧,内侧与固定角钢采用悬挂螺钉,外侧采用固定螺栓(自攻钉),螺钉间距60cm;铝扣板做内侧加劲肋,间距60cm。

在墩柱顺桥向设置半圆形可拆卸铝扣板,铝扣板直径与墩柱边长一致,外观上与墩柱融为一体;铝扣板与墩柱形成线盒,并内设卡箍,起到保护上桥管线与隐蔽管线,提升美观的作用。

6.7.6 助力系统

自行车专用路高架桥段共有6个自行车出入口,出入口坡道坡度为1:8,梯道坡度为1:4。为了增加自行车专用路的使用舒适性,在出入口的坡道、梯道处均设置了助力系统,保证上坡有助力、下坡有阻力。助力系统是两轮车传送系统的概念,它支持骑车人在陡坡上移动,它在室内外、梯道或坡道及50°以内的坡度均适用。对于自行车专用路而言,上坡时,在坡(梯)道的一侧设置自行车传送带,减少使用者上坡过程中的推行难度;下坡时,在坡(梯)道的另一侧设置配有水槽刷的排水沟,保证使用者在下降过程中保持速度。

上坡时,自行车传送带是由电机供电,运行在一个耐用、低维护铝双面通道。电机设置在传送带侧面,传送带的入口和出口将美学、功能和安全性很好地集成到整个系统中。传送带适用于所有类型的自行车,传送带集成传感器一旦检测到自行车,传送带就会起动;如果没有自行车,传送带就会自动停止。

下坡时，在坡(梯)道整个长度上都设置了配有水槽刷的排水沟。排水沟采用优质、耐用、低维护的双面铝槽制作，两侧均配有刷条边。水槽刷的摩擦能确保自行车减速，保证使用者在下降过程中保持自身速度。排水沟的入口和出口将美学、功能和安全性很好地集成到整个系统中。排水沟同样也适用于所有类型的自行车。

助力系统整体由工厂制作，现场安装简便，适用性广泛，有效解决了陡坡推行困难的问题。图6-38为助力系统实景图。

a)上行方向

b)下行方向

图6-38 助力系统实景图

设计者在结构安全、耐久的基础上，综合考虑人性化、城市景观、施工便捷性及经济性，设计出体系合理、方便施工、便于管理、融合景观的自行车专用桥梁。桥梁定线走向优美飘逸，上下部结构舒展轻盈、简洁现代、占地集约，桥梁与周边环境和绿化景观完美融合。桥梁栏杆、防风装置、隔音屏、伸缩缝等附属设施的设计以人为本，从使用者的骑行感受出发，提供给大家一个安全快捷、舒适愉悦、绿色低碳的出行环境。

作为北京市首条自行车专用桥梁，设计团队在无专门规范的情况下，开展了技术标准、结构选型、附属设施等方面的探索与研究，对今后北京市自行车专用桥的设计、施工及运营维护均具有指导意义，同时为国内外新建自行车专用桥的设计起到了参考与借鉴作用。

本章参考文献

[1] 中华人民共和国行业标准.城市桥梁设计规范:CJJ 11—2011[S].北京:中国建筑工业出版社,2011.

[2] 中华人民共和国行业标准.公路钢筋混凝土及预应力混凝土桥涵设计规范:JTG 3362—2018[S].北京:人民交通出版社股份有限公司,2018.

[3] 中华人民共和国行业标准.公路桥涵设计通用规范:JTG D60—2015[S].北京:人民交通出版社股份有限公司,2015.

[4] 中华人民共和国行业标准.公路钢结构桥梁设计规范:JTG D64—2015[S].北京:人民交通出版社股份有限公司,2015.

[5] 中华人民共和国行业标准.城市桥梁抗震设计规范:CJJ 166—2011[S].北京:中国建筑工业出版社,2011.

[6] 中华人民共和国行业标准. 城市人行天桥与人行地道技术规范:CJJ 69—95[S]. 北京:中国建筑工业出版社,1996.

[7] 中华人民共和国地方标准. 人行天桥与人行地下通道无障碍设施设计规程:DB11/T 805—2011[S]. 北京:北京市城乡规划标准化办公室,2011.

[8] 中华人民共和国行业标准. 公路桥涵地基与基础设计规范:JTG 3363—2019[S]. 北京:人民交通出版社股份有限公司,2019.

[9] 中华人民共和国行业标准. 公路桥涵施工技术规范:JTG/T F50—2011[S]. 北京:人民交通出版社,2011.

[10] 中华人民共和国行业标准. 公路交通安全设施设计规范:JTG D81—2017[S]. 北京:人民交通出版社股份有限公司,2017.

[11] 中华人民共和国行业标准. 公路交通安全设施设计细则:JTG/T D81—2017[S]. 北京:人民交通出版社股份有限公司,2017.

[12] 中华人民共和国行业标准. 公路钢结构桥梁设计规范:JTG D64—2015[S]. 北京:人民交通出版社股份有限公司,2015.

[13] 中华人民共和国国家标准. 钢结构设计规范:GB 50017—2017[S]. 北京:中国建筑工业出版社,2017.

[14] 中华人民共和国行业标准. 城市桥梁养护技术标准:CJJ 99—2017[S]. 北京:中国建筑工业出版社,2017.

[15] 中华人民共和国国家标准. 无障碍设计规范:GB 50763—2012[S]. 北京:中国建筑工业出版社,2012.

[16] 中华人民共和国国家标准. 铝合金结构设计规范:GB 505429—2007[S]. 北京:中国计划出版社,2007.

[17] 中华人民共和国国家标准. 全铝桥梁结构用铝合金挤压型材:GB/T 34488—2017[S]. 北京:中国标准出版社,2018.

[18] 中华人民共和国行业标准. 钢管混凝土结构技术规程:CECS 28:2012[S]. 北京:中国计划出版社,2012.

[19] AASHTO LRFD2012, Bridge Design Specifications[S].

[20] 葛素娟,李静斌. 预应力混凝土连续刚构桥0号块空间分析[J]. 郑州大学学报(工学版),2006(03):1-5.

[21] 陈丽军,胡宁,李运,等. 某连续刚构桥0号块局部应力分析[J]. 公路工程,2015(05):228-230.

[22] 李杰,陈淮,李谊修,等. 三主桁斜边桁空间桁架公铁两用桥节点局部应力分析[J]. 世界桥梁,2012(1):50-53.

[23] 程炜钢,徐伟,冯东明. V形墩连续刚构桥静动力行为及地震响应分析[J]. 南京工程学院学报(自然科学版),2012(01):11-16.

[24] 徐治芹. 大跨径V形连续刚构桥局部受力分析[J]. 公路交通科技(应用技术版),2015(11):177-178+192.

[25] 李建斌. 四跨V形墩连续刚构桥结构设计[J]. 城市道桥与防洪. 2014(08):93-96.

[26] 沈中治.结合施工图审查对桥梁墩柱与桩连接构造的讨论[J].特种结构,2014(01):44-49+55.
[27] 冷大伟.预制管型墩柱与承台杯口式连接性能试验[J].公路交通科技(应用技术版),2018(09):266-268.
[28] 邓陈记,吴平平.中小跨径桥梁装配式模块化墩柱施工工艺研究[J].科技创新与应用,2019(12):91-93.
[29] 江春风.插入式钢柱脚插入深度探讨[J].工程施工技术,2008(08):96-99.
[30] 石飞停,甘亚南,张杨永.V形墩连续刚构受力性能的参数分析研究[J].淮阴工学院学报,2015(5):57-59+63.
[31] 孙祖龙.高性能焊接工字形板梁翼缘对腹板屈曲的影响[J].钢结构,1994(03):163-165.
[32] 张华.钢桥工字梁的高效焊接工艺[J].机械工人(热加工),2008(Z1):49-50.
[33] 王亮.焊接工字形截面组合钢梁腹板屈曲后整体稳定性分析[D].乌鲁木齐:新疆大学,2009.
[34] 李鸥,周华樟,祝恩淳.工字形组合截面梁腹板的局部屈曲[J].哈尔滨工业大学学报,2008(12):1900-1905.
[35] 施梦迪,蔡渊,颜潇潇.工字形钢梁稳定性的计算方法[J].低温建筑技术,2014(05):71-73.
[36] 陈士林,方山峰.纯弯工字形薄壁钢梁局部与整体的相关屈曲[J].武汉大学学报(工学版),1992(01):54-61.
[37] 黄礼芳.汽车对人行天桥桥墩撞击的动力响应分析及安全防护措施研究[D].南宁:广西大学,2013.
[38] 保罗·塞克恩(意),劳拉·詹皮莉(意).慢行系统:步道与自行车道设计[M].贺艳飞,译.南宁:广西师范大学出版社,2016.

第7章

交通工程

7.1 交通标志

道路交通标志通过颜色、形状、字符以及图形等向道路使用者传递信息,交通标志应结合道路交通情况进行设置。通过设置合理的交通标志,可以为骑行者提供准确、有效的引导和信息指引,使道路使用者快速便捷地到达目的地,促进交通顺畅和骑行者的安全。

自行车专用路的服务对象为自行车骑行者,专用路沿线主要设置了指示、指路、警告和禁令4种类型标志。根据自行车专用路的特点及其服务对象,对标志进行专门设计,使其具有良好的适应性,充分发挥慢行交通的特点。

7.1.1 指路标志

指路标志是道路信息的重要指引,为道路使用者提供道路沿线道路、目的地、重要服务设施以及距目的地的距离和行车方向等信息。

机动车道指路标志的颜色一般为蓝底、白图、白边框及蓝色衬边。而自行车专用路是一种具有独立路权的全新的交通模式,为此提出了两种设计思路:蓝底白字版面和绿底白字版面。为突出绿色交通出行理念,并与专用路地面铺装颜色基调一致,同时与机动车道版面颜色加以区分,突出自行车专用路的独立性,经过反复论证最终选择绿底、白字、白色图案及绿色衬边版面形式。

为更好地为骑行者提供相关信息,自行车专用路在进出口设置了路口指路标志及进出口标志,沿线路段结合出入口设置周边道路信息标志。

1)路口指路标志

为更好地引导骑行者进入自行车专用路,在专用路出入口周边相交道路的下一个路口范围内设置远端预告标志。标志形状为长方形,颜色为绿底、白字,并带有专用路 Logo 图案。在临近专用路出入口的市政道路路口设置方向引导标志。路口指路标志如图 7-1 所示。

2)进出口标志

为了保障自行车的专有路权及骑行安全,提示沿线进出口位置,规范交通骑行秩序,确保自行车专用路交通组织的顺畅,在专用路的所有入口位置设置提示及警示标志。为了体现交通法律法规的严肃性和实用性,在自行车专用路的所有入口位置设置管理通告,规范通行规则和交通秩序。入口交通标志及管理通告分别如图 7-2 和图 7-3 所示。

图 7-1　路口指路标志

图 7-2　入口处交通标志

关于回龙观至上地自行车专用路交通管理通告

为加强回龙观至上地自行车专用路管理，维护道路交通秩序，保障道路交通安全和畅通，根据《中华人民共和国道路交通安全法》及有关法律法规，结合本市实际，现就自行车专用路交通管理有关事项通告如下：

一、自行车专用路为仅服务于非助力自行车通行的城市道路，禁止行人、电动自行车及其他车辆进入。

二、在自行车专用路上骑行时，应遵守下列规定：

（一）实行右侧通行，不得逆向行驶。

（二）自行车专用路中央设置潮汐车道，应按照潮汐指示标志行驶。

（三）自行车专用路上禁止停车。因发生车辆故障等原因无法行驶的，骑行人应紧靠路右侧，就近出口推离自行车专用路。

（四）不得超过限速标志标明的最高时速行驶，骑行最高时速不超过15公里。

（五）载物高度从地面起不得超过1.5米，宽度不得超出车把0.15米，长度前端不得超出车轮，后端不得超出车身0.3米。

（六）转弯时让直行车辆优先通行，转弯前减速慢行，伸手示意，不得突然猛拐；超车时不得妨碍被超车辆行驶。

（七）不得扶身并行、互相追逐或者曲折竞驶。

（八）法律、法规规定的其他通行规定。

三、任何单位和个人不得擅自设置、移动、占用、损毁自行车专用路道路设施。

四、遇自然灾害、恶劣天气条件或重大交通事故等严重影响交通安全的情形，采取其他措施难以保证交通安全时，公安交通管理部门可实行交通管制。

五、公安交通管理部门依据相关法律、法规对交通违法行为进行管理，自行车专用路管理单位依本通告进行运行管理。

本通告自2019年5月30日起施行。

北京市公安局公安交通管理局　北京市交通委员会
2019年5月25日

图 7-3　交通管理通告

此外,专用路禁止 12 岁以下儿童单独骑行。为提醒家长注意,本项目在所有入口处均设计了禁止儿童单独骑行的标志。图 7-4 为禁止儿童单独骑行标志。

3)指路标志

道路指路标志一般采用三级信息提示形式。由于自行车骑行的速度较慢,自主灵活性较

图 7-4　禁止儿童单独骑行标志

高,故设计时将指路标志优化为二级信息提示形式,使标志立柱更为精简,节省了工程投资。

为增强信息的明确性及视认性,同时减少风阻,本工程设计时将常规的指路标志——一块版面形式优化为 3 组平行分列式长方形版面形式,以增强信息的三级提示作用,从而使信息更加清晰明确,距离感更强烈。

结合自行车专用路特点,为保障骑行者在夜间能够清晰地了解沿线相关道路信息,指路标志采用 LED 主动发光标志,如图 7-5 所示。

a)设计图

b)实景图

图 7-5　指路标志

7.1.2　警告标志

警告标志设置的主要目的是警告道路使用者前方有危险,提醒道路使用者应谨慎驾驶,减速慢行。

警告标志的颜色布置为黄底、黑边、黑图形。

本项目警告标志的形状为等边三角形,三角形的顶角朝上,尺寸根据《道路交通标志和标线　第 2 部分:道路交通标志和标线》(GB 5768.2—2009)中的 3.8.1 相关规定,结合自行车专用路的特色进行了调整,并开创了采用 LED 发光标志牌的先例。

为避免进出口的骑行车辆与主路骑行车辆之间的相互干扰,在每个进出口前端设置了减速慢行标志,提醒主路骑行车辆减速慢行,具体如图 7-6 所示。

图 7-6　减速慢行标志

7.1.3　禁令标志

禁令标志设置的主要目的是禁止道路使用者的某些行为,保障道路使用者的安全。

禁令标志的颜色布置为白底、红圈、红杠、黑图形。

禁令标志为圆形、顶角向下的等边三角形或八角形,尺寸根据《道路交通标志和标线　第

2 部分:道路交通标志和标线》(GB 5768.2—2009)中的 3.8.2 相关规定,结合自行车专用路的特色进行了调整,并采用 LED 发光标志,使得夜间标志的视认性更加突出,提高了夜间骑行的安全。

由于桥梁段进出口为 1:8 的坡道和 1:4 的梯道,为保障专用路使用者的骑行安全,出入口设置禁止骑行上、下坡的禁令标志,具体如图 7-7 所示。

a)设计图

b)实景图

图 7-7 禁令标志

7.1.4 可变潮汐车道指示灯

根据回龙观至上地之间专用路使用者的出行特点,从节约资源的角度出发,专用路全线设置了潮汐车道。为引导骑行人员合理使用潮汐车道,在专用路进出口位置设置了可变车道指示灯,根据潮汐通行需求提供车道使用提示,保障专用路的车道资源得到合理利用。潮汐车道指示灯外观如图 7-8 所示。

图 7-8 潮汐车道指示灯外观

7.2 交通标线

道路交通标线是指施划在道路上的线条、文字、箭头、图案等交通设施,向道路使用者传递相关的交通规则、警告、指引等信息。

根据自行车专用路特点，结合现行规范，自行车专用路设置了车行道边缘线、可跨越车道边缘线、出入口标线、导向箭头及其他相关地面标识。

7.2.1 车行道边缘线

车行道边缘线表示车道的边缘，禁止车辆跨越。车行道边缘线一般为白色实线，本项目在专用路两侧设置车行道边缘线，宽度为10cm。

7.2.2 可跨越车道边缘线

可跨越车道边缘线为白色虚线，主要用来分隔同向行驶的交通流，设置在同向行驶的车行道分界上。在保证车道行驶安全的条件下，车辆可跨越标线行驶。

为了划分潮汐车道与普通车道，专用路在潮汐车道与普通车道之间施划可跨越车道边缘线。根据车道宽度及设计速度，结合国内外标线的相关规范、标准及试验结论，综合确定本项目潮汐车道标线宽度为8cm，间隔分别为200cm和300cm。

7.2.3 出入口标线

出入口标线设置在道路出入口位置，表示允许车辆跨越，标线为虚线。专用路在出入口位置设置了出入口标线，线宽为10cm，间隔分别为100cm和100cm。

7.2.4 导向箭头

导向箭头用来指示车辆行驶方向，通常设置在道路交叉口范围内。本项目在起终点、出入口、交叉口位置设置了导向箭头，引导骑行车辆出行，导向箭头大小为1.5m。

7.2.5 地面标识

结合交通标志、标线的设置，在道路内另设置了Logo、地面文字及禁令标识，并结合自行车驻车区设置停车位地面标识。

1）自行车专用路Logo

Logo是一种视觉化的信息表达方式，为具有一定含义的视觉图形。结合自行车专用路的特点，本项目在沿线及相关附属设施上设置了自行车专用路专属Logo标识。该标识既可以提供一个更有效、更清晰、更亲切的绿色交通形象，也可以对专用路起到很好的宣传效果。自行车专用路Logo整体成圆形布置，图案为朝向四个方向的骑行者，寓意着自行车专用路与东西南北四个方向联通，体现北京市慢行交通系统的完整建设。同时圆形Logo的设计与专用路穿孔板护栏相呼应，既代表智慧、科技，又代表自行车车轮，更有可持续、循环、连续的含义。Logo的设置位置为500m整数倍桩号、出入口处，大小为80cm×80cm，颜色为白色，如图7-9所示。

图7-9 自行车专用路Logo

2）地面文字

为更好地引导自行车专用路骑行者，结合专用路进出口导向箭头及潮汐车道指示灯，在沿线设置“入口”“出口”“潮汐车道”“0—

12”“12—24”等地面文字。同时,结合设计速度对地面文字高度进行相应调整。

3)地面禁令标识

为便于专用路运营管理,在进出口设置地面禁令标识。其中,入口位置设置禁止机动车、电动车、三轮车及行人的标识,在出口位置设置禁止驶入标识。地面禁令标识如图7-10所示。

图7-10 地面禁令标识

4)停车位地面标识

为改善专用路周边的停车环境,更好地引导骑行者驻车,本项目设置三级地面驻车引导标识,分别为驻车区位置、距驻车区100m位置和距驻车区200m位置,从而引导自行车骑行者在驻车区停放车辆。停车位地面标识如图7-11所示。

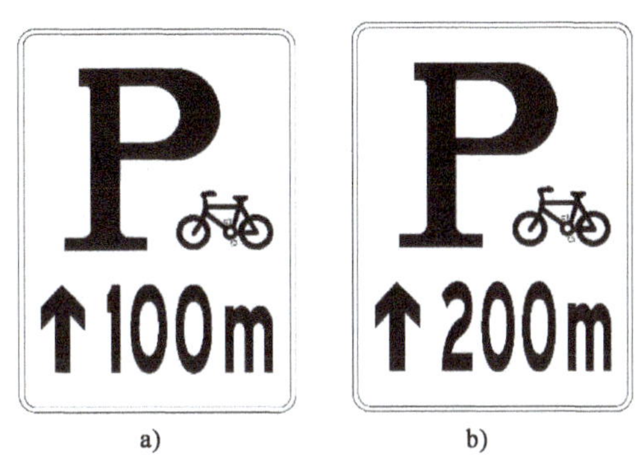

图7-11 停车位地面标识

在交通工程设计过程中,结合现有标准要求,考虑自行车出行特点,选择合理有效的标志版面及字体大小,采用分列式、自发光交通标志,加强指引效果,提高服务水平和夜间安全性。结合道路断面及交通标志,设置道路标线、标识,向道路使用者传递相关的交通规则、警告、指引等信息。

本章参考文献

[1] 中华人民共和国国家标准.城市道路交通标志和标线设置规范:GB 51038—2015[S].北京:中国计划出版社,2015.

[2] 中华人民共和国国家标准.道路交通标志和标线 第1部分 总则:GB 5768.1—2009[S].北京:中国标准出版社,2009.

[3] 中华人民共和国国家标准.道路交通标志和标线 第2部分 道路交通标志:GB 5768.2—2009[S].北京:中国标准出版社,2009.

[4] 中华人民共和国国家标准. 道路交通标志和标线　第3部分　道路交通标线:GB 5768.3—2009[S]. 北京:中国标准出版社,2009.

[5] 中华人民共和国国家标准. 道路交通标志和标线　第7部分　非机动车和行人:GB 5768.7—2018[S]. 北京:中国标准出版社,2018.

[6] 彭一川,徐韬,陆健,等. LED主动发光交通标志应用性能研究[J]. 黑龙江交通科技,2018,41(11):175-177+179.

[7] 盛莉莉,郭敏. 自发光式交通标志亮度与对比度的研究[J]. 浙江交通职业技术学院学报,2008(03):21-24.

[8] 黄艺金,姚林萍. 一种LED交通标识牌[P]. 广东:CN207987811U,2018-10-19.

[9] 丁一凌,周美玉. 道路交通图标识别理解:影响因素与研究现状[J]. 时代汽车,2019(12):26-27.

[10] 刘干. 反光材料在交通安全领域的应用及未来[J]. 中国公路,2019(15):64-67.

[11] 周科发. 路面交通标志线施工与清洗技术分析[J]. 住宅与房地产,2019(15):185.

第8章

附属工程

8.1 排水工程

自行车专用路排水工程是设计的重要组成部分,道路积水会严重影响道路的通行能力、骑行者的出行安全和体验感。同时,道路长时间在雨水浸泡下会影响路基稳定性,加速路面结构破损。

8.1.1 设计原则和设计标准

根据自行车专用路特点,排水工程设计原则为:蓄用为主,蓄排结合;技术先进,材料新颖;系统可靠,经济适用;环境友好,维养便利。

根据《室外排水设计规范》(GB 50014—2006)、《回龙观旧村改造雨污水排除规划》等相关规范及资料,确定本项目雨水排除系统设计标准如下:

雨水设计重现期 P:桥面及路面取 $P=10$ 年,其他客水区取 $P=3$ 年。

雨水径流系数:建设区为0.6,绿地和农田为0.30,路(桥)面采用0.9(1.0)。

雨水设计流量计算公式为:

$$Q=\psi \times q \times F$$

式中:Q——雨水设计流量(L/s);

ψ——综合径流系数;

q——暴雨强度[L/(s·ha)];

F——汇水面积(ha)。

根据北京市地方标准《城市雨水系统规划设计暴雨径流计算标准》(DB11/T 969—2016),本工程地点暴雨分区属于Ⅱ区,采用Ⅱ区暴雨强度公式:

$$q=\frac{1602(1+1.037\lg P)}{(t+11.593)^{0.681}}$$

式中:P——雨水管(渠)设计重现期;

t——降雨历时(分钟),$t=t_1+t_2$;

t_1——地面集水时间,取5~10分钟;

t_2——管内雨水流行时间(分钟)。

8.1.2 设计方案

自行车专用路设计方案中设置排水管线、排水方沟、植草沟及蓄水模块等,综合采取“渗、滞、蓄、净、用、排”等措施充分发挥绿地微地形、植草沟等对降雨的积蓄、滞留作用，发挥植被、土壤等对雨水的渗透自然净化作用，加大绿地雨水就地消纳和利用比例，充分体现建设海绵型城市道路的设计理念。

桥梁段结合桥下绿地设置 6 处矩形 PP 蓄水池模块，总容积 760m³，可用于收集蓄水模块周边道路及绿化用水（图 8-1）。降雨发生时，周边道路及绿化用水优先进入蓄水池，蓄水池水满后通过溢流进入出水渠道，下游经雨水系统排除。降雨过后蓄水池内的雨水可用于浇洒绿化、冲洗排水渠道等。

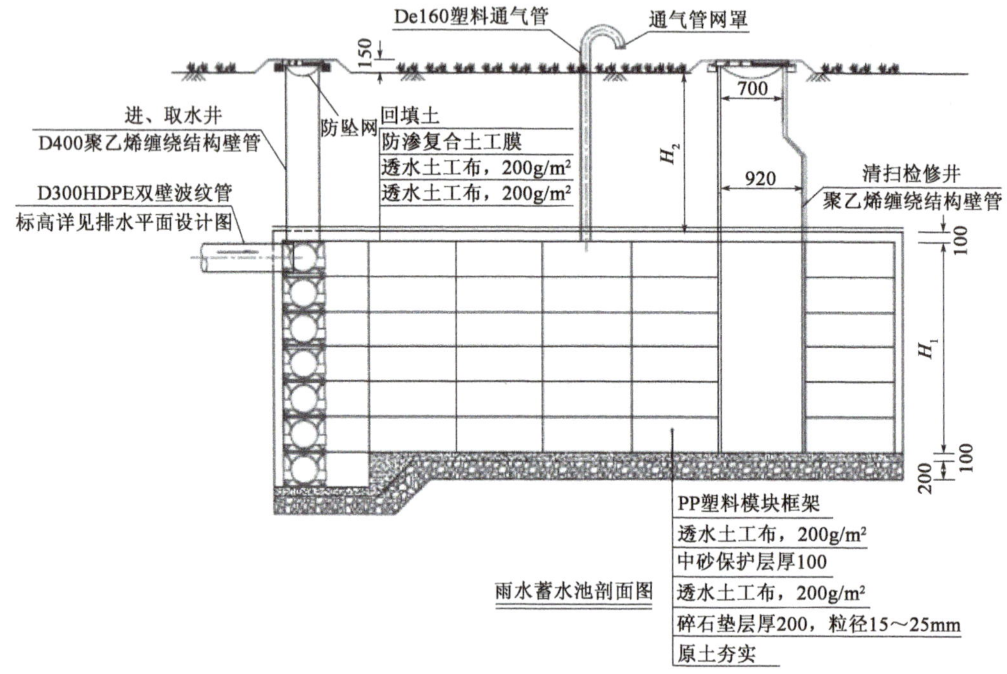

a)剖面图

b)实景图

图 8-1　蓄水池设计图

地面段结合道路周边环境特点，在道路右侧设置梯形生态植草边沟，主要功能以滞、渗、排为主，拦截道路外侧绿地排水，避免客水影响道路的正常使用。道路左侧道设置 2～4m 宽的下凹式绿地，主要功能以滞、渗、为主，收集专用路本身和绿地的雨水。沿下凹式绿地纵向每隔150m 设置溢流雨水口，保障超量雨水的顺利排除。

8.2 景观设计

自行车专用路的建设对于城市形态、城市生活、城市文化及精神的意义显著。北京市自行车专用路的功能定位为：缓解区域交通压力，服务于回龙观至上地之间点对点的通勤交通，融合景观，为自行车出行提供专用、连续、快捷的服务。

8.2.1 设计原则

自行车专用路的景观设计原则主要有以下几项：

(1)通过自行车专用路的建设对城市形态和城市空间进行升级，更好地实现人、城市与环境三者的平衡发展和共生共荣。

(2)还路于人，提升公共空间质量，增加百姓出行的幸福感和城市的宜居性。

(3)发展绿色经济，倡导绿色交通体系，充分响应《北京城市总体规划(2016 年—2035 年)》的要求。

(4)创造具有文化艺术价值的骑行环境，增加百姓沟通交流的场所。

(5)以人为本，充分考虑老人、儿童的活动需求，增加儿童骑行场所，利用桥下活动空间营造与桥梁景观一体的休闲场地。

8.2.2 景观方案

1)桥梁段

自行车专用路桥梁段长 2.72 公里，桥下净空基本大于 4.5m。本工程的绿化范围为桥梁左右两侧各 2m 的绿地，面积约 14000m^2。考虑到自行车专用路距离地铁 13 号线轨道较近，两侧行道树若种植高大的新疆杨等速生树种，容易倒伏造成安全隐患，兼顾桥上的遮阴功能最终选用国槐。国槐是北京的市树，冠大荫浓，后期的养护管理也相对简单，是优良的行道树备选树种。

自行车专用路的起点是本项目的门户，该处的绿化景观尤其需要仔细雕琢。设计的基本思路是以绿色乔木为背景，以花期长的月季为特色，同时结合缀花草地来展现绚丽的植物景观。起点处的植物种类十分丰富，有白皮松、银杏、国槐、大叶黄杨、月季以及冷季型草等；桥下搭配种植珍珠梅、金银木等耐荫灌木。

回头弯处是桥梁段与路基段的转折点，此区域绿化景观方案以开敞草坪为主，中间组合银杏、丛生蒙古栎作为点睛树种。此外，种植高大的新疆杨作为背景树种，选用元宝枫、黄栌、沙地柏、迎春等共同营造开阔疏朗的微型大地景观。

考虑到自行车专用路高架段的遮阴需求，选择了一些圆冠高大的乔木。由于自行车专用路施工时间在 5 月份，正值北京炎热的夏季。为了保证大树的成活率，减少蒸腾作用，在施工过程中对一些乔木采取了修枝摘叶等措施。在当季为自行车专用路提供遮阴的效果较差，但经过几个正常的生长季之后，遮阴的功能将会逐渐显现。图 8-2 为高架桥下绿地图，图 8-3 为回头弯立交桥区图。

图 8-2　高架桥下绿地图

图 8-3　回头弯立交桥区图

2）地面段

自行车专用路地面段长 2.74 公里，绿化占地面积约 $13000m^2$。地面段绿化设计分为三种搭配模式，分别是：国槐 + 樱花、元宝枫 + 山桃、红花刺槐 + 西府海棠。地被种植麦冬草地，局部景观节点段种植马蔺、大花萱草等开花地被。

3）出入口

全线 8 处进出口处设置自行车停车区，根据需求形成 8 处小型活动场地，面积约 $3000m^2$，采用乔木—灌木—地被多层次的植物结构；颜色上多选用花灌木和色叶植物、常绿植物，形成四季有绿、三季有花的植物景观。沿线创造多种形式的口袋公园、迷你花园、多功能城市会客厅及休闲空间，形成线性漫步道，实现沿线步行系统的连续廊道；如育知东路—育知西路段南侧绿地，沿线在自行车专用路桥下设置口袋公园，供人们休闲活动使用，公园中结合铺装广场布置石材坐凳，充分满足休憩之用。本段种植包含的植物白皮松、国槐、北美海棠、冷季型草等。同时，为贯彻海绵城市理念，设计时根据实际用地条件，收集桥面雨水，结合景观绿地设计成雨水花园，实现公园内生态系统多样性。图 8-4 为出入口处绿地景观，图 8-5 为口袋公园休闲景观。

图 8-4　出入口处绿地景观

4）自行车专用路路周边环境整治

为提升自行车专用路周边的整体景观效果，使自行车专用路与周围城市景观更好融合，昌平区政府同步实施了同成街景观整治工程。工程起点位于良庄西街，终点位于京藏高速公路东辅路，道路长度约 3.2 公里，整治内容除了道路沿线环境、绿化整治，同步结合回龙观地铁站站前广场景观提升项目。除此以外，为保证自行车专用路视域范围内景观的统一协调，对自行车专用路周边京包铁路的围栏、P + R 停车场（Park and Ride 停车换乘车场）、公交场站外围的施工围挡，以及公交集团的第五立面景观进行统一设计改造。

a)

b)

图8-5 口袋公园休闲景观

自行车专用路起点处新建开敞式绿地自行车文化公园，宣传自行车慢行文化，提供儿童骑行活动场地，不仅打造了城市休闲文化空间，而且提升了自行车专用路的形象品质。骑行场地占地面积约650m²，在现状林带的基础上建立，充分考虑到对现状苗木的保护，凡场地内的乔木均做树池围护，而场地则穿插在树木之中，做到场地与自然融合。骑行场地中设置波浪形的车道，考虑到儿童等使用人群，可用作娱乐，亦可用作休憩设施，市民可以在这里充分体验骑行的乐趣。图8-6为起点处儿童乐园。

图8-6 起点处儿童乐园

自行车专用路的绿化景观内容丰富，沿线以月季花海为特色，旨在打造“人在花中行”的骑行体验，设计同时考虑实用性与美观性相结合，既有整体上的流线美，更突显结构上的层次美、色彩上的和谐美，彰显区域魅力和特色。为达到一年四季“树成景、花成带、绿成片”的绿化效果，设计中注重植物的季节性特点，春季百花争艳，夏季浓荫蔽日，秋季层林尽染，冬季百树凋零中仍有片片绿色，营造四季有景、色彩丰富的景观。

8.3 驻车区

8.3.1 自行车停车设施

自行车专用路沿线经过龙泽地铁站、回龙观地铁站，每天选择地铁出行的回龙观居民超过1.1万人，地铁满载率超过110%。庞大的地铁乘车客流中，有很大一部分人选择骑自行车或者电动车进行交通接驳，为此地铁站附近需要配置非机动车停车场，以满足交通接驳人员的停车需求。

项目设计之初，我们对回龙观和龙泽地铁车站的自行车、电动车停放数量进行了摸底统计：龙泽站的停车总需求是2400辆，新建停车位1692个，自行车专用路建成后分流300辆，其余408辆通过管理来进行调配；回龙观站的停车总需求是2500辆，新建车位1673个，自行车专用路建成后分流300辆，其余527辆通过管理来进行调配。本项目拟通过工程和管理手段，共同实现自行车及电动车停车位的供需平衡。

本项目设置的自行车停车设施主要有立体停车库和立体停车架。其中,设置立体停车库1座,位于回龙观地铁站,可停放自行车650辆;设置立体停车架109组,主要位于回龙观地铁站、龙泽地铁站周边,可停放自行车3270辆。此外,在专用路起点附近设置4组立体停车架,京藏高速公路西侧设置2组立体停车架,可停放自行车180辆。全线累计可停放自行车3935辆。图8-7为龙泽站停车分布分析图,图8-8为龙泽站自行车停车设施分布图,图8-9为回龙观站停车分布分析图,图8-10为回龙观站自行车停车设施分布图,图8-11为自行车立体停车架实景图。

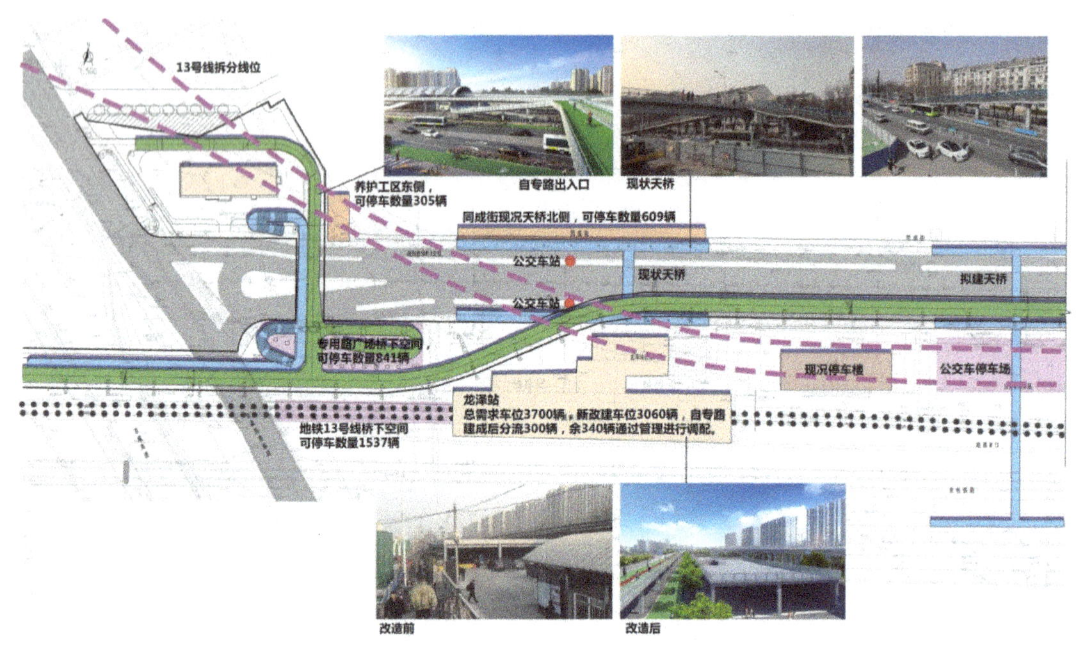

图8-7　龙泽站停车分布分析图

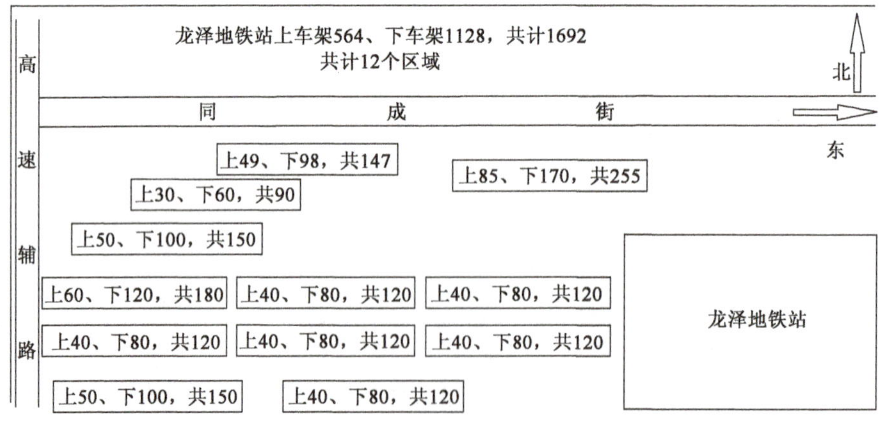

图8-8　龙泽站自行车停车设施分布图

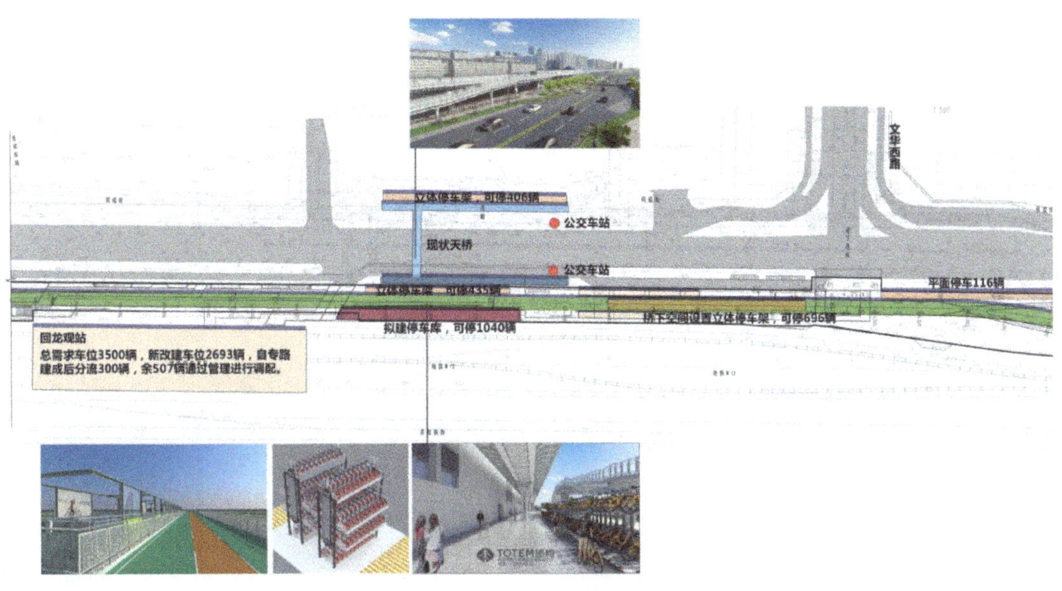

图 8-9 回龙观站停车分布分析图

回龙观地铁站

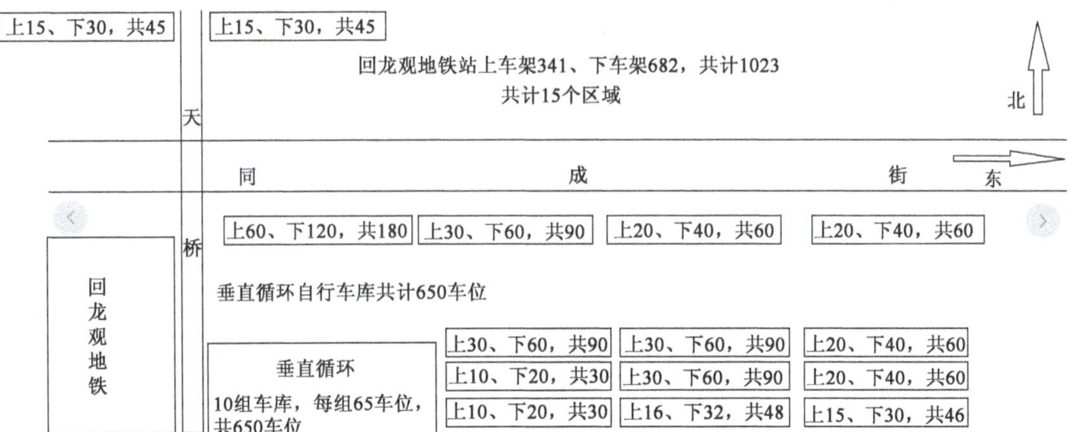

图 8-10 回龙观站自行车停车设施分布图

图 8-11 自行车立体停车架实景图

8.3.2 立体停车库

立体停车库位于回龙观地铁站东侧，地铁13号线与自行车专用路高架桥之间，长80m，高7.4m，与自行车专用路的桥梁栏杆高度基本齐平。立体停车库外观与桥梁栏板风格一致，整体采用白色的穿孔板，图案逐渐退晕。首层车库外观装饰采用了锈钢板，使桥下的人行空间不再灰暗。为了避免视线上的枯燥无趣，将立体停车库顶部的夹胶玻璃设计为折线造型，打造舒适的视觉景观效果。图8-12为自行车立体停车库外观。

图8-12 自行车立体停车库外观

立体停车库内部的设备机械结构主要包括钢结构部分、传动系统、运行导轨、载车板。双层车架采用垂直升降方式，下层车架采用水平移动、固定等方式实现自行车存取动作。车架布置灵活，可根据场地条件调整车架角度以满足通道宽度要求，充分提高场地利用率。立体停车库内部共设置10个小车库，每个车库设置5个载车板，每个载车板可停放13辆自行车，单个车库可停放65辆自行车，10个车库可满足650辆自行车的停车需求。

1)系统功能

立体停车库的系统功能可分为针对共享单车和私人自行车两种情况。

共享单车的存取车功能：对于共享单车使用者，可以通过触摸屏进行车辆状态确认并完成相关操作；对于共享单车调度管理员，在进行盘库工作时，同样可以通过设置在车库出入口处的触摸屏进行换板操作。

私人自行车的存取车功能：当有私人自行车存入载车板，人离开出入口后，通过车库口旁的触摸屏存车，当选定“存”按键后，会打印出一个存车二维码，当私家车用户想要取车时，可以在激光读码器处扫描存车二维码(也可绑定微信公众号，生成电子二维码替代纸质二维码)，点击“运行”按键，载车板即可以运行到出入口实现扫码取车。原理是D智慧系统PLC本体自带一个以太网接口和一个RS485接口，RS485接口实现与其他外部设备如触摸屏、语音、扫码等的通信连接。

2)安全保障

为了保障人身安全，在车库出入口装有光幕，立体停车库内装有活动物体检测设备，专用于检测设备区内的人或活动物的状态。确保人离开载车板，设备才能动作，安全设备与操作系统实现互锁，避免安全事故发生。同时，出入口处装有的三色动作指示灯，在设备动作期间，绿色指示灯闪亮，系统故障，红色指示灯报警闪烁，同时伴有语音提示。现场电控系统中已经设计和安装了智能照明系统，根据光照条件和人员离开后的条件自动开启和关闭照明系统。为对设备使用操作过程进行有效的监督管理，同时作为安防设施的一部分，立体停车库内和出入口均设置了监控系统：每个库门口设置一台摄像机，每个停车库内设置一台摄像机，为保证全视角监控，每组摄像机的图像采集应实现互相覆盖对射。垂直升降式车架使用时，自行车停放在升降臂内，升降臂能沿着立柱垂直升降，要停放车辆时，将升降臂降低并固定在柱底，方便自行车的推进；水平移动式车架使用时，找到空车状态的停车架，推开左右两侧相邻的自行车以腾出操作空间，将自行车推入停车架轮槽内并上锁即可。

8.4 监控、广播、计数、报警系统

为实现智能化管理和人性化服务，自行车专用路沿线设置了视频监控、广播、计数和报警系统等智慧交通设施。

8.4.1 监控系统

监控系统可实现对自行车专用路的图像全覆盖，管理人员在监控中心可实时监测自行车专用路的运营情况。本项目在出入口和沿线共设置了 57 台高清摄像机，摄像机的平均监控范围为 150 ~ 200m。监控系统包含高清网络摄像机、液晶拼接屏、拼接控制器、高清网络硬盘录像机（NVR）、网络键盘、监控平台软件、视频服务器等设备。摄像机根据现场条件进行安装，桥梁段安装在车道指示器门架上、桥腹侧面支架上，或者单独立杆安装；地面段安装在灯杆和车道指示器门架上。

监控中心采用 12 块 46 英寸超窄边液晶拼接屏拼成 3 行 4 列的显示幕墙，不仅可以同时显示多路图像，还可以在特殊情况发生时将某路图像放大。管理人员可以查看任意一路图像，并对任意一台摄像机进行调焦、转向等操作。视频存储采用在监控中心统一存储的模式，监控中心设置了高清网络硬盘录像机和配套硬盘，每路视频可保存 30 日。图 8-13 为高清摄像机外观，图 8-14 所示为监控中心显示屏。

图 8-13 高清摄像机外观

8.4.2 广播系统

广播系统的功能：平时可进行业务广播或播放背景音乐；特殊情况时，运管人员可在监控中心实时对现场进行广播。

由于自行车专用路路线较长，广播系统采用数字网络广播系统。广播系统设备包含一体化壁挂式网络音频解码音箱、网络广播服务器、网络音频采集器、网络寻呼话筒、网络广播软

图 8-14　监控中心显示屏

件。具体功能特点如下。

1）一体化壁挂式网络音频解码音箱

桥梁段安装在车道指示器门架上、监控摄像机立杆上以及桥梁栏杆外侧。路基段安装在车道指示器门架上以及灯杆上。设置间距为 150m 左右。一体化壁挂式网络音频解码音箱内置网络解码模块、数字立体声定阻功率放大器和高保真扬声器，可接收服务器的文件广播任务、采集任务、定时任务、网络电台任务等资源。

2）网络广播服务器

安装在监控中心设备机房内。15 英寸全触摸控制屏，兼容 TCP/IP、RTP、RTSP、UDP 等多种流媒体网络协议，实现跨网关设备控制以及状态实时监控；多套节目可同时播放，并对每套节目进行独立控制；具有即时对终端设备进行单点、区域控制的功能。

可对网络终端进行独立分区、IP、音量控制，终端设备状态一目了然；系统信息采用数据库存储模式，保证数据安全性；使用工业级处理器，具有更快的数据处理能力；可以按照星期、月、日等方式对节目进行编程控制，编程方式灵活易懂；采用全数字信号处理、传输；采用全屏幕快捷按键操作，可编组分区；可以实现任意分区广播、全体广播、定时定点广播。

3）网络音频采集器

将信号的 A/D 转化，实现模拟音频的网络传输；3 路线路输入，2 路麦克风输入（1 路带默音功能，1 路带话筒混音功能）；2 路模拟输出 MP3 播放功能，可插 U 盘、SD 卡，具有 FM 收音功能；高、低音独立调节，线路输入、话筒、MP3 音量独立调节。

4）网络寻呼话筒

兼容 TCP/IP、RTP、RTSP、UDP 等多种流媒体网络协议，实现跨网关设备控制以及状态实时监控；具有密码登录保护功能，防止非操作人员误操作；话筒信号输入，可对权限允许区域讲话，可实现点对点、点对多点、多点对多点寻呼，具有一键寻呼功能。

5）网络广播软件

支持选播功能：在设备上直接操作，可选取播放终端，在播放的任务时可同步收听。

8.4.3　计数系统

为准确统计自行车专用路的骑行流量，本项目依托图像识别和分析算法专门研发了计数系统。通过对视频图像中特定区域内过往的车辆进行提取、跟踪、识别，来实现对骑行人员数量的统计，在国内属于首例。该计数系统可实现双向计数，并可提供每日、每月、每年的自行车流量数据以及高峰小时、高峰日、高峰年等数据，为自行车专用路的运营管理提供数据支持。

专用路沿线设置的 57 台摄像机中，有 18 台摄像机兼有摄像和计数功能，这 18 台摄像机分布在专用路的所有出入口以及路段的 2 处。在监控中心，计数软件通过对这 18 台摄像机图像的识别和分析，可实现对所有出入口进出自行车数量的统计。图 8-15 为计数系统工作界面图。

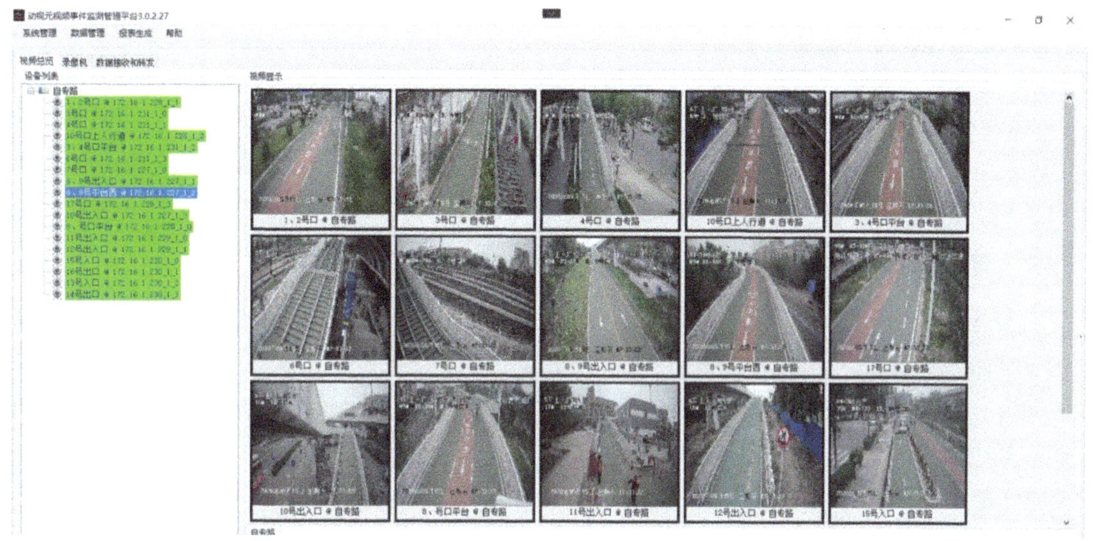

图 8-15 计数系统工作界面图

8.4.4 IP 网络求助报警对讲系统

为及时给自行车专用路上的求助人员提供有效帮助，自行车专用路沿线设置了 IP 网络求助报警对讲系统。当骑行人员遇到特殊情况时，可通过该系统向监控中心内的管理人员发送求救信号。

IP 网络求助报警对讲系统包括服务器软件、网络寻呼话筒、一体式 IP 网络对讲终端、服务器。通过按下现场 IP 网络对讲终端上的报警和咨询按钮，可以实现与监控中心的通话。监控中心可以对通话过程进行录音，并可记录呼叫、通话的时间。图 8-16 为监控、广播、计数、求助报警对讲系统安装后的实景效果图。

图 8-16 监控、广播、计数、求助报警对讲系统安装后实景图

8.5 照明系统

根据《城市道路照明设计标准》(CJJ 45—2015)的相关规定,自行车专用路照明系统按照流量较高的非机动车道路的照度标准进行设计。本项目最终采用的平均照度为10lx,路面最小照度为2lx,最小垂直照度为3lx。

8.5.1 桥梁段照明

专用路桥梁段的照明方式采用栏杆灯,灯具的设置位置有2处。其中,每组栏杆的立柱内设计有凹槽,凹槽内安装LED灯具,用来照亮桥面;栏杆穿孔板的下方设计有凹槽,凹槽内也安装有LED灯具,用来照亮穿孔板。灯具的色温为4000K,立柱内灯具的光通量不小于470lm,穿孔板下方灯具的光通量不小于600lm,灯具寿命大于25000小时。灯具采用安全电压供电(DC24V),防护等级不低于IP65。

图8-17 桥梁栏杆夜景照明效果

专用路栏杆立柱内的灯具为全夜灯,穿孔板下方的灯具为半夜灯,每天定时开启和关闭,开启和关闭时间随一年四季日出日落的时间进行调整。图8-17为桥梁栏杆夜景照明效果。

8.5.2 地面段照明

专用路地面段的照明方式采用超级电容光伏路灯。超级电容光伏路灯不同于传统的铅酸电池和锂电池光伏路灯,采用的是超级电容新型储能装置。超级电容最初期只用于分布式微电网、可再生能源汽车、机器人和军工等领域,近三年开始应用于道路照明行业。超级电容储能具有快速充电、深度放电、超长寿命、超宽工作环境温度、低电压、低内阻等特征,可在微光环境中进行充电。表8-1是超级电容与传统储能设备性能对比表。

超级电容与传统储能设备性能对比表 表8-1

类别	充放电次数	工作环境温度	连续阴雨天	环保	适用道路	寿命
铅酸电池	几百次	0℃以上	2~3天后不正常	蓄电池重金属污染	支路	质保1~2年
锂电池	1.2千次	0℃以上	4~5天后不正常	蓄电池重金属污染	支路	质保2~3年
超级电容	3万次	-40℃~70℃	365天连续运行	环保	所有道路	质保10年

专用路地面段采用30W的LED超级电容光伏路灯,灯杆高度7m,灯具安装高度6m,平面交错布置,交错间距为25m。光伏路灯为单灯控制,每盏路灯可单独根据室外照度控制灯的开启和关闭。当室外照度小于10lx时开启路灯,当室外照度大于10lx时关闭路灯。

光伏板和超级电容配置如下。

1)昌平地理位置及气象

昌平区经度115.5°,纬度40.2°,标准光照下年平均日照时间为3.93小时。

2)光伏板和超级电容配置

光伏板采用单晶硅材质,平均每天连续工作时间为11小时,灯具功率按30W为一个单元设计,损耗系数0.7(北京取0.85),计算得出30W灯具需要配置120W光伏板。超级电容的静态环境循环寿命≥3万次,动态环境循环寿命≥2万次,按照10个连续阴雨天不断电、120W光伏板为一个单元设计,计算得出120W光伏板需配置一组120万法拉超级电容,电容串并联后输出电压为10.8V。

3)安装要求

朝向正南,倾角44°。安装位置应避免建筑物、树木遮挡,如因树木遮挡影响到光伏板发电,则应定期对树木进行修剪,以保证灯具的正常照明。图8-18所示为路基段光伏路灯。

图8-18 路基段光伏路灯

8.6 建筑工程

为满足自行车专用路监控、养护、应急服务等功能,本项目设置养护工区一处,位置在京藏高速公路与同成街交叉口的东北角,基本位于项目中点附近。养护工区的总用地面积为3656m^2,建筑面积1064m^2,包括办公楼和门卫亭。办公楼高两层,采用钢筋混凝土框架结构。建筑首层设置监控中心、厨房、餐厅、设备用房、维修办公室、卫生间等,二层设置办公室。结构的使用年限为50年。监控中心院内设置有机动车停车位、自行车停车棚等配套设施。

为体现人性化设计,在自行车专用路K3+400处设置服务区1处,服务区内部设置宣传栏、驻车区及卫生间等,建筑设施简洁、大方,可为骑行者提供便捷的服务。图8-19为服务区外观。

图8-19 服务区外观

自行车专用路的配套附属工程，是服务于主体工程必不可少的部分。无论是排水工程还是绿化景观、照明、监控、建筑工程，每一个工程细节的考虑都使得人们使用起来更加舒适、安全、便利。沿线结合专用路特点，践行海绵城市的建设理念，应用雨水渗、蓄系统，为节约水资源做出了贡献。绿化景观，按照骑行速度来考量最佳观赏距离；照明的定时开关体现了节能和智慧；门架上巧妙地将广播、计数、应急求助等功能融为一体，更好地体现了人性关怀；服务区和驿站的设计可以提供更多便捷的服务。

通过对自行车专用路景观的打造，可以看到一条连接回龙观与上地软件园的“绿色纽带”，其将为北京绿色交通建设谱写又一华彩篇章。通过因地制宜的优化设计，使得城市道路空间更具有城市的属性与差异性，将通行、体验、舒适、融合四个关键要素融汇于专用路之上，使自行车专用路在城市中的作用得到最大化的发挥，成为展示北京城市精神和建设成就的重要载体，成为老百姓感受北京城市魅力的舞台。

本章参考文献

[1] 冯峰，马志坤，靳晓颖，等. 基于 LID 和雨水链的海绵城市微观细胞设计[J]. 人民黄河，2020，42(05)：67－70＋75.

[2] 王烨，郑茹，郭超. LID 技术在城市高架桥下空间设计中的应用[J]. 智能建筑与智慧城市，2020(02)：78-80.

[3] 张艳，张琳琳，吴林川，等. 基于海绵城市理念的城市建设中水土保持的措施[J]. 区域治理，2020(03)：117-119.

[4] 汪齐，余太平，何延召. 海绵城市理念在城市绿道雨水回用设计中的应用[J]. 工业用水与废水，2019，50(06)：78-81.

[5] 刘爱珠. 海绵城市建设中低影响开发设施应用策略[J]. 天津建设技，2019，29(05)：19-21.

[6] 杨彬彬，钱思琦. 市政道路设计中海绵城市理念的应用[J]. 城市道桥与防洪，2019(07)：148-151＋173＋20.

[7] 陈奇灵. 海绵城市理论在公共绿地设计中的应用[J]. 中外建筑，2018(07)：182-185.

[8] 孟永刚，王向阳，章茹. 基于“海绵城市”建设的城市湿地景观设计[J]. 生态经济，2016，32(04)：224-227.

[9] 俞孔坚，李迪华，袁弘，等. “海绵城市”理论与实践[J]. 城市规划，2015，39(06)：26-36.

[10] 扬·盖尔. 交往与空间[M]. 何人可，译. 北京：中国建筑工业出版社，1992.

[11] 邓璟. 哥本哈根：自行车之城[J]. 道路交通管理，2010(8).

[12] 李忠实. 太阳能光伏发电系统设计施工与应用[M]. 北京：人民邮电出版社，2012.

[13] 段婷，运迎霞. 慢行交通发展的国内外经验[J]. 交通工程，2017，17(2)：27-33.

[14] 熊文，陈小鸿，胡显标. 城市慢行交通规划刍议[J]. 城市交通，2010，8(1)：44-52.

[15] City of Melbourne. Melbourne Bicycle Account-Cycling Census 2007[R]. Melbourne：City of Melbourne，2007.

施 工 篇

绿色、直达是自行车专用路在城市规划中的最大特点，往往需要结合地铁站、车站、小区等人流及交通密集处进行规划，以缓解公共出行交通压力。

施工篇是自行车专用路从设计构想到付诸实现的见证记录，主要从现场施工工法、安全和质量控制等方面对工程各施工环节进行描述，并对现场施工中遇到的问题进行总结，提出建设性意见，同时为后续同类项目的实施提供参考依据。

施工篇共分为三部分内容，一是针对本项目地理位置，结合邻近地铁线、途经地铁站站前广场、上跨高速公路等施工特点，从安全的角度对桥梁桩基、承台、墩柱等临近地铁站施工的安全保证措施进行叙述；二是根据本项目特殊的路基情况，结合城市建筑垃圾消纳的难点，推广城市建筑垃圾在同类项目路基工程中的合理利用；三是结合本工程设计特色，对桥梁钢结构、栏杆、伸缩缝、墩柱铝扣板、桥面沥青铺装等重难点施工项目的具体工艺、工法进行详细叙述。

第9章 邻近地铁施工

9.1 临近地铁施工安全影响评估

自行车专用路工程在 K0 +000 ~ K3 +158 范围内,连续紧邻地铁 13 号线霍营站—回龙观站区间、回龙观站、回龙观站—龙泽站区间、龙泽站、龙泽站—西二旗站区间;在 K3 +100 处下穿地铁 13 号线龙泽站—西二旗站区间。根据《北京市轨道交通安全运营条例》《穿越城市轨道交通设施检测评估及监测技术规范》(DB11/T 915—2012)的相关要求,为了保证施工期间地铁 13 号线的安全运营,需要开展自行车专用路建设期间对地铁结构及轨道结构的安全影响评估工作。

9.1.1 与既有地铁的关系

受自行车专用路建设影响的地铁 13 号线的具体桩号为:西二旗站—龙泽站 K16 +142 ~ K16 +966、龙泽站 K16 +966 ~ K17 +026、龙泽站—回龙观站 K17 +769 ~ K18 +389、回龙观站 K18 +389 ~ K18 +510、回龙观站—霍营站 K18 +510 ~ K19 +107。自行车专用路与地铁 13 号线的平面关系如图 9-1 所示。

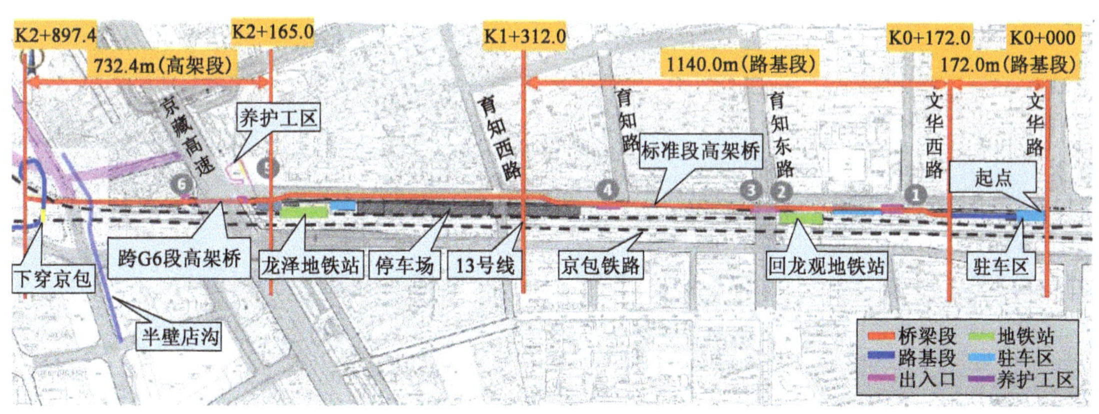

图 9-1 自行车专用路与地铁 13 号线的平面关系图

自行车专用路与地铁 13 号线的相对位置关系如表 9-1 所示。

自行车专用路与地铁13号线的相对位置关系 表9-1

序号	自行车专用路桩号		自行车专用路结构形式	地铁13号线桩号		地铁13号线结构形式	水平距离(m)
1	K0 +000	K0 +175	路基挡墙段	K19 +250	K19 +075	路基	13.92 ~ 14.64
2	K0 +175	K0 +275	高架桥段	K19 +075	K18 +975	路基	17.016 ~ 19.101
3	K0 +275	K0 +597	高架桥段	K18 +975	K18 +510	变宽段路基	9.597 ~ 10.678
4	K0 +597	K0 +750	高架桥段	K18 +510	K18 +389	回龙观地铁站	8.669
5	K0 +750	K0 +769	高架桥段	K18 +368	K18 +326	周庄东街桥	6.414 ~ 6.567
6	K0 +769	K1 +090	高架桥段	K18 +326	K18 +093	变宽段路基	9.183 ~ 26.193
7	K1 +090	K1 +312	高架桥段	K18 +093	K17 +870	路基	27.281 ~ 27.798
8	K2 +165	K2 +232	高架桥段	K16 +949	K16 +882	高架桥	9.929 ~ 15.380
9	K2 +232	K2 +407	跨京藏高速公路高架桥	K16 +882	K16 +707	高架桥	9.263 ~ 11.121
10	K2 +407	K2 +704	高架桥段	K16 +707	K16 +412	高架桥	9.660 ~ 10.315
11	K2 +704	K2 +894	高架桥段	K16 +412	K16 +174	高架桥	10.423 ~ 14.535

从上表可以看出,自行车专用路桥梁段 K0 +172 ~ K1 +312 对应的地铁13号线为路基段(包括回龙观车站),K2 +165 ~ K2 +894 对应的地铁13号线为高架桥段。

本工程桥梁边线与地铁13号线路基段坡脚的水平距离为9.183 ~ 27.798m,与地铁13号线高架桥段的水平距离为9.263 ~ 15.380m,与周庄东街桥闭合框架的水平距离为6.414 ~ 6.567m。其中,与地铁13号线水平距离较近的专用路路基段具体桩号为K0 +400 ~ K0 +915(水平距离约9m,回龙观地铁站除外),与地铁13号线水平距离较近的专用路桥梁段具体桩号为K2 +165 ~ K2 +744(水平距离约10m)。

自行车专用路梯道边线与地铁13号线路基段坡脚的水平距离为5.038 ~ 24.222m,梯道边线与地铁13号线高架桥段的水平距离为19.444 ~ 19.860m。其中,路基段水平距离较近的为1 ~ 3号出入口桩基础(水平距离为5 ~ 6m)。

9.1.2 对地铁13号线的影响

自行车专用路施工对地铁13号线的主要影响有以下方面:

(1)桩基施工可能引起周围地下应力场和地下水位的改变,导致土体变形,从而对地铁线路正常运营产生影响。

(2)承台基坑开挖可能造成土体位移,对地铁结构物施加附加力,达到一定程度以后结构物会产生裂缝,严重时可能引起地铁结构物破坏。

(3)钢筋笼、钢墩柱、钢梁等构件吊装时,可能侵占既有地铁线路空间,从而对地铁运营安全产生影响。

(4)施工围挡、苫盖绿网、建筑垃圾及桥上轻质物品,在大风天气可能被风吹到地铁线路范围内,危及地铁运营安全。

(5)自行车专用路与地铁之间为林地,施工过程中临时用电、动火作业引发的火灾,同样会危及地铁线路的运营安全。

9.1.3 工前检测情况

根据《新建昌平回龙观至海淀上地地区自行车专用路工程影响既有地铁13号线工前检测》京建质检J3-G字2018第(1265)号,工前检测结论如下。

1)主体结构检测

依据《城市轨道交通设施养护维修技术规范》(DB11/T 718—2016),地铁13号线路基段状态评定为一级,桥梁段状态评定为一级。

工前检测范围内的地铁13号线桥梁病害主要是耐久性病害(梁底渗水泛碱)及使用性病害(伸缩缝堵塞、止水带破损病害),桥梁本身并无影响稳定和承载能力的严重病害。检测范围内路基段现状良好。

2)无损检测

地铁13号线桥墩12个构件的抗压强度推定值为43.9~52.2MPa,箱梁7个构件的抗压强度推定值均大于55.8MPa;梁体碳化深度最大值为7mm,墩台碳化深度最大值为7mm;箱梁腹板钢筋保护层厚度为14~45mm,墩柱钢筋保护层厚度为21~40mm;构件电位梯度为0~75mV。由此可知,构件的抗压强度均满足设计要求,墩梁的锈蚀概率较小。

3)轨道形位检测

检测范围内的地铁13号线轨道现状良好,线形较为平顺。钢轨及扣件良好,未见缺失、松动等病害。道床主要病害为横向裂缝,初步判断不影响结构安全。检测范围内道床与结构未发现剥离存在。

检测段限界满足国家相关规范要求。

9.1.4 结构安全性评估

由于自行车专用路临近地铁13号线长度近2.5km,根据邻近工程类型将对地铁13号线的安全影响评估划分为9个工况。工况1、2、3、5、6为平行长距离邻近既有结构,根据圣维南原理使用二维模型进行计算,工况4、7、8、9使用三维模型进行计算。各种工况的具体情况见表9-2。

安全影响评估工况　　表9-2

工况	类　型	新建结构适用范围	既有结构适用情况	计 算 模 型
1	路基顺行路基	路基段K0+000~K0+174	霍营站—回龙观站区间路基段	二维
2	桥梁顺行路基	桥梁段0轴~17轴	霍营站—回龙观站区间地面段	二维
3	桥梁顺行回龙观站	桥梁段17轴~22轴	回龙观站(单层多跨,桩基础)	二维
4	桥梁顺行周庄东桥	桥梁段23轴~24轴	桥涵	三维
5	桥梁顺行路基	桥梁段25轴~46轴	回龙观站—龙泽站区间路基	二维
6	桥梁顺行龙泽站	桥梁段79轴~80轴	龙泽站(二层三跨,桩基础)	二维
7	桥梁顺行桥梁	桥梁段81轴~104轴	龙泽站—西二旗站桥梁段	三维

续上表

工况	类　型	新建结构适用范围	既有结构适用情况	计算模型
8	路基填方邻近桥梁	K2 +900 ~ K3 +018,最大填方 2.2m	龙泽站—西二旗站桥梁段	三维
9	桥梁顺行桥梁、路基挖方下穿桥梁	100、102、103 轴,K3 +080 ~ K3 +160,最大挖方 0.4m	龙泽站—西二旗站桥梁段	三维

1)工况 1

工况 1 为自行车专用路路基施工对既有地铁 13 号线路基的影响,采用 MIDAS-GTS 进行计算分析。选取最不利的 K0 +195 断面进行分析。

(1)计算模型与参数

数值计算模型采用二维模型(图 9-2),上边界为地表,竖向取 50m,宽度取 150m。新建路基与既有路基的关系如下图所示。地表取自由边界,其他三个面均约束其法向变形。本工况共划分 59244 个单元,31104 个节点。地面超载按 20kPa 考虑。

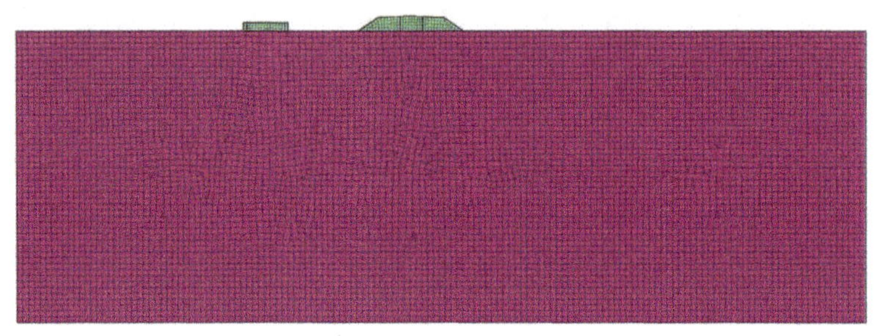

图 9-2　工况 1 模型图

计算中采用不同的本构模型来模拟不同的材料。各层土体采用莫尔-库仑(M-C)模型,既有路基、新建路基采用二维平面应变单元模型。模型中材料的物理力学参数见表 9-3。其中,各地层的参数根据自行车专用路的地质勘查资料选取。

材料的物理力学参数　　表 9-3

项　目	h/m	E/MPa	ν	c/kPa	Φ/(°)	ρ/kg/m^3	采用的本构关系
粉土素填土	4	10	0.32	8	10	1950	M-C
黏土	4	30	0.32	24	13	1900	M-C
粉质黏土	3	60	0.31	20	18	1950	M-C
细砂—中砂	7	150	0.33	0	40	2000	M-C
粉质黏土	32	90	0.32	35	15	1900	M-C
既有、新建路基	—	100	0.2	—	—	2400	弹性
既有车站、桥涵、桥梁	—	325000	0.2	—	—	2500	弹性
新建桩基	—	300000	0.2	—	—	2400	弹性

注:h、E、ν、c、Φ 和 ρ 分别代表材料厚度、弹性模量、泊松比、黏聚力、内摩擦角和密度。

(2)计算结果分析

通过计算得到地铁 13 号线路基段在各模拟步骤下的竖向(Z 方向)位移如图 9-3 所示,横向(X 方向)位移如图 9-4 所示。

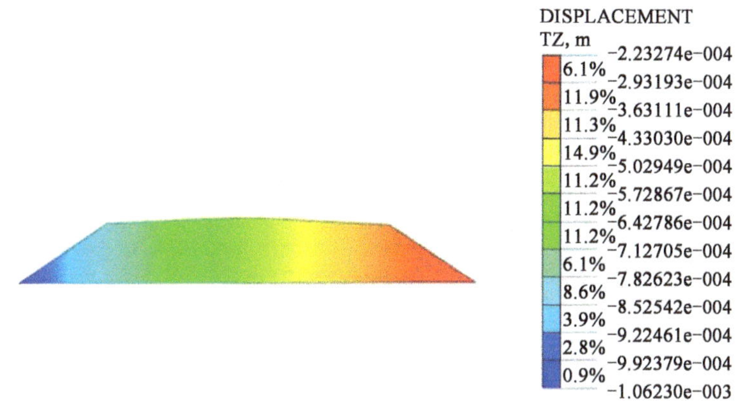

图 9-3 地铁 13 号线路基竖向位移云图(尺寸单位:mm)

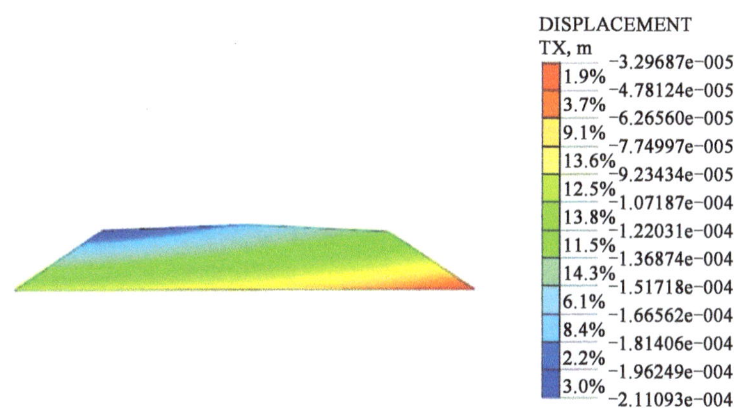

图 9-4 地铁 13 号线路基水平向位移云图(尺寸单位:mm)

从上图可以看出,地铁 13 号线既有路基受本工程新建路基施工扰动较小。坡脚处最大沉降为 1mm,水平变形为 0.2mm;轨道处最大沉降为 0.6mm,水平变形为 0.2mm。地铁 13 号线既有路基变形满足北京市地铁运营有限公司《北京地铁工务维修规则》(2015)轨道及道床的几何尺寸容许偏差。

2)工况 2

工况 2 为自行车专用路桥梁施工对地铁 13 号线既有路基的影响,采用 MIDAS-GTS 进行计算分析。选取最不利的第 10 轴断面进行分析。数值计算模型采用二维模型,上边界为地表,竖向 50m,宽 150m。地表取为自由边界,其他三个面均约束其法向变形。本工况共划分 59244个单元,31104 个节点。地面超载按 20kPa 考虑。

从数值计算模拟可以看出,地铁 13 号线既有路基受本工程桥梁施工扰动较小。坡脚处最大沉降为 0.4mm,水平变形为 0.7mm;轨道处最大沉降为 0.2mm,水平变形为 0.4mm。地铁 13 号线既有路基变形满足北京市地铁运营有限公司《北京地铁工务维修规则》(2015)轨道及道床的几何尺寸容许偏差。

3）工况3

工况3为自行车专用路桥梁施工对回龙观地铁站的影响，采用MIDAS-GTS进行计算分析。选取最不利的第19轴断面进行分析。数值计算模型采用二维模型（图9-5），上边界为地表，竖向50m，宽150m。地表取为自由边界，其他三个面均约束其法向变形。本工况共划分59244个单元，31104个节点。地面超载按20kPa考虑。

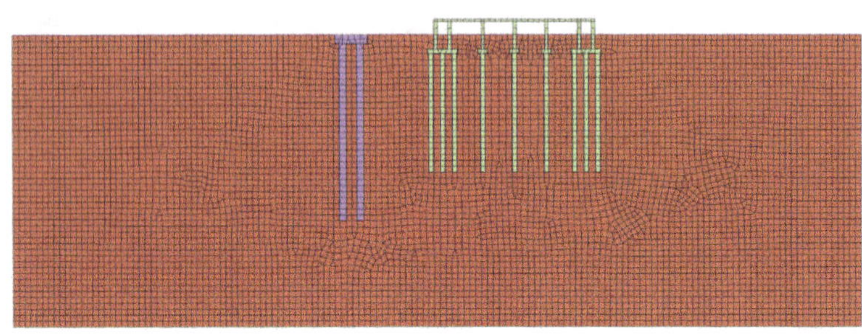

图9-5　工况3模型图

从数值计算模拟可以看出，地铁回龙观站受自行车专用路新建桥梁施工扰动较小。最大沉降为0.2mm，水平变形为0.9mm；轨道处最大沉降为0.1mm，水平变形为0.5mm。回龙观地铁站的变形满足北京市地铁运营有限公司《北京地铁工务维修规则》（2015）轨道及道床的几何尺寸容许偏差。

4）工况4

图9-6　工况4模型图

工况4为自行车专用路桥梁施工对地铁13号线既有周庄东桥的影响，采用MIDAS-GTS进行计算分析。选最不利的22～25轴断面进行分析。数值计算模型采用三维模型（图9-6），上边界为地表，竖向50m，宽150m。地表取为自由边界，其他三个面均约束其法向变形。本工况共划分59244个单元，31104个节点。地面超载按20kPa考虑。

从数值计算模拟可以看出，地铁13号线既有周庄东桥受自行车专用路新建桥梁施工扰动较小。最大沉降为1.0mm，水平变形为0.4mm；轨道处最大沉降为0.7mm，水平变形为0.3mm。地铁13号线既有周庄东桥变形满足北京市地铁运营有限公司《北京地铁工务维修规则》（2015）轨道及道床的几何尺寸容许偏差。

5）工况5

工况5同工况2，此处不再赘述。

6）工况6

工况6为自行车专用路桥梁施工对龙泽站地铁站的影响，采用MIDAS-GTS进行计算分析。选最不利的第80轴断面进行分析。数值计算模型采用二维模型（图9-7），上边界为地表,竖向 50m,宽 150m。地表取为自由边界,其他三个面均约束其法向变形。本工况共划分 59244 个单元,31104 个节点。地面超载按 20kPa 考虑。

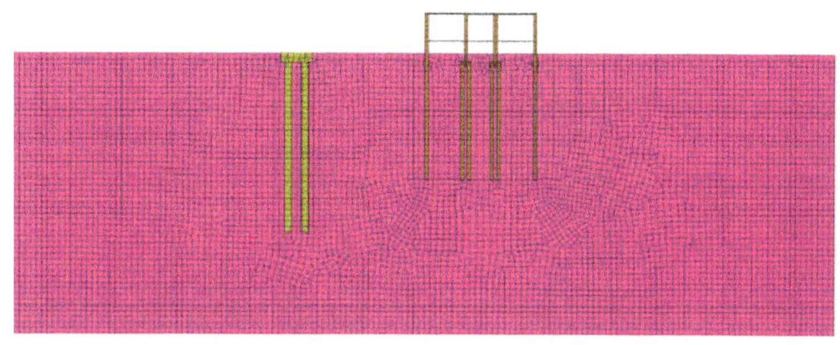

图 9-7 工况 6 模型图

从数值计算模拟可以看出,龙泽地铁站受自行车专用路新建桥梁施工扰动较小。最大沉降为 0.3mm,水平变形最大为 0.3mm;轨道处最大沉降为 0.1mm,最大水平变形为 0.3mm。龙泽地铁站的变形满足北京市地铁运营有限公司《北京地铁工务维修规则》(2015)轨道及道床的几何尺寸容许偏差。

7)工况 7

工况 7 为自行车专用路桥梁施工对地铁 13 号线既有桥梁的影响,采用 MIDAS-GTS 进行计算分析。选最不利的 Z3 轴断面进行分析。数值计算模型采用三维模型(图 9-8),上边界为地表,竖向 50m,宽 150m,长 150m。地表取为自由边界,其他三个面均约束其法向变形。本工况共划分 59244 个单元,31104 个节点。地面超载按 20kPa 考虑。

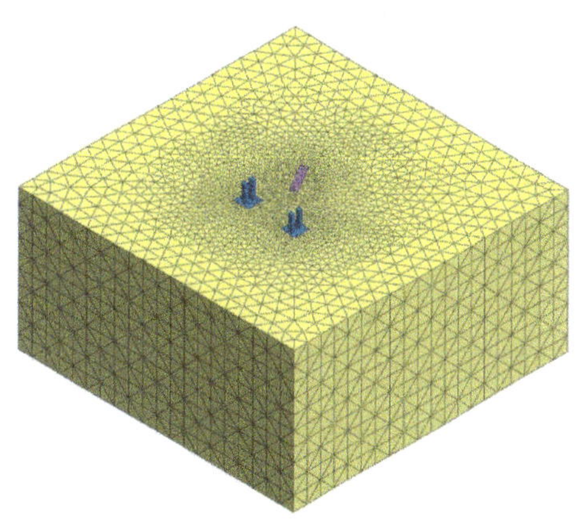

图 9-8 工况 7 模型图

从数值计算模拟可以看出,地铁 13 号线既有桥梁受自行车专用路新建桥梁施工扰动较小。桥墩最大沉降为 0.4mm,水平变形最大为 0.5mm。地铁 13 号线桥梁段变形满足北京市地铁运营有限公司《北京地铁工务维修规则》(2015)轨道及道床的几何尺寸容许偏差。

8)工况 8

工况 8 为自行车专用路路基施工对地铁 13 号线既有桥梁的影响,采用 MIDAS-GTS 进行计算分析。数值计算模型采用三维模型(图 9-9),上边界为地表,竖向 50m,宽 250m,长 350m。地表取为自由边界,其他三个面均约束其法向变形。本工况共划分 101212 个单元,81108 个节点。地面超载按 20kPa 考虑。

从数值计算模拟可以看出,地铁 13 号线既有桥梁受自行车专用路新建路基施工扰动较小,桥墩的最大沉降为 0.83mm,水平变形最大为 0.96mm。地铁 13 号线桥梁段变形满足北京市地铁运营有限公司《北京地铁工务维修规则》(2015)轨道及道床的几何尺寸容许偏差。

9)工况9

工况9为自行车专用路下穿地铁13号线施工对地铁13号线既有桥梁的影响,采用MIDAS-GTS进行计算分析。数值计算模型采用三维模型(图9-10),上边界为地表,竖向50m,宽150m,长150m。地表取为自由边界,其他三个面均约束其法向变形。本工况共划分59244个单元,31104个节点。地面超载按20kPa考虑。

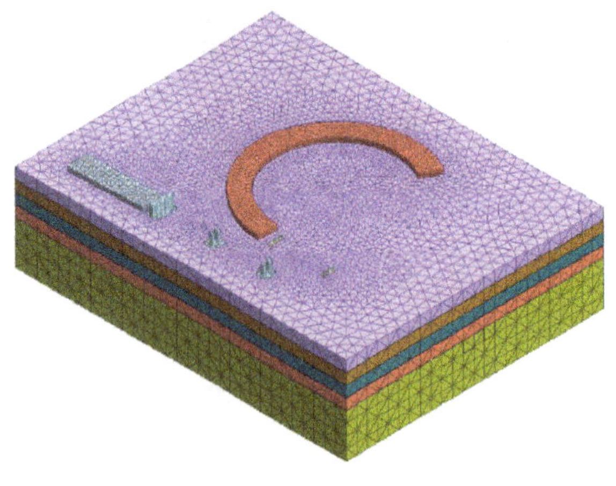

图9-9　工况8模型图

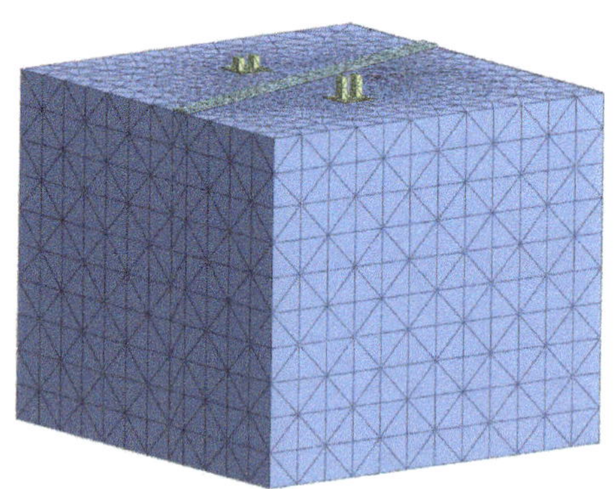

图9-10　工况9模型图

从数值计算模拟可以看出,地铁13号线既有桥梁受自行车专用路施工扰动较小。墩顶最大沉降为0.3mm,水平变形可忽略不计。地铁13号线桥梁段变形满足北京市地铁运营有限公司《北京地铁工务维修规则》(2015)轨道及道床的几何尺寸容许偏差。

9.1.5　轨道安全性评估

9.1.5.1　轨道结构概况

1)轨道

(1)地铁13号线轨道采用1435mm标准轨距,轨底坡1/40,最高运行速度80km/h,车辆轴重14t,最小线间距3.6m,最小曲线半径400m,不设轨距加宽。最大线路纵坡14‰。

(2)轨道采用60kg/m钢轨,高架线采用弹性分开式DTVII2型扣件及短轨枕、钢筋混凝土整体道床,地面线及过渡线采用弹性不分开式DTVI3型扣件、DT1型预应力混凝土枕、碎石道床;地面线道岔采用木岔枕、碎石道床。

(3)道岔采用60kg/m钢轨,为单开道岔,包含单渡线和交叉渡线。

(4)影响范围内为无缝线路。

2)轨道结构

(1)西二旗站—龙泽站YHK16+142.785~K16+173.550、右YHK16+142.785~K16+173.550为区间地面线,整体式道床,左右线间距4.3m,曲线段左线转弯半径404.30m、右线转弯半径400m。左线纵坡13.932‰,右线纵坡14‰。左线HZK16+203.105设置长链6.360、左线HZK16+476.378设置短链2.010。

(2)西二旗站—龙泽站K16+173.550~K16+996.600为区间高架线,整体式道床,左右线间距4.3～3.6m。其中曲线段左线、右线的转弯半径为400m。左线纵坡5‰，右线纵坡5‰。

(3)龙泽站K16+966～K17+026为车站高架线，整体式道床，左右线间距3.6m，直线段，无纵坡。

(4)龙泽站—回龙观站K17+769～K18+389为区间地面线，碎石道床，存在正线及道岔区。正线左右线间距3.6m，道岔区最大间距22.4m。左线存在两个曲线段，转弯半径均为600m，右线为直线段。左线纵坡3.010‰，右线纵坡5‰。左线HZK18+241.573设置长链0.976。

(5)回龙观站K18+389～K18+510为车站，整体式道床，左、中、右线间距均为11.2m，直线段，无纵坡。

(6)回龙观站—霍营站K18+510～K19+107为区间地面线，碎石道床，存在正线及道岔区。正线左右线间距3.6m，道岔区最大线间距11.2m。左线存在两个曲线段，转弯半径均为600m，右线存在两个曲线段，转弯半径均为1500m。左线纵坡3.010‰，右线纵坡5‰。该区段无纵坡。左线HZK18+912.747设置长链0.745。

3)扣件

(1)高架桥DTVII2型扣件为无挡肩弹性分开式扣件，主要应用于高架线。短轨枕为无挡肩外形，钢筋混凝土结构，长560mm。

(2)DTVI3型扣件为无螺栓弹性不分开式扣件，主要应用于路基混凝土隧道道床地段。DT1型轨枕为无挡肩外形，预应力混凝土结构，长2.5m。

9.1.5.2 对轨道结构变形的影响

由于轨道结构附着在既有区间结构上，二者协同变形。根据有限元分析计算，从典型截面判断轨道结构的变形值及变形趋势，得出以下结论：

(1)路基段左线轨道的最大竖向变形为－0.70mm，右线轨道的最大竖向变形为－0.30mm；左线轨道的最大水平变形为－0.40mm，右线轨道的最大水平变形为－0.20mm。

(2)桥涵段左线轨道的最大竖向变形为－0.70mm，右线轨道的最大竖向变形为－0.3mm；左线轨道的最大水平变形为－0.30mm，右线轨道的最大水平变形为－0.30mm。

(3)桥梁段左线轨道的最大竖向变形为－0.80mm，右线轨道的最大竖向变形为－0.7mm；左线轨道的最大水平变形为－0.80mm，右线轨道的最大水平变形为－0.70mm。

(4)回龙观站和龙泽站左线轨道的最大竖向变形为－0.10mm，右线轨道的最大竖向变形为－0.1mm；左线轨道的最大水平变形为－0.50mm，右线轨道的最大水平变形为－0.30mm。

从以上结果可以看出，地铁13号线既有车站及区间轨道变形满足北京市地铁运营有限公司《北京地铁工务维修规则》(2015)轨道及道床的静态几何尺寸容许偏差，邻近及下穿施工轨道结构安全。

9.1.6 结论及建议

1)评估结论

(1)自行车专用路施工对地铁13号线结构产生的影响：预测在正常施工的情况下，既有路基的最大沉降为1.0mm，水平向变形为0.7mm；既有桥涵的最大沉降为1.0mm，水平变形为

0.4mm；既有桥梁的最大沉降为0.4mm，水平变形为0.4mm；既有车站的最大沉降为0.3mm，水平变形为0.9mm。通过位移及受力分析，邻近及下穿施工对结构及轨道结构影响较小，安全性满足要求。

(2)结合自行车专用路工程的实际特点，依据现有常规测量仪器的监测精度，综合地铁运营安全要求及变形预测结果，确定本工程施工期间地铁13号线结构、轨道结构变形控制值如表1~3。将控制值的70%作为预警值，80%作为报警值。轨道结构变形控制值与既有地铁结构相同。

2)建议

(1)施工前建议地铁运营公司调整13号线地铁站及区间线路的轨道几何尺寸，满足北京地铁运营有限公司的《北京地铁工务维修规则》(2015)相关要求后方可施工。

(2)施工期间需要对地铁13号线结构及轨道结构进行防护，同时对既有地铁结构及轨道结构进行监测，范围为西二旗站—龙泽站K16+142~K16+966、龙泽站K16+966~K17+026、龙泽站—回龙观站K17+769~K18+389、回龙观站K18+389~K18+510、回龙观站—霍营站K18+510~K19+107。建议重点对道岔区轨道变形进行监测。

(3)自行车专用路建设期间，桩基打孔和桥梁上部结构吊装为工程最大风险。需要做好施工应急预案，防止塌孔和吊装坠落对既有地铁的影响。

(4)施工结束后，应当对既有地铁13号线结构和轨道结构进行检查，并对可能出现的损伤进行修复。

9.2 回龙观地铁站人行导流施工

自行车专用路途经回龙观地铁站站前广场，桥梁17号、18号轴的桩基恰好位于回龙观地铁站既有进站导流大棚内。因此，桥梁桩基施工前需要提前拆除导流大棚，并结合后续施工做好乘客导流工作，以确保地铁13号线回龙观站的正常运营。图9-11为专用路桥梁与导流大棚位置关系示意图，图9-12为回龙观地铁站既有导流大棚外观。

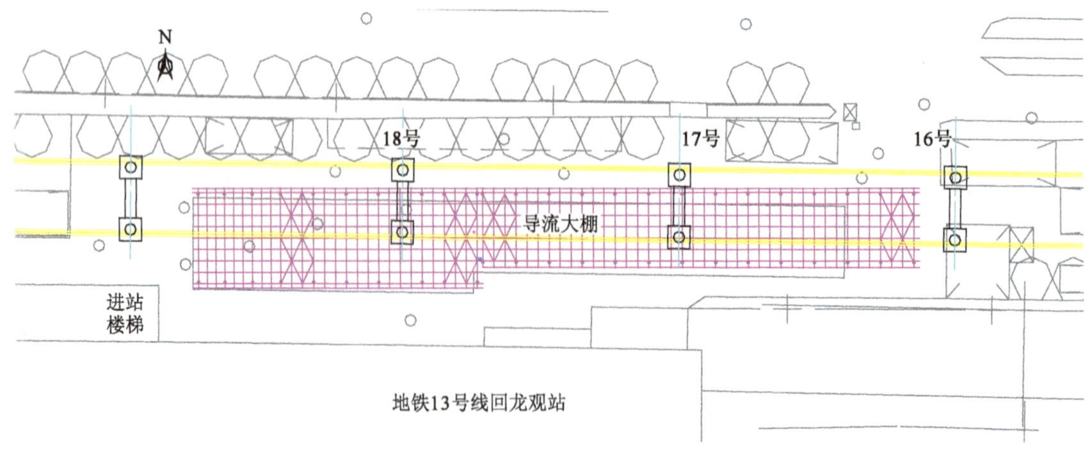

图9-11　专用路桥梁与导流大棚位置关系示意图

图9-12　回龙观地铁站既有导流大棚

9.2.1　导流施工步骤

回龙观地铁站位于居民密集区,是周边居民出行的重要地铁站点,接驳周围主要公交车线路,每天人流量巨大。早晚高峰期间,导流大棚可以使乘客方便、有序地排队进入地铁站,导流作用十分明显。由于本工程桥梁桩基位于既有导流大棚内,施工时势必会对回龙观地铁站的正常运营带来不利影响。为此,施工前需要统筹设计、精心组织,确保施工期间对进站乘客的影响降到最低,顺利完成施工任务。

回龙观地铁站导流大棚的拆除范围如图9-13所示,东西方向长度为59.7m,拟对其做好导流及围挡防护工作后分两次进行拆除。第一次拆除东侧33m×6m区域,第二次拆除西侧26.7m×8m区域。待导流大棚全部拆除后进行封闭围挡施工,并对线外进出地铁站的乘客进行导流。

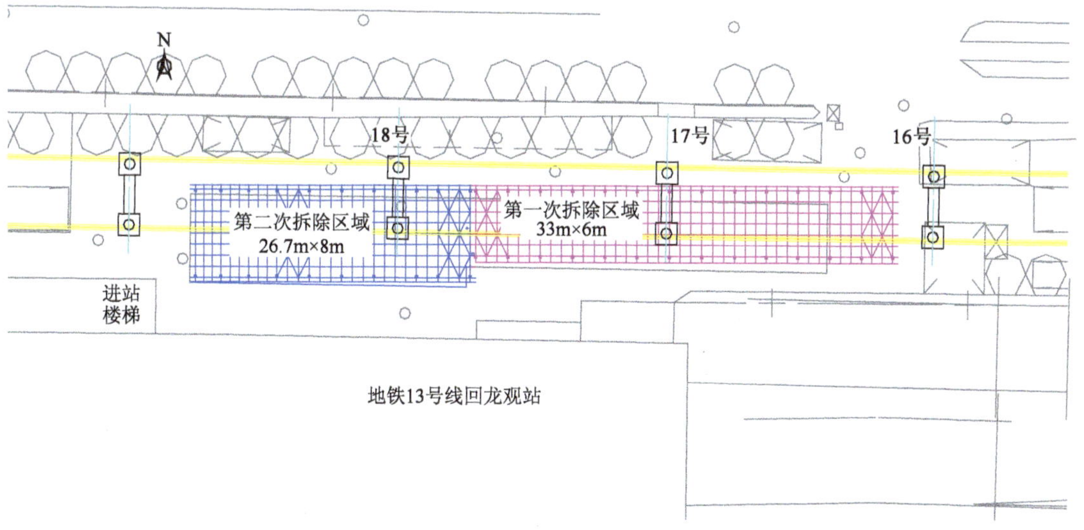

图9-13　回龙观地铁站既有导流大棚平面图

拆除导流大棚的具体步骤是：

(1)提前对施工区域设置硬质围挡，并对导流区域进行地面硬化，确保地面平整。

(2)待地面混凝土强度达到要求时，进行导流栏杆安装。导流栏杆设置时纵向两侧设置1.8m的高栏杆，中间设置1.2m的矮栏杆，栏杆基础通过预埋件与地面混凝土连接。导流栏杆设置时根据相关要求设置应急开口。

(3)第二、三期导流时搭设简易雨棚。

(4)设置相关导流标识，经地铁站相关工作人员验收合格后确认开放导流时间，同时封闭原导流线路。

9.2.2 导流施工方案

人行导流以"快速、便捷、安全、顺畅、占一还一"的原则分期进行，第一期为东侧进站导流大棚的拆除；第二期为西侧进站导流大棚的拆除；第三期为自行车专用路主体结构施工。

1)第一期导流施工

第一期为东侧进站导流大棚拆除期间的人流导流，东侧导流大棚拆除范围长33m，宽6m，拆除面积约234.3m²。

(1)疏导改移平面布置

回龙观地铁站第一期疏导改移平面图如图9-14所示。

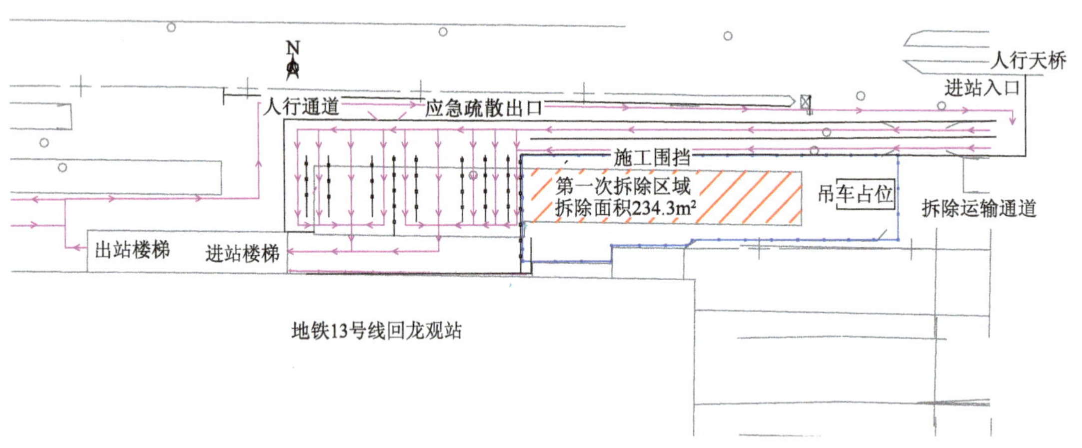

图9-14 回龙观地铁站第一期疏导改移平面图

东侧导流大棚拆除期间，将东侧大棚及以南侧区域进行全封闭(图中蓝色区域)，在大棚北侧设置2条进站通道，一直延伸至西侧大棚位置，与西侧大棚平交后按原有的导流栏杆进行分流。导流长度66m，新增导流面积370.8m²，入站应急疏散通道在原有位置(西侧大棚处)设置。出站通道设置于导流段线路北侧，宽2m。

(2)施工顺序

第一期导流大棚拆除的施工顺序是：设置新建导流区域、安装拆除区域围挡、拆除既有导流大棚。

(3)新建导流区域设置

新建导流区域位于既有导流大棚的北侧空地，与原有导流大棚西段衔接。还建的导流面积大于拆除面积，可以满足乘客通过导流大棚进入回龙观地铁站的乘车需求。图9-15为导流大棚北侧现况。

新建导流护栏的规格与现有护栏相同，护栏高度为2m，并按要求设置导流相关的标识、标牌。图9-16为导流护栏外观。

图9-15 导流大棚北侧现况

图9-16 导流护栏外观

(4)围挡施工

新建导流区域设置完成后方可进行围挡施工，围挡需在地铁停运后施工，避免影响乘客出行。围挡采用轻质钢材料，高度为2m。围挡夜间施工期间应采取措施降低噪声，避免噪声扰民。图9-17为轻质围挡示意样式。

图9-17 轻质围挡示意样式

(5)大棚拆除

大棚拆除安排在地铁停运后进行，拆除前需编制专项拆除方案，并按上级部门批复的方案进行拆除。

2)第二期疏导改移

第二期疏导改移的时间为西侧导流大棚拆除期间，拆除范围长26.7m，拆除面积约237.2m^2。图9-18为回龙观地铁站第二期疏导改移平面布置图。

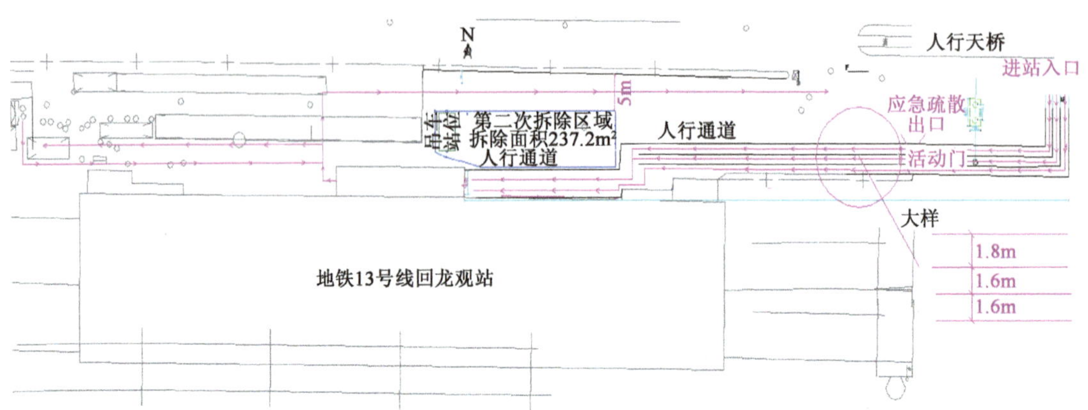

图 9-18　回龙观地铁站第二期疏导改移平面布置图

考虑与施工阶段导流方案的结合,减少导改工作量,西侧导流大棚拆除期间将进站入口导改至 14 ~ 15 轴之间。导流前对区域内原有地面进行硬化处理,并对第 15 轴桥梁的下部结构进行独立防护。

入口处设置 1.4m + 1.4m + 1.6m 三处通道,根据第 15 轴墩柱位置设置一次"回"字形导流,并在靠近同成街一侧设置应急救援通道,通道宽 6m。通过"回"字形导流将进站客流导行至靠近地铁的一侧,然后直达进站楼梯。导改线路共长 115m,中间段宽 5m,按 1.8m + 1.6m + 1.6m 布置三条通道,导流面积共计 581m^2。

3)第三期疏导改移

第三期疏导改移的时间为自行车专用路高架桥 16 ~ 22 轴桥梁施工期间,本期导流在第二期导流基础上稍作调整。进站口导流方式不变,将原出站口改移至 18 ~ 19 轴中间,通过还建 3m 宽的梯道与同成街相接。图 9-19 为回龙观地铁站第三期疏导改移平面布置图。

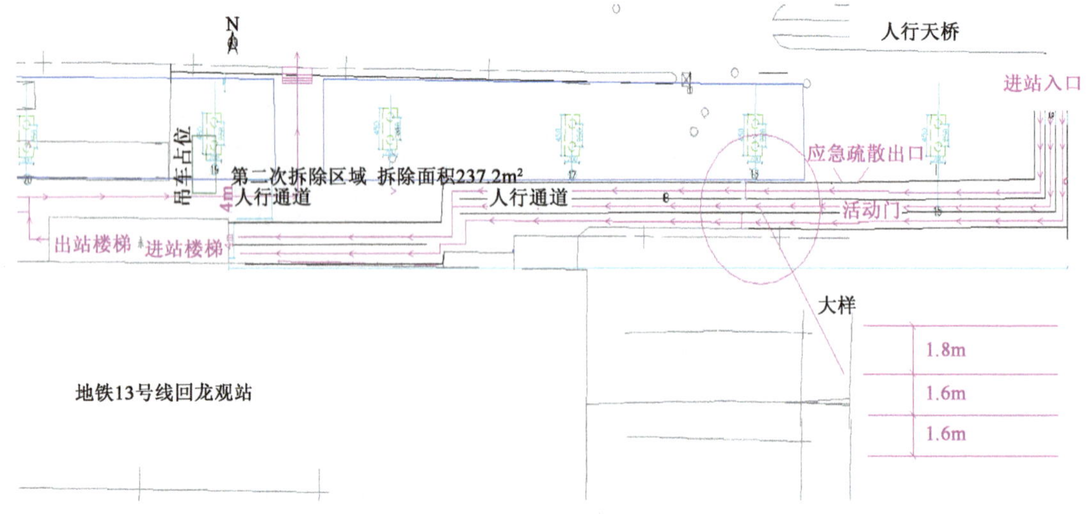

图 9-19　回龙观地铁站第三期疏导改移平面布置图

9.2.3　安全控制措施

回龙观地铁站早晚高峰乘客流量巨大,如果发生事故产生的影响范围广。为保障地铁 13 号线的正常运营,导流期间采取以下安全措施。

1)导行施工前

根据现场条件及回龙观地铁站出行特点,细致策划本次导流工作方案。与地铁站运营及其他相关部门建立联系机制,与相关部门对接好导流施工所涉及的各个专业,避免因专用路的施工而影响乘客正常乘坐地铁。

导流方案经地铁站相关部门确认后,严格在施工中加以落实。新建导流大棚开放前,必须经运营单位现场确认,并充分做好新建导行路段的标志标牌、道路硬化、防护等工作。

2)导行期间

根据邻近地铁 13 号线的施工方案,加强地铁站导行路段的安全管理工作,安排专人对导行区域进行安全检查,避免因施工及其他原因发生安全事故。导流大棚拆除及吊装等作业全部安排在地铁停运后进行,严禁在地铁站早晚高峰期开展施工作业。图 9-20 为施工期间地铁站人行导流图。

图 9-20　施工期间地铁站人行导流图

9.3　桩基施工工艺及安全控制措施

9.3.1　概述

由于本工程桥梁段临近地铁 13 号线,为减小施工阶段对地铁 13 号线的影响,桩基采用旋挖钻成孔、灌注水下混凝土成桩的施工工艺。该工艺具有成孔快、振动小、对周围土体扰动小的优点。

旋挖钻钻孔灌注桩的施工工艺主要包含:测量放样、护筒制作及埋设、钻机就位、泥浆配置、钻孔(成孔、清孔)、钢筋笼制作安装、导管安装、二次清孔、水下混凝土灌注、桩基检测。桩基施工工艺流程图如图 9-21 所示。

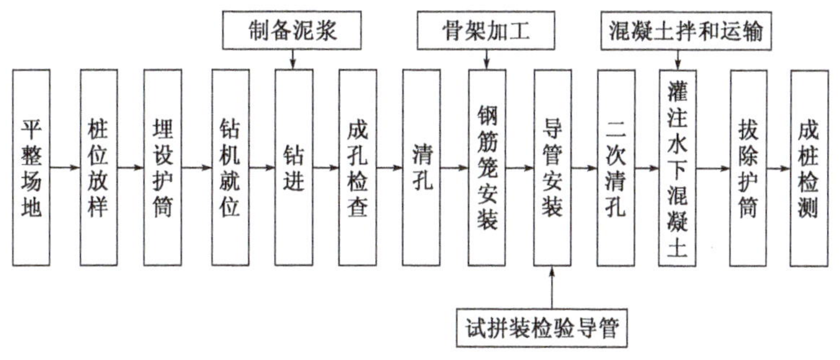

图 9-21　桩基施工工艺流程图

9.3.2 一般路段桩基施工

1)埋设护筒

桩基中心位置由测量人员根据图纸进行放样,现场技术员做好护桩工作,拉好十字线,经测量监理复核后进行护筒埋设。护筒的埋设深度为2m,护筒壁厚6mm,护筒内径比桩径大20cm左右,顶面预留20cm×20cm的豁口作为溢浆口。护筒采用挖坑埋设法,护筒底部和四周所填黏质土分层夯实,顶部高出地面30cm,埋设时位置要准确,护筒要竖直。护筒中心竖直线与桩中心线重合,平面允许误差为50mm,竖直线倾斜度不大于1%。护筒顶部焊接加强筋和吊耳,开出水口,钻进过程中应经常检查是否发生偏移和下沉,如发现问题需要及时纠正。护筒埋设好后重新设置护桩,拉出十字线,以便监理进行现场检查。

2)钻孔

开孔时保证钻头对准桩位,防止孔斜和桩位偏差,使初成孔壁竖直、圆顺、坚实。钻孔开始之时,钻机要轻压慢转渐渐进入,待钻头全部进入地层后方可加速钻进。开孔及钻进过程中,始终保持孔内水位高于地下水位1.5~2.0m,高于护筒底面0.5m以上并低于护筒顶0.2~0.3m,以保证足够的泥浆压力来维护孔壁稳定,不致泥浆外溢。在钻进过程中取渣和停钻后,及时向孔内补充水或者泥浆,以保持孔内水位高度、泥浆的比重及黏度。

3)钢筋笼吊装

起吊时采用大小钩三点起吊。钢筋笼下落过程中,应始终保持骨架居中垂直,徐徐下放,严禁高起猛落、碰撞井壁和强行下放。钢筋笼的入孔速度要均匀,就位后使钢筋笼轴线与桩基轴线吻合。

4)导管安装

采用管径为300mm的旋口式导管,分节长度为0.5~4m,标准节长度为3m,底节长度为4.0m,顶部安装0.5m或1m的调整节。导管安装前先对导管进行水密、承压和接头抗拉试验,合格后方可安装使用。安放导管时,依据孔深使用吊车分节吊入孔内,导管之间用橡胶垫密闭。

5)混凝土灌注

首批灌注的混凝土数量应满足导管埋置深度不小于1m。灌注过程中应使用校核过的测绳或钢尺探明孔内混凝土面位置,及时调整导管埋深。导管埋置深度应控制在2~6m,灌注前导管底部应距离孔底30~40cm。

9.3.3 邻近地铁桩基施工

为减小桩基施工对地铁13号线的影响,邻近地铁施工时需适当加长护筒,将护筒由2m加长至4m。距离地铁轨道位置不足10m时,需采用全护筒跟进成孔。具体成孔施工方法如下。

1)安放路基板

路基板又称导向台,具有一定的厚度。又因为其自身面积较大,与地面接触后相当于硬化后的地面,具有一定的承载力,因此可以起到定点导向的作用。图9-22为路基板外观。

2)套管刀头安装

将护筒刀头安装在套管上,将护筒安装在旋挖钻上进行钻进。图9-23为套管刀头外观。

图 9-22　路基板外观图

图 9-23　套管刀头图

3)钻进取土

护筒刀头安装完成后开始钻进钻机。钻机钻进的同时需要观察扭矩及垂直度,发现不合格情况立即进行调整并做记录。当钻进至路基板上端 30cm 时,用旋挖钻头进行取土作业,配备专人进行指挥,护筒钻进与旋挖钻头取土交替进行。

钢筋笼吊装、混凝土灌注的施工方法同 9.3.2 中的一般路段,此处不再赘述。

9.3.4　施工安排

1)施工顺序安排

邻近地铁的桩基施工时应合理规划作业顺序,整体的桩基施工顺序为:先近后远,隔轴跳打。

先近后远:同排桩基施工时,先施工靠近地铁线路一侧的桩基,7 天后待桩基强度稳定后再进行远离地铁线路一侧的桩基施工。

隔轴跳打:相邻轴线的桩基应不连续施工,以防止地铁线路一侧发生连续的土层应力。

2)施工时间安排

邻近地铁线路进行桩基施工时,应根据施工工艺合理规划施工时间,尽量将桩基施工的时间安排在地铁停运之后，以最大限度地减小对地铁13号线正常运营的影响。本工程邻近地铁13号线的桩基施工时间精确规划如下：

钻孔：19:00—22:00进行，下午应提前做好钻孔准备，钻孔后完成钻机退场。

钢筋笼安装：地铁停运后，23:30吊车和运送钢筋笼的汽车进场，并按照指定位置完成站位；0:00起吊首节钢筋笼，0:20首节钢筋笼入孔；0:30起吊第二节钢筋笼，调至孔顶后汽车撤场；0:30开始焊接，1:30完成焊接以及声测管连接，2:00完成钢筋笼安装。

导管安装：2:10开始安装导管、料斗，2:40安装完成。

混凝土灌注：2:45第一车混凝土进场，2:50开始灌注，3:00拆除大料斗，计算导管埋深并拔出导管，3:10完成第一车混凝土灌注，混凝土罐车立即撤场，计算导管埋深并第二次拔出导管；3:15第二车混凝土进场，3:20开始灌注，3:30第三次拔出导管，3:45完成第二车混凝土灌注，第四次拔出全部导管，4:00拔出护筒。

场地清理：4:00泥浆车进场，4:10开始抽泥浆，4:30泥浆车注满退场；4:35运输汽车进场，4:40—5:00吊车将可移动泥浆池吊装至运输汽车，5:00运输汽车退场、吊车退场。

9.3.5 安全控制措施

旋挖钻钻孔灌注桩施工可能产生的安全问题有塌孔、钻机及吊车倾覆等，在桩基施工过程中应针对以上隐患采取有效措施。

1）塌孔防范措施

（1）测量定位应准确，以避免因桩位偏差导致二次施工。

（2）施工中应严格控制工序质量，合理进行施工组织，确保各道工序衔接紧凑，缩短成孔时间。

（3）邻近地铁桩基钢护筒采用10mm厚的A3钢板卷制，内径比桩径大20cm，埋设深度不小于4m；距离地铁小于10m的桩基采用全护筒跟进成孔。护筒埋设后钢护筒四周用黏土对称填筑，打夯机分层夯实，护筒周围采用浆砌机制红砖砌筑，以减小钻孔桩对地层的影响。图9-24为护筒埋设、孔口防护图。

图9-24　护筒埋设、孔口防护图

(4)钻头在孔内提升过程中,泥浆在孔壁和钻头之间流动。若升降速度过大,泥浆的流动将加大对孔壁的冲刷,容易造成孔壁坍塌,因此需要控制钻头的提升速度。同时,钻孔过程中还要考虑地质情况,当由硬地层钻至软地层时,可适当加快钻进速度;当由软地层钻至硬地层时,应减速慢进;在易缩颈的地层中钻进时,应适当增加扫孔次数;在硬塑层钻进时应加快钻进速度,以提高钻进效率;在砂层钻进时钻机要轻提轻放,禁止强行加压,并适当增加泥浆的比重和黏度。

2)旋挖钻机、吊车倾覆防范措施

(1)当桩基位置与地铁13号线的距离较近,可能影响地铁运营时,对旋挖钻进行反方向地锚拉拽。同时加强对旋挖钻稳定状态检查,防止作业过程中发生倾覆。

(2)当旋挖钻站位于稳固的坚硬土层上,土层承载力较差时,可采取铺设碎石、下垫厚钢板的方式防止钻孔过程中发生倾覆。图9-25为旋挖钻钻孔施工图。

图9-25　旋挖钻钻孔施工图

(3)施工现场指定专人负责施工安全,实行专职人员旁站盯岗制度,及时发现并处理违章作业行为和不安全因素。加强对机位稳定状态(垂直度、机位位移、机位沉降量)、地锚受力情况的实时监控,发现异常状态应立即停止作业并进行调整。

(4)作业完成后,应将钻机停放在坚实平整的地面上,将钻头落下垫实并切断动力电源。

(5)行走前首先确定地面承载能力,再根据承载力选择合适的行进路线。行走时,指定一名专职工作人员协调观察并向驾驶员发出信号。将上部车身调整到与履带平行,尽可能地按照直线驾驶机械,微小、逐渐地改变方向。

(6)将吊车停放在自行车专用路的北侧进行吊装,尽量远离地铁13号线,起吊方向与地铁铁轨方向垂直。为避免起吊高度过高,桩基钢筋笼采用分节吊装的方式,每节钢筋笼长度不超过9m(专用路桥梁桩基边线与地铁13号线高架桥桩基边线的水平距离为9.263~15.380m)。

(7)吊车吊装时严禁超载,作业前查看地面情况,确保地质条件满足要求后再进行起吊。吊车支腿必须采用质量合格的枕木进行支垫,作业过程中仔细观察支腿受力面的变化,发现地面下陷时必须采取相应措施,放下重物重新支腿。

(8)遇到大风天气时禁止进行吊装及旋挖钻施工作业。

3)邻近地铁桩基钢筋笼吊装

(1)钢筋笼的单节长度不宜超过9m。

(2)合理安排好钻孔时间,钢筋笼安排在地铁停运后吊装。

(3)钢筋笼起吊前对钢筋笼的连接质量、吊点位置进行检查,检查可靠后方可进行起吊。起吊过程中严防钢筋脱落、脱钩隐患。

(4)钢筋笼吊装采用三点起吊法,起吊过程中控制好起吊速度,并在钢筋笼底端栓接2处溜绳,并派专人拉拽,防止钢筋笼在吊装过程中侵占地铁 13 号线的用地范围。

(5)严禁在照明条件不足及大风天气进行钢筋笼吊装作业。

图 9-26 为桩基钢筋笼吊装示意图。

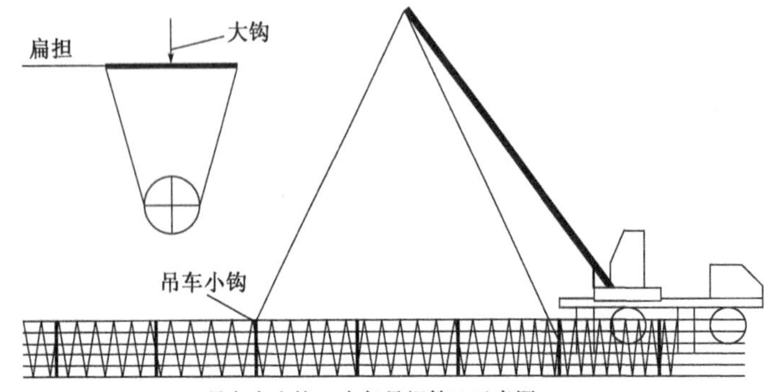

图 9-26　桩基钢筋笼吊装示意图

9.4　承台施工工艺及安全控制措施

本工程承台埋深较浅,平均埋置深度为 2.5 ~ 3m。承台采用组合钢模板、溜槽浇筑混凝土的施工方法。承台的施工工艺主要包含:基坑开挖、桩基检测、凿除桩头、测量放样、垫层浇筑、钢筋安装、模板安装、混凝土浇筑、模板拆除、养护。

9.4.1　施工工艺流程

承台、系梁基坑开挖时采用小型机械开挖、人工配合清理的施工方法。承台的施工工艺流程如图 9-27 所示。

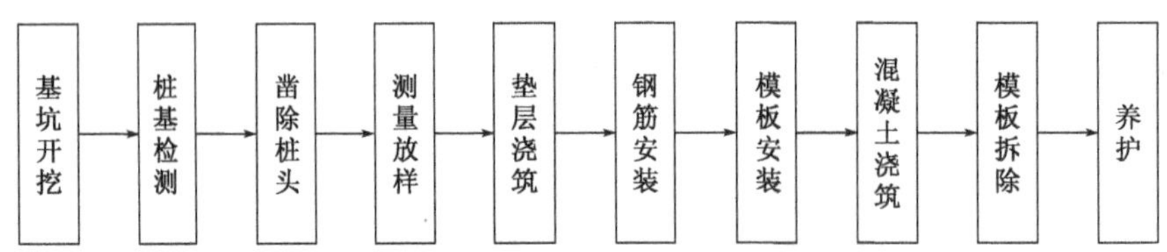

图 9-27　承台施工工艺流程图

9.4.2　安全控制措施

承台施工时可能产生边坡塌陷等问题,需要采取相关控制措施进行防范。按照开挖深度、邻近结构物的不同,将承台施工分为开挖深度小于 3m、开挖深度大于 3m、邻近地铁 1m 以内、邻近地铁 1m 以上四种情况。根据实际情况以尽量减少对既有地铁 13 号线土层的扰动为目的,采取不同的开挖方式。

(1)距离地铁较近的承台基坑开挖,水平间距小于1m时,应使用人工进行开挖,并对地铁13号线高架桥的下部结构进行围挡保护,防止施工机械设备碰撞。

(2)距离地铁较近的承台基坑开挖,水平间距大于1m、开挖深度小于3m时,应按照1:1的边坡坡率放坡开挖。基底断面每侧的边缘要比设计断面宽1m,确保有效的作业面积和基坑壁稳定。机械开挖至设计高程以上30cm时,再由人工开挖至设计高程。开挖出的泥土应堆放在坑口边2m以外,且堆土高度不得超过1.5m。开挖时严格按照测量技术人员提供的高程进行开挖,并保证基坑土为未扰动的原状土。如果开挖后基坑有渗水现象,需要在四周设置0.3×0.2m的排水沟,并在对角处设置集水井,用潜水泵及时把汇水抽出。

(3)距离地铁较近的承台基坑开挖,水平间距大于1m、开挖深度大于3m时,应先在地铁13号线一侧采用型钢进行支撑,再进行基坑开挖施工。开挖时采用小型机械,人工配合清土。尽量缩短基坑的暴露时间,及时报验,检验合格后快速组织钢筋、模板及混凝土施工。承台、系梁施工完成后,按要求及时回填并夯实。

(4)基坑开挖期间应做好截水和排水措施,并采取遮盖等方式防止雨水冲刷边坡。

(5)基坑开挖后及时对基坑进行防护,并对裸露地面进行覆盖。

图9-28为邻近地铁线路承台基坑钢板桩防护示意图,图9-29为邻近地铁线路承台基坑围挡。

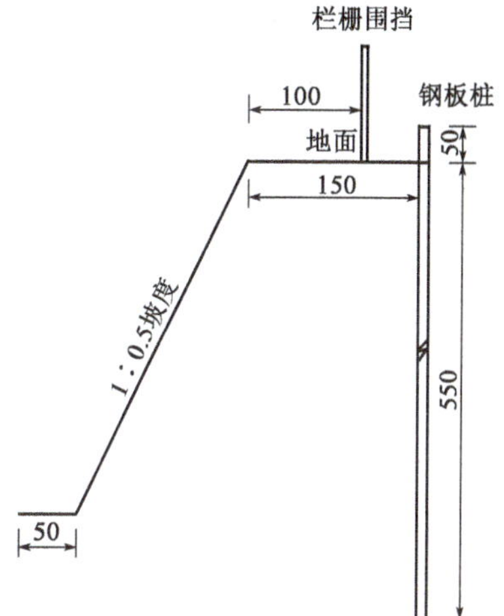

图9-28 邻近地铁线路承台基坑钢板桩防护示意图

图9-29 邻近地铁线路承台基坑围挡

9.5 墩柱施工工艺及安全控制措施

本工程的墩柱根据其外形主要分为H形墩、Y形墩、出入口π形墩、跨京藏高速公路V形墩。宽度大于3m的钢墩柱在工厂加工制作后分割运输,宽度小于3m的钢墩柱直接进行整件运输。采用封闭车辆运输至墩位安装位置,现场使用汽车吊配合吊装。

9.5.1 施工工艺流程

本工程的钢墩柱施工采用厂内加工制作、现场拼装(宽度大于3m的H形墩柱、π形墩及V形墩)、整体安装后浇筑柱内混凝土的施工方法。根据钢墩柱的施工特点,施工工艺流程主要有:施工准备、现场组拼、测量放样、吊装就位、墩柱固定、杯口混凝土浇筑、玻纤套筒防护、土石方回填、搭设脚手架、柱内混凝土浇筑。图9-30为墩柱施工工艺流程图。

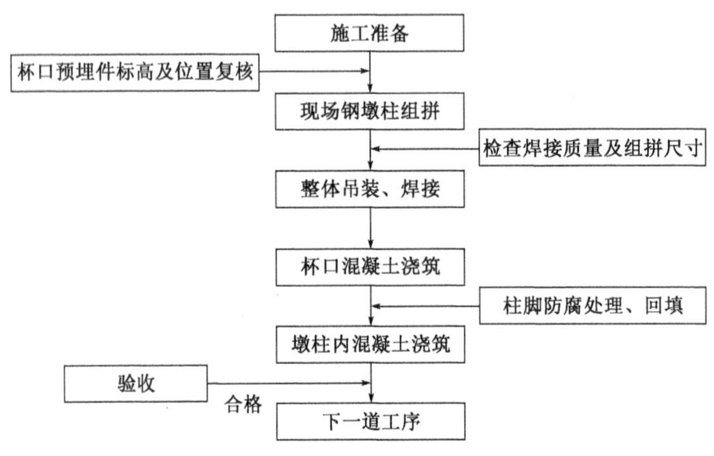

图9-30 墩柱施工工艺流程图

1)墩柱组拼

宽度大于3m的H形墩柱、π形墩、V形墩需要分段运输,然后在现场进行二次组拼,组拼采用焊接的方式连接。墩柱构配件进场后,在安装轴位附近集中堆放。拼装时先进行场地平整,复核场地平整度后使用20B槽钢按照6m×4m的规格摆放并焊接成整体,拼装台应确保整体稳固及水平,以保证墩柱拼装位置准确、角度顺直。

根据墩柱的分段位置设置拼装台,如H形墩柱的分段位置位于墩柱横梁下500mm处,故拼装台可设置成1m+2.5m+2.5m,如图9-31所示。

2)墩柱安装

(1)准备工作

首先在墩柱横梁上设置吊耳,吊耳的具体位置如图9-32和图9-33所示。

(2)吊装

吊装前用4根$\phi18$的钢丝绳分别套在墩柱顶端分支的两侧,按桥梁纵向两两对称对拉布置,在单根钢丝绳紧贴墩柱位置通过2个$\phi18$的卡扣对向相扣拉紧;同时在墩柱底部设置2道对向溜绳,防止构件在吊装过程中发生过大摆动。

利用吊点进行起吊,同时派专人拉住溜绳,对钢丝绳按方位进行分散。吊装时缓慢上升、下落,徐徐将墩柱引入杯口对中位置。通过全站仪的纵横向测量,对墩柱位置进行调整。吊装时摘钩、测量等活动使用登高车进行配合。图9-34为Y形钢墩柱吊装示意图。

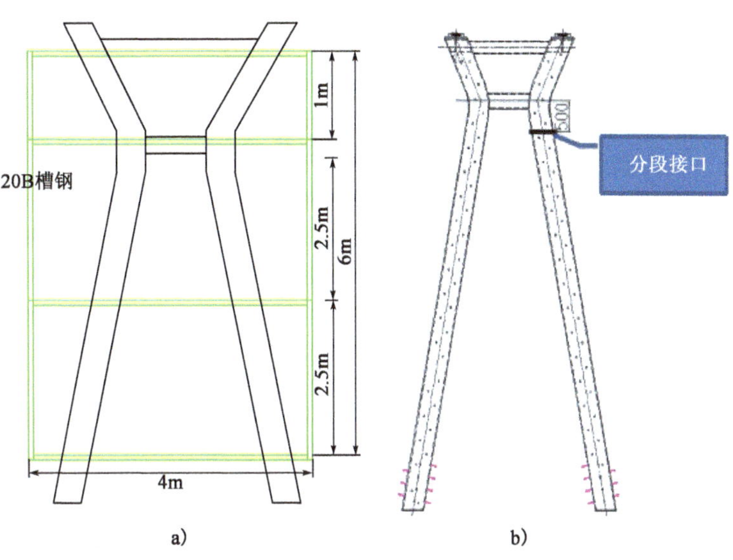

图 9-31 H 形钢墩柱焊接平台示意图

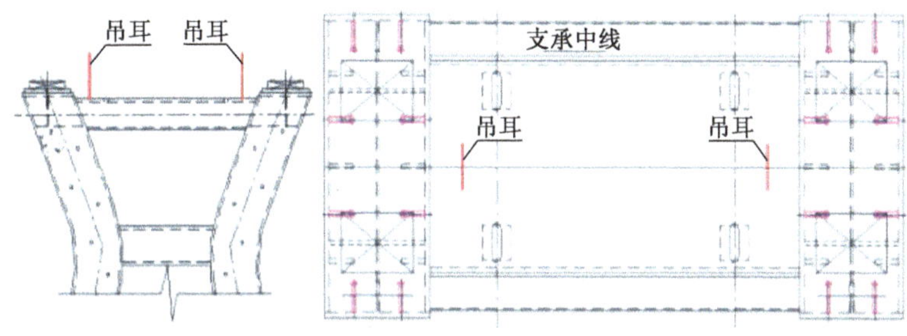

图 9-32 H 形钢墩柱吊耳设置示意图

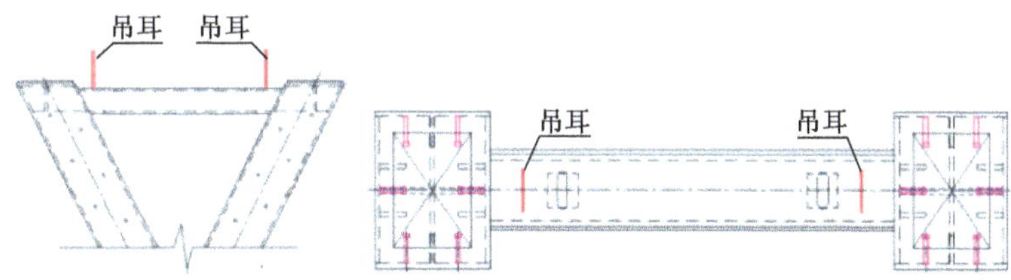

图 9-33 Y 形钢墩柱吊耳设置示意图

(3)固定

墩柱位置确定后,利用对拉钢丝绳进行加固,同时用钢楔对墩柱进行定位。定位完成后进行墩柱钢板的焊接。

对拉用钢丝绳通过可调节法兰与预埋好的地锚相连。地锚设置在承台中心 4m 以外,顶端四角各设置一处。地锚采用 1.5m × 1.2m × 1.2m 的 C20 混凝土浇筑而成,地锚内设置 ϕ10 的钢筋网片。吊环采用 ϕ20 的圆钢制作成“几”字形,在浇筑地锚混凝土时预埋进去,埋深为 0.5m。缆风绳采用 6 × 37 型、直径 18mm 的钢丝绳,一端系于地锚,一端系于墩柱顶端吊耳处。墩柱前后钢板焊接完成后取出钢楔,进行两侧钢板连接。当全部焊接完成,且对拉钢丝绳都已绷紧受力后方可松钩。图 9-35 为 Y 形钢墩柱临时固定示意图。

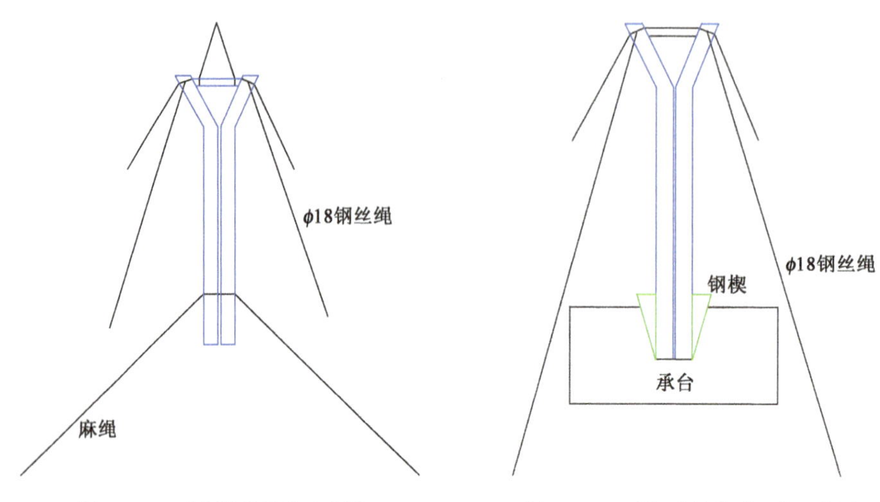

图 9-34 Y 形钢墩柱吊装示意图　　图 9-35 Y 形钢墩柱临时固定示意图

3)柱脚杯口混凝土浇筑

墩柱固定后清理杯口杂物,涂刷界面胶,确保新旧混凝土黏结性良好。罐车将混凝土运至现场后,检查混凝土的和易性和坍落度,坍落度控制在 70～90。

为保证混凝土密实,特别是垫板下混凝土的密实,振捣棒移动间距不应超过振捣棒作用半径的 1.5 倍。振捣要密实,直至混凝土不再下沉至无气泡为止,需做到不漏振也不过振。

4)墩柱内混凝土浇筑

本工程墩柱内部填充的是自密实混凝土,根据开工前灌注试验的结果,该自密实混凝土满足设计填充密度要求。考虑部分墩柱高度高达 8m,为确保墩柱内部混凝土的密实度,墩柱混凝土浇筑时安排专人用橡胶锤敲击墩柱,并在条件允许时增加插入式振捣棒振捣。混凝土浇筑前通过包裹的电热毯对墩柱进行预热,确保冬季施工时混凝土的早期强度。

由于本工程墩柱混凝土的施工季节为冬季,需要采用搭设暖棚的方法进行保温。基坑回填后用电热毯及棉被包裹墩身,同时进行脚手架的搭设。施工平台用竹胶板满铺,按要求挂密布网。脚手架的侧面配备有可供上下的安全爬梯。图 9-36 为钢墩柱冬季施工暖棚外观。

图 9-36 钢墩柱冬季施工暖棚

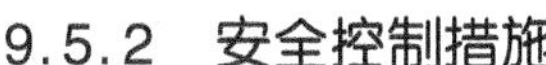

9.5.2　安全控制措施

钢墩柱施工时可能出现的安全隐患有吊车倾覆、墩柱及脚手架倾倒、冬季施工火灾等。针对上述问题,需采取以下安全控制措施:

(1)加强对吊车操作人员的监督及安全培训,有针对性地对吊装作业人员进行挂钩、起吊、信号手势、定位绳拉拽、吊物定位等安全操作培训,加强吊车操作人员与吊装作业人员之间的沟通。

(2)吊车应布设于本工程桥梁的顺桥向方向(墩与墩之间),小型构件的所有吊装作业在施工围挡内完成。

(3)墩柱架立后及时进行临时支撑,同轴墩柱通过盖梁钢板连接牢固,并及时灌注填充混凝土及包封混凝土,以防止钢墩柱发生倾倒。

(4)所有吊装均应设置麻绳并由专人牵引,防止摆动。

(5)所有吊装物件应尽量运至安装位置最近处,减小吊装移动范围。严禁吊车斜拉硬拽,起吊、旋转时速度要均匀平稳,以免重物在空中摆动发生危险。

(6)吊车支腿必须严格按照规范设置在硬质地基上,吊车的中前部位设置副支腿,以防止吊车倾覆。

(7)在邻近地铁或地铁站10m以内作业时,所有吊装作业应安排在地铁停运后进行。

(8)必须在天气及夜间照明条件满足的情况下进行吊装。

(9)墩柱保温加热过程中安排专人24小时看护,防止发生火灾事故。

(10)脚手架搭设期间应严格对剪刀撑、斜撑及扫地杆进行检查,并在使用过程中对杆件连接及稳定情况进行观察,发现不稳定状况时及时汇报相关人员进行整改或加固处理。

9.6　钢梁施工工艺及安全控制措施

对于自行车专用路常规桥梁段钢梁,纵向居中分为左右两块独立的梁体进行吊装,就位准确后再焊接拼装成整体。单块梁体重量约30t,采用2台100t的汽车吊进行抬吊安装。当桥梁与地铁线路、地铁站的距离不足10m时,钢梁需在地铁停运后方可施工。

9.6.1　施工工艺流程

当钢墩柱安装完成,且墩柱内部的混凝土强度达到设计要求强度之后,方可进行钢梁的安装。钢梁安装的施工工艺主要包含:施工准备、钢梁安装、焊接固定、探伤检测、除锈防腐、竣工验收。具体流程如图9-37所示。

9.6.2　施工方法

自行车专用路的桥梁位于同成街与地铁13号线之间,需要跨越回龙观及龙泽两个地铁站的站前广场。当在邻近地铁既有线路或地铁站结构物位置处进行钢梁吊装作业时,一台吊车站位于专用路红线范围内,另一台吊车站位于同成街南侧的非机动车道及人行道上。

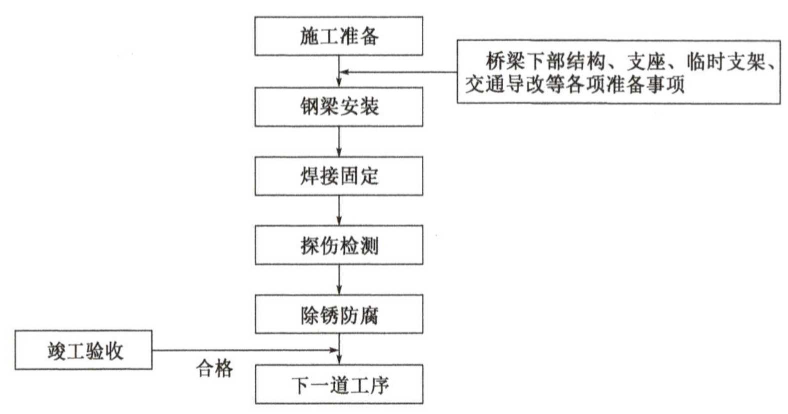

图9-37　钢梁施工工艺流程图

1)起重机站位

(1)根据被吊装设备或构件的就位位置、现场情况等,确定起重机的站车位置。站车位置一旦确定,转台中心和工作半径就可确定。根据确定的转台中心位置及起重转台半径,再次核实转台工作范围内是否有障碍物。

(2)根据被吊装设备或构件的就位高度、设备尺寸、绑扎吊索长度、工作半径,参考驾驶室的起重机吊装特性曲线,确定本次吊装使用的吊臂臂长。

(3)根据工作半径和臂长,再由起重机的特性曲线确定起重机额定载荷。

(4)如果起重机的额定载荷大于被吊装设备或构件的重量,则起重机可以满足作业要求,否则应重新选择站位地点或其他吊装设备。

2)邻近地铁段吊装(8~23轴、25~30轴)

因本工程位于密集居住区,施工场地狭小,且施工红线紧邻同成街及地铁13号线,为确保地铁运营安全,尽量减小钢梁安装对地铁运营的影响,在该段落吊装时箱梁及吊车站位于同成街南侧的机动车道及非机动车道,使用两台汽车吊进行抬吊。图9-38为邻近地铁段钢梁吊装站位平面示意图,图9-39为邻近地铁段钢梁吊装站位立面示意图。

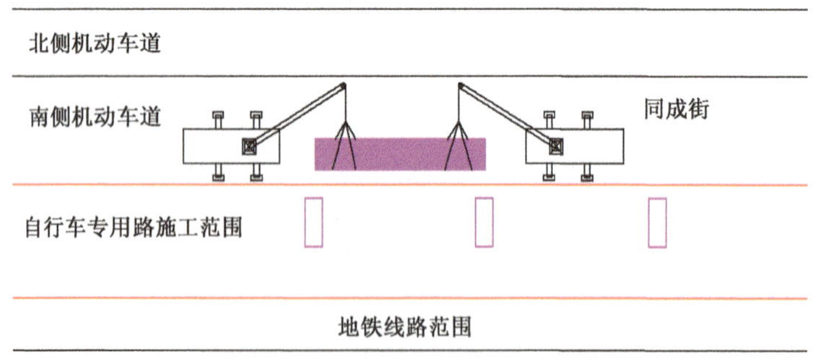

图9-38　邻近地铁段钢梁吊装站位平面示意图

8~23轴、25~30轴邻近地铁段钢梁的最大跨径为25m,标准段中间单元吊装的最大重量为22.5t,悬臂的最大重量为6t,作业半径18m,臂长35.5m。根据吊车性能,可选用120t的汽车吊进行抬吊。

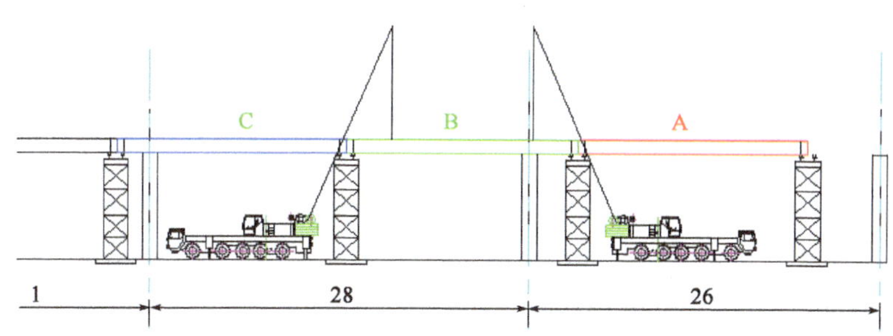

图 9-39　邻近地铁段钢梁吊装站位立面示意图

3)跨育知东路段吊装(23～24 轴)

23～24 轴上跨育知东路,南侧为地铁 13 号线桥梁段,北侧为同成街跨线桥。受现场条件制约,该段落钢梁吊装时吊车站位于同成街南侧,构件车站位于同成街北侧,与吊车平行。

23～24 轴邻近地铁段落钢梁跨径为 19m,最大吊装荷载 20t,作业半径 32m,臂长 35.7m。根据吊车性能,可选用 300t 的汽车吊进行抬吊。图 9-40 为跨育知东路段吊车站位示意图。

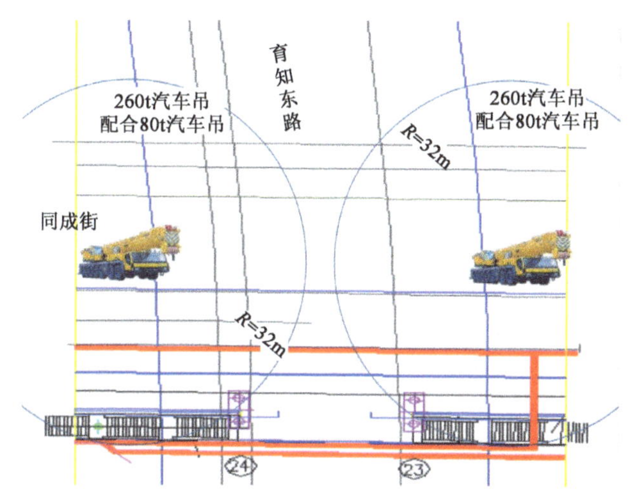

图 9-40　跨育知东路段吊车站位示意图

4)邻近地铁站吊装

当临近回龙观地铁站及龙泽地铁站进行钢梁吊装时,一台吊车站位于专用路红线内侧,另一台吊车站位于同成街上。该段落的钢梁吊装作业需要安排在夜间进行,以保证地铁 13 号线的运营安全。图 9-41 为邻近地铁站处钢梁吊装吊车站位示意图。

5)一般段吊装

当红线范围足够宽,且桥梁边界距离地铁 13 号线有足够的安全距离时,钢梁的吊装工作在红线范围内完成。

9.6.3　安全控制措施

钢梁吊装时可能发生机械碰撞、吊车倾覆、临时支架失稳等事故,对地铁及地铁站结构物造成破坏。针对事故发生原因,对邻近地铁段落钢梁吊装施工采取以下防范措施:

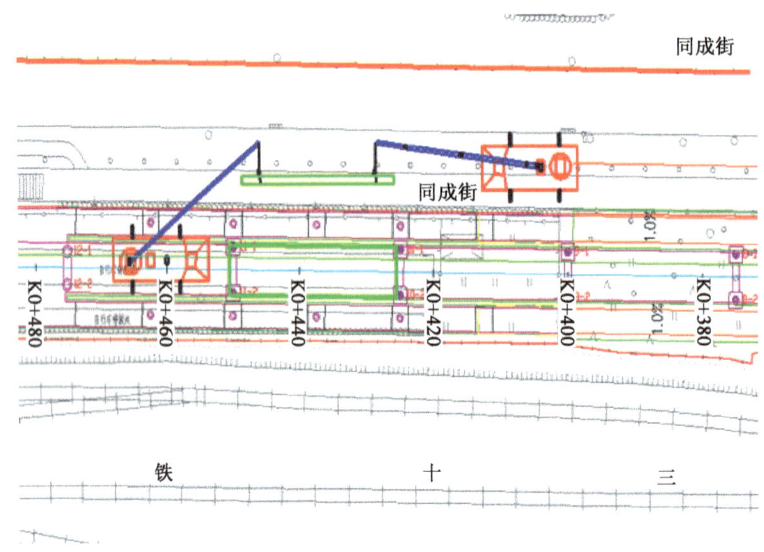

图9-41　邻近地铁站处钢梁吊装吊车站位示意图

(1)钢梁吊装施工采用2台汽车吊抬吊的方法,汽车吊分别布置于待安装跨前后墩柱的外侧,吊装作业由1名专业信号司索工统一指挥,同步起吊安装。

(2)吊车平行于桥梁方向布设。待吊装构件空中平移时,需严格控制移动速度,并确保吊装构件不侵占地铁13号线的线路空间。

(3)吊装过程中,禁止将吊装构件移动至地铁线路范围内,禁止吊臂伸入地铁线路范围内。

(4)钢梁吊装作业时,必须有现场安全员在场。

(5)钢梁吊装必须一次性安放到位,禁止长时间悬举,禁止吊车熄火举臂。

(6)吊装前安排专人进行交通导改,在吊装作业位置的前后方向均配备专人指挥交通,防止出现交通事故。

(7)吊装前对吊车站位位置地基进行检查,必要时进行硬化处理。

(8)钢梁安装过程中对临时支墩变形及沉降情况进行监测,防止临时支架失稳。

9.7　栏杆安装工艺及安全控制措施

9.7.1　施工工艺流程

根据本工程栏杆设计结构形式,不锈钢护栏安装的工艺流程如图9-42所示。

栏杆通过吊车吊至桥面安装位置附近,不得集中堆放,以免产生集中荷载。当天吊装至桥上的栏杆数量不得超过当日计划安装量。螺帽等小型材料用铁箱集中存放,防止散落。立柱钢板吊装至桥上后由专人负责发放至安装位置。

由于单块护栏立柱重量较大,应采用自制的四轮手拉葫芦吊具配合安装。安装时三人一组,一人看管吊具,一人负责定位,一人负责紧固螺栓。

9.7.2　安全控制措施

栏杆施工时可能发生物体坠落，需采取以下防护措施防止出现安全事故。

(1)加强对吊车操作人员的监督及安全培训，有针对性地对吊装作业人员进行栓绑、起吊、信号手势、定位绳拉拽、吊物定位等安全操作培训，加强吊车操作人员与吊装作业人员之间的沟通。

(2)吊车尽量布设于顺桥向方向(墩与墩之间)，所有的吊装作业在施工围挡内完成。

(3)所有吊装均应设置麻绳并由专人牵引，防止摆动。

(4)所有吊装构件尽量运至安装位置最近处，减小吊装移动范围，严禁吊车斜拉硬拽。起吊、旋转时速度要均匀平稳，以免重物在空中摆动发生危险。

(5)吊车支腿必须严格按照规范设置在硬质地基上，吊车的中前部位设置副支腿，以防止吊车倾覆。

(6)邻近地铁侧的栏杆安装作业应在地铁停运后进行。

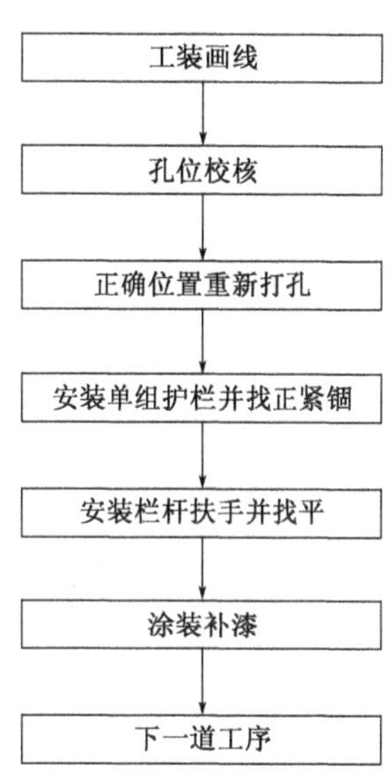

图9-42　栏杆施工工艺流程图

9.8　路基、路面施工工艺及安全控制措施

9.8.1　施工工艺流程

路基的施工工艺主要包含：施工准备、测量放线、清除表土、地基处理、分层上料、摊铺整平、碾压、边坡修整、坡面防护。

路面基层的施工工艺主要包含：施工放样、准备下承层、摊铺混合料、整型、碾压、接缝及调头处处理、养生、检查验收。

路面面层的施工工艺主要包含：施工准备、沥青混合料拌和、沥青混合料运输、沥青混合料摊铺、沥青混合料碾压、施工接缝处理、开放交通。

9.8.2　安全控制措施

本工程邻近地铁13号线的路基为低填方路基，填方最大高度2.2m，距离地铁防护隔离栅的距离大于10m，施工时的机械振动对地铁路基产生的影响极小。本工程的主要隐患为施工机械停放对地铁站造成的侵限。针对事故发生原因，对邻近地铁段路基路面施工采取以下防范措施。

1)施工围挡

施工区域采用硬质围挡进行围护，禁止外来车辆进入。在距离围挡2m处设置锥桶及警示标志，严禁施工车辆靠近停放。

2)换填施工

换填施工期间安排专人对现场机械进行调度、指挥，以便合理安排工序，缩短施工时间。

在换填施工的全过程中，对地铁范围内的施工区域进行专人看护，禁止大型机械及车辆进入。压实机具选用18t以上压路机，在保证施工质量的前提下对压实遍数及压实方法进行调整，尽量避免振动碾压对地铁正常运营产生影响。

3）路面结构层施工

施工范围内安排专人对车辆进行指挥，禁止在靠近地铁13号线的线路一侧停放车辆。在邻近地铁施工时应选用合理的施工机具进行作业，作业前对施工人员进行全面安全、技术交底。压实机具选用18t以上压路机，在保证施工质量的前提下对压实遍数及压实方法进行调整，尽量避免振动碾压对地铁正常运营产生影响。

9.9 监控量测措施

由于岩土参数的复杂多变性，本工程施工可能引起邻近地层及地铁13号线桥梁结构的变形。为及时掌握施工中地铁13号线的结构变形情况，同时对可能发生的安全事故提供及时、准确的预报，故对地铁13号线的变形进行全天候的监控量测。通过监控量测工作，为地铁13号线结构和运营的安全提供依据，保证自行车专用路施工期间地铁的正常运营安全。

9.9.1 控制指标

监控量测数据的控制指标主要依据《安宁庄东路下穿地铁13号线龙泽站—西二旗站区间高架工程地铁13号线龙泽站—西二旗站桥梁结构及轨道结构安全性影响评估》及北京城建设计发展集团股份有限公司编制的《昌平回龙观至海淀上地地区自行车专用路工程邻近既有地铁13号线工程安全性影响评估报告》，如表9-4～表9-6所示。

地铁13号线结构变形控制指标（mm） 表9-4

结构	控制指标	预警值	报警值	控制值
既有路基	竖向变形	-0.7	-0.8	-1.0
	横向变形	0.7	0.8	1.0
既有桥涵	竖向变形	-1.0	-1.2	-1.5
	横向变形	1.0	1.2	1.5
既有桥梁墩顶	竖向变形	-0.7	-0.8	-1.0
	横向变形	0.7	0.8	1.0
	相邻墩顶差异沉降	0.7	0.8	1.0
既有车站结构	竖向变形	-0.7	-0.8	-1.0
	横向变形	0.7	0.8	1.0

地铁13号线轨道结构变形控制指标（mm） 表9-5

控制指标	预警值	报警值	控制值
竖向变形	-0.7	-0.8	-1.0
横向变形	0.7	0.8	1.0

注：竖向变形以上浮为正、下沉为负。

地铁13号线轨道结构变形速率控制指标(mm/d)　　表9-6

结　构	变形速率
轨道结构	0.5

9.9.2　测点布设

监测方法包括自动化监测和人工静态监测两种。自动化监测的主要优点是监测精度高、数据采集及时、可实时掌握变形情况,主要监测内容是防护段范围内结构及轨道结构的竖向变形。自动化监测的测点一般只布置在邻近新建工程的左线,测点间隔不大于10m。

人工静态监测从全面监测角度考虑,监测范围覆盖整个影响区范围。具体监测内容包括:结构竖向、横向位移;轨道结构竖向、横向位移(复核自动化监测成果);轨道水平、轨距、高低、轨向、轨道扭曲(三角坑);道床裂缝情况。人工静态测点一般布置于道床面上,除自动化测点处需要布置对应的静态测点外,其余区段一般可按10~20m间距布设。

9.9.3　预警响应分级管理体系

根据地铁监测工程实际经验与《穿越城市轨道交通设施检测评估及监测技术规范》(DB11/T 915—2012),制定变形监控量测管理等级表,如表9-7所示。

变形管理等级表　　表9-7

预警状态	预警条件	预警响应	控制指标
黄色预警	实测累计值达到累计量控制值的70%且未达到80%时,或日变化速率达到变化速率控制值的70%未达到80%时	发送预警快报,加密监测并协助分析原因	详见上表
橙色预警	实测累计值达到累计量控制值的80%且未达到100%时,或日变化速率达到变化速率控制值的80%未达到100%时	发送预警快报,加密监测、启动会商机制,并采取调整施工进度及工艺等措施	详见上表
红色预警	实测累计值达到累计量控制值,或日变化速率达到变化速率控制值时,或日变化速率出现急剧增长时	发送预警快报,加密监测、启动会商机制和应急预案,并立即采取必要的补强或停止措施	详见上表

9.9.4　预警措施

(1)施工过程中对所有的观测数据进行记录整理,若数据发生异常,及时联系第三方监测单位进行数据对比,确认后采取相应的措施以确保地铁运营安全。

(2)施工过程中现场施工人员密切关注每日监控报告,向项目部全体人员及时通报监控数据分析结果。

(3)安排专人对施工情况进行监督,避免因意外导致对地铁结构产生的影响。

(4)施工过程中密切联系检测单位,如接到监测单位通知接近预警值时,施工单位将配合检测单位加大检测频率,并对施工工艺进行调整。

(5)如达到报警值时施工单位应立即下达停工指令,施工现场停止作业,并向地铁运营单位、建设单位汇报。按照预警响应分级管理体系要求,立刻组织相关人员查明原因,原因未查明前不得进行施工。

(6)如达到或超出控制值时施工单位将立即全面停止施工作业,并向地铁运营单位、建设单位汇报情况。启动会商机制,组织相关单位及专家会商,对施工工艺和施工技术进行重新审核,以确保地铁安全。

(7)使用震动压路机施工作业时,安排测量人员提前三天进行连续测量,在施工作业过程中及作业完成后进行加密监测,加强与第三方监测机构的联系,如发现异常情况应立刻停止作业。

9.10 邻近地铁施工应急预案

为进一步保证工程建设过程中地铁13号线的运营安全,重点针对可能发生的地铁事故如行车事故、火灾、机械设备倾覆、支架倾倒、吊装作业坠物、汛期路基塌方、既有线路基下沉、既有线信号设备损坏等,编制邻近地铁施工安全应急预案。

9.10.1 桩基塌孔

专用路桩基施工时,可能由于地质及钻机操作、技术等原因导致塌孔。为防止桩基塌孔,施工过程中主要采取以下措施:

(1)适当加大泥浆比重,控制孔内泥浆高度,及时补充泥浆。

(2)加长护筒埋置深度。

(3)按土层地质情况控制钻孔速度,按要求抽查沉渣情况和孔口垂直度。

一旦发生桩基塌孔,必须果断采取措施,立即停止施工。第一发现人员首先应高声呼喊,及时通知现场负责人和安全员,立刻进行回填处理。如现场有人员受伤,需拨打抢救电话“120”,并按以下应急预案开展后续工作:

(1)防护人员立即向地铁13号线的车站及相关设备管理单位报告。

(2)观察现场塌孔情况,如果造成地铁13号线既有路基塌陷或线路变形超限影响营业线行车安全的,应立即向地铁车站及相关设备管理部门汇报现场情况,启动应急预案。

(3)抢修前在现场显著位置安放应急程序铭文牌,详细写明步骤及内容,并设好防护。线路抢修时必须有设备管理部门安全监督人员在场,组织相关人员、机具、设备配合地铁站抢修线路及早恢复通车。

9.10.2 承台基坑坍塌

由于本工程承台基坑较浅,故采用放坡开挖工艺。施工时主要需避开雨天,如施工过程中突发降雨,应在基坑四周用土壤形成围挡,防止雨水汇入,并对基坑边坡进行覆盖。当基坑距离地铁线路及地铁站结构物较近时,承台开挖前应在地铁线路及结构物一侧打入钢板桩。当承台基坑发生坍塌时,主要采取以下方案:

(1)停止施工,查明坍塌原因。

(2)如不明确坍塌发生的原因,立即组织人员对邻近沉降观测点进行复核。如一切正常,则坍塌段按要求处理后方可继续施工;如塌方已对邻近地铁线路或结构物造成影响,应立即上报地铁运营单位,以便及时做出地铁停运的决定并开展抢修工作。

9.10.3　机械设备倾覆侵限

本工程的钢梁在工厂加工完成后使用汽车运输到施工现场,并用吊车进行吊装。为防止机械设备倾覆风险,施工过程中主要采取以下措施:

(1)吊车站位于墩台中间或远离地铁13号线的一侧。

(2)小型构件吊装时,由专人负责反方向牵引绳。

(3)距离地铁隔离栅10m处设置警示标志,警示吊装作业必须安排在地铁停运时间段进行。

(4)钢筋笼应放置于远离地铁13号线一侧,且起吊点位置邻近地铁一侧,避免起吊时因钢筋笼受力不均而侵限地铁线路。

(5)在回龙观地铁站附近吊装钢箱梁时,吊车应站位于同成街非机动车道及人行道。

当发生大型机械设备倾覆侵限时,应采取以下应急预案:

(1)防护人员立即报告地铁车站及相关设备管理单位。

(2)观察现场侵限情况,如果造成地铁13号线线路变形超限影响营业线行车安全的,应立即向地铁车站及相关设备管理部门汇报现场情况,启动应急预案。

(3)发生设备倾覆等重大人员伤亡事故,发现人必须第一时间报告项目应急小组,项目部接报后立即启动应急救援预案,并联系医疗急救中心、消防队等,做好救援准备,并向建设单位和监理报告情况。

(4)应急救援小组到达事故现场后,根据事故状态及危害程度做出相应的应急决定,各应急救援队在确保安全的情况下立即开展救援工作;组织人员封锁事故现场,加强警戒和巡逻检查。

(5)抢险抢修队达到现场后,应急救援小组下达抢修指令,进行伤员抢救和设备抢修,控制事故以防止事故扩大。

(6)事故救援中要妥善保存现场重要痕迹、物证等,以便开展后续事故调查工作。

9.10.4　火灾

本工程部分段落位于城市绿化带和林地内,因施工现场存在动火作业,需加强对火灾的预防管理。为防止火灾发生,施工过程中主要采取以下措施:

(1)钢梁焊接时在焊接部位搭设全封闭挂篮防护,确保无焊渣掉落伤及人员、车辆或引发火灾。

(2)北京市秋冬季节地面有大量的落叶、枯草,为防止作业时发生火灾,应安排专人及时清理地面落叶、枯草等易燃物。

当发生火灾时,应采取以下应急预案:

(1)发现火灾险情第一人首先应大声呼救,组织火灾现场附近的施工作业人员进行扑救,并立即向项目管理人员及应急小组报告。

(2)项目应急小组接到火灾险情后,立即赶赴火灾险情现场组织人员进行扑救。

(3)若火势较大不易控制,立即通知消防管理部门,报告火灾类型、地点等详细信息。如火灾向地铁13号线线路方向蔓延,应同时通知地铁相关部门启动应急预案。

(4)火灾事故扑救工作完成后,应急小组应对现场进行保护,防止人为破坏现场,等待调查人员调查火灾事故发生的原因。同时对火灾现场进行必要的清理,将环境污染降低到最低限度。

9.10.5 高处坠物

本工程桥梁施工时存在大量的吊装及临边作业。为防止高处坠物事故的发生,施工过程中主要采取以下措施:

(1)临边施工区域下方存在现况道路的,应该搭设安全通道。

(2)高空作业人员必须经过现场培训、交底后执证上岗,安装人员必须系好安全带。施工时按作业环境做好防滑、防坠落措施。

(3)起吊过程中禁止起吊散装物体,起吊时下方不能站人。

(4)垂直交叉作业时现场需有专人指挥,并用安全网做好防护措施。

当发生高处坠物时,应采取以下应急预案:

(1)一旦发生高空坠物事故,应急救援小组负责拨打急救电话,医疗小组组织抢救伤员,技术人员负责保护现场。

(2)如高空坠落物侵限地铁既有线或地铁站结构物,应立即联系地铁站相关工作人员,同时组织人员进行现场抢救及清理,防止事件扩大。

9.10.6 结构物变形

专用路施工过程中必然会对周围地层造成扰动,从而影响到周围的结构物,严重时可能危及结构物安全。因此施工前应对拟定的施工方案进行变形预测,并对建筑物的安全性能做出预测。当发生结构物变形时,应采取以下应急预案:

(1)项目值班领导接到险情报告后,立即到事发现场勘察,查明险情,必要时立即疏散居民,并妥善安置至附近宾馆,防止出现伤亡事故。

(2)在疏散居民的同时向各级管理部门报告,对抢修所需的物资进行估算。

(3)立即组织抢险小组对房屋进行支顶、注浆等应急加固措施。首先注浆加固土体,以提高地层的密实性、刚度、强度及抗扰动性。注浆时要保证建筑物整体均匀抬升,掌握好控制标准,保持各项指标恢复的协调性。同时,在注浆过程中要做好建筑物结构的精确监测,严格根据监测信息指导注浆的各项技术参数。

(4)在抢修过程中加强对既有建筑物的监测,对建筑物结构的裂缝进行跟踪观察,密切注意裂缝的发展情况。施工完成后,由权威部门评估裂缝对建筑物耐久性和强度的影响程度,再根据评估结果采取相应的处理措施。

9.10.7 防风

北京市的大风天气多为突发阵风，尤其在临近地铁13号线附近施工时，特别需要做好突发阵风天气时候的应急措施，避免影响13号线的正常运营安全。首先需要在现场安装测风仪，随时监测大风情况；其次，与当地气象部门加强联系，了解近期气象预报以做到心中有数，一旦遇到大风天气可及时做出部署。当发生大风天气时，应采取以下应急预案：

(1)对已施工完成的支架体系必须设置缆风绳和地锚防护。

(2)六级以上大风天气时禁止吊装作业，非作业期间锁定起重设备的起重臂，防止随风转动。

(3)施工现场的各种小型材料、机具等必须放置牢固，杜绝任何物体被大风吹走。

(4)箱梁架设后及时在靠近地铁一侧加设高强度密目网，防止施工现场的杂物被大风吹进地铁限界，造成侵限停车事故。

(5)大风天气加强现场巡视工作，发生物体侵限时及时与地铁有关部门联系，采取应急处置措施。

9.10.8 其他意外事故

除上述几种在临近地铁13号线施工时可能发生的事故外，还有可能发生物体打击、机械伤害、触电、中毒、撞伤等事故。为防止这些事故的发生，施工过程中主要采取以下预防和应急措施：

(1)项目经理部每月组织一次安全教育，班组利用班前讲话进行安全教育，并根据要求组织考试。

(2)每个季度对抢险队进行一次安全知识及抢险、伤员抢救训练，根据情况请专职医务人员进行常用抢救方法的培训。

(3)针对伤亡或中毒事故制定安全管理制度、事故报告制度及调查处理制度，由安全员根据管理制度实施监督检查，如发生事故首先向现场值班员或主管领导汇报，并逐级上报安全管理部门和主管领导，同时保护好事故现场，并组织相关人员进行抢救。

当发生电击、物体打击、高空坠落、中毒等事故时，应采取以下应急预案：

(1)发生电击后必须首先切断电源，用绝缘物体挑开电线、电器，或用带木柄的斧头砍断电线，严禁用手直接拉扯伤员。对呼吸暂停者进行人工呼吸，继以气管插管，用呼吸机维持呼吸。对心跳停止者在其胸前区叩击数下，如仍无心跳则进行胸外心脏按压，有条件者可考虑开胸直接挤压心脏。待病人复苏后继续进行综合治疗。

(2)当发生高处坠落时，应注意摔伤及骨折部位的保护，避免因不正确的抬运使骨折错位造成二次伤害。疑似脊椎骨折时必须用木板床水平搬动，绝对禁止头部、躯体、脚部非水平移动，有创口时应及时包扎及止血。患者骨折端应妥善、简单地固定，固定的松紧要合适，固定时可紧贴皮肤垫上棉花、毛巾等松软物。

(3)施工现场应备有足够的防毒面罩，一旦发现施工中出现毒气，应立即佩戴好防毒面罩，现场生产负责人应立即组织人员撤离施工现场。

(4)所有工作人员应牢记紧急救助电话电话：急救电话120，火警电话119，报警电话110。

9.10.9 培训和演练

应急培训和演练主要针对以上可能发生的应急情况，使现场工作人员了解和掌握如何识别危险、如何采取必要的应急措施、如何启动紧急情况报警系统、如何安全疏散人群等具体操作等，最大限度地预防和减小事故发生带来的影响。应急培训和演练需要注意以下两个方面：

(1)开工前首先确定应急预案，组织进场人员进行应急预案培训，聘请相关部门专家及技术人员进行指导和演练，合格后方能开工。

(2)制订详细的培训和演练计划，利用施工间隔及无法进行施工作业的天气，见缝插针地组织人员进行培训和演练。对新入场的工作人员进行及时培训，使其具备完成应急反应任务所需的知识和技能。

本章参考文献

[1] 新建昌平回龙观至海淀上地地区自行车专用路工程影响既有地铁 13 号线工前检测[R]. 北京市建设工程质量检测中心,2018.

[2] 安宁庄东路下穿地铁 13 号线龙泽站—西二旗站区间高架工程地铁 13 号线龙泽站—西二旗站桥梁结构及轨道结构安全性影响评估[R].

[3] 昌平回龙观至海淀上地地区自行车专用路工程邻近既有地铁 13 号线工程安全性影响评估报告[R]. 北京城建设计发展集团股份有限公司,2018.

[4] 中华人民共和国行业标准. 建筑施工临时支撑结构技术规范:JGJ 300—2013[S]. 北京:中国建筑工业出版社,2013.

[5] 中华人民共和国行业标准. 建筑施工起重吊装工程安全技术规范:JGJ 276—2012[S]. 北京:中国建筑工业出版社,2012.

[6] 中华人民共和国行业标准. 公路工程质量检验评定标准:JTG F80-1—2017[S]. 北京:人民交通出版社股份有限公司,2017.

[7] 中华人民共和国地方标准. 穿越城市轨道交通设施检测评估及监测技术规范:DB11/T 915—2012[S]. 北京市质量技术监督局,2012.

[8] 中华人民共和国地方标准. 城市轨道交通设施养护维修技术规范:DB11/T 718—2010[S]. 北京市质量技术监督局,2010.

第10章 路基施工

建筑垃圾是伴随人类生产、生活而产生的固体废弃物。随着工业化和城市化的推进，建筑垃圾的产生量和成分也大量增加和变化。建筑垃圾已直接或间接地影响生态环境，对城市的发展、人类的健康和生存造成严重威胁，使得建筑垃圾产生与消纳的矛盾日益突出。我国建筑垃圾排放高峰期已到来，建筑垃圾总量已占到城市垃圾总量的30% ~40%。

2005年6月1日，原建设部颁布了《城市建筑垃圾管理规定》（中华人民共和国建设部令第139号），标志着我国建筑垃圾处理已步入规范管理的轨道。然而，建筑垃圾的处理涉及诸多环节，任何环节的疏忽都会带来环境、社会和经济影响。2006年12月起，北京市规定渣土砂石运输车辆必须持有绿色环保标志，并符合《流散物体运输车辆全密闭装置通用技术条件》（DB11/T 158—2002）规定的机械式全密闭装置，施工单位要优先选用有绿色环保标志的车辆承担渣土砂石等运输工作。

建筑垃圾的主要成分和特点有：

（1）由碎混凝土、碎砖瓦、碎砂石土等无机物类构成。

（2）化学性质稳定：建筑垃圾的化学成分主要是硅酸盐、氧化物、氢氧化物、碳酸盐、硫化物及硫酸盐等，这些成分属于无机材料，耐酸、耐碱、耐水性好。

（3）物理性质稳定：颗粒大、透水性好、不冻涨、塑性小，同时具有相当高的强度、硬度、耐磨性、冲击韧性、抗冻性、耐水性等。

总体来说，建筑垃圾具有相当好的物理和化学稳定性，其性能优于黏土、粉性土甚至砂土和石灰土。这些性质决定了建筑垃圾经过处理后将是一种很好的建筑材料，同时也可以解决城市建筑垃圾排放污染土地的问题。

10.0.1 路基概况

自行车专用路路基桩号为K2 +896.79 ~ K5 +461.109，路面宽6m，两侧路肩各宽0.75m。其中，出入口横断面布置为：0.75m（路肩）+6m（行车道）+1.5m（隔离带）+2.93m（出入口车道）+3.4m（龙域环路人行道）。终点渠化段横断面布置为：0.75m（路肩）+9m（行车道）+0.75m（路肩）。

施工过程中发现K3 +220 ~ K4 +340段存在大量的建筑生活垃圾，根据地勘报告及现场开挖探坑结果，初步估算约有10000m^3，长度约1200m，平均厚度约3m，最厚处达4.3m。地勘报告统计图如图 10-1 所示，现场探坑图如图 10-2 所示。

地层岩性及土的物理力学性质综合统计表

工程名称： 昌平回龙观至海淀上地地区自行车专用路工程

成因年代	土层编号	土质描述							综合统计指标	土质数据																						
		岩性	颜色	密度	湿度	稠度	强度	断面状态与含有物		含水量 w (%)	天然密度 ρ (g/cm³)	饱和度 S_r	孔隙比 e	塑限 w_p (%)	塑性指数 I_p	液性指数 I_L	压缩模量 E_s(MPa) P_z~ P_z+100 (kPa)	P_z+200 (kPa)	P_z+300 (kPa)	P_z+400 (kPa)	有机质含量 w_p (%)	天然快剪 黏聚力 c (kPa)	天然快剪 内摩擦角 ϕ (°)	轻型动探 N_{19}	标准贯入 N	重型动探 $N_{63.5}$	剪切波速 v_s (m/s)	压缩波速 v_p (m/s)	静力触探 端阻 q_c (MPa)	静力触探 侧阻 f_s (kPa)	渗透系数 垂直 $k20$ (cm/s)	渗透系数 水平 $k20$ (cm/s)
人工堆积层	①	粉土素填土	黄褐	稍密	稍湿	/	较软	局部含粉质黏土夹层，砖块、灰渣、植物根系	平均值		1.80											10	10.0	26	10							
									最大值	(经验值)												(经验值)		34			211					
									最小值															16			120					
									变异系数																							
									样本数															7	1							
人工堆积层	①$_1$	房渣土	杂	稍密	稍湿	/	中	砖块、灰渣，局部为混凝土路面	平均值		1.85											0	10.0		6							
									最大值	(经验值)												(经验值)			7		211					
									最小值																5		159					
									变异系数																							
									样本数																3							

图 10-1　地勘报告统计图

图 10-2　现场探坑图

如将此段建筑生活垃圾作弃运处理，一方面会产生高额的垃圾消纳费及垃圾清运费（北京市昌平区建筑垃圾消纳费用为 130 元/m^3）；另一方面，施工现场地处生活居住小区附近，对文明施工及环境保护要求更高，清运和堆放过程中的遗撒、粉尘、扬尘等问题又加重了环境污染，给城市的环境治理造成了巨大压力。此外，本工程施工场地局促，进出施工现场只有一条道路，无法满足建筑垃圾运输车辆的通行条件，在客观上制约了建筑垃圾外运消纳和外购土方的运输。

综合以上因素,本着"资源利用,节能环保"的原则,经多次现场勘察、专家讨论、专题研究,在确保工程质量的前提下,最终采用了分层碾压建筑砖渣的特殊路基处理方法。

10.0.2 施工工艺流程

填筑断面形式示意图如图 10-3 所示。

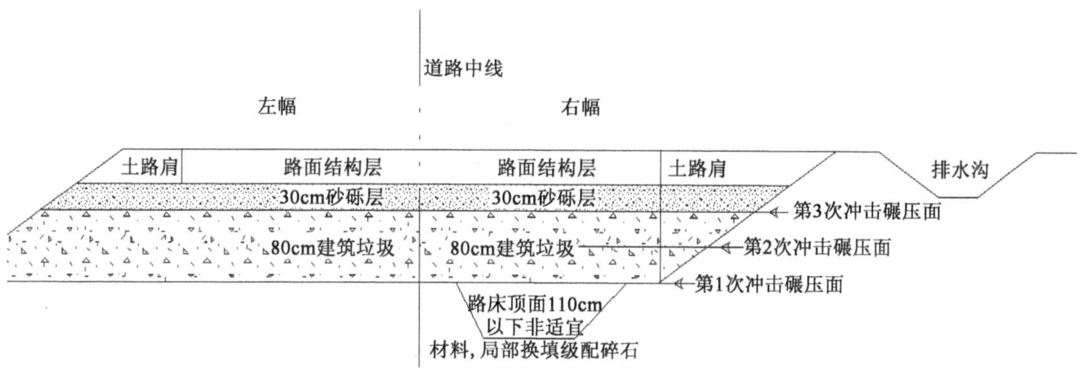

图 10-3 填筑断面形式示意图

1)建筑垃圾倒运、分拣

受施工场地限制,为减少粉尘污染,采用分段填筑、倒运、分拣的方法。依据实际情况将建筑生活垃圾存在区域分为两段:K3 +220 ~ K3 +700 和 K3 +700 ~ K4 +340。首先将 K3 +220 ~ K3 +700 范围内的建筑垃圾挖出,倒运至 K3 +700 ~ K4 +340 范围内,并在倒运中进行分拣。开挖到路床顶面 110cm 的位置后进行基底处理,通过验收后将已分拣的建筑垃圾进行回填。完成 K3 +220 ~ K3 +700 段回填后,采用同样的方式对 K3 +700 ~ K4 +340 段建筑垃圾进行倒运和分拣,从而完成整个建筑垃圾段落的路基施工。

2)路床顶面 110cm 以下

开挖至路床顶面以下 110cm 后进行验槽,开挖坡度按照 1:1.25 设置。若此高程以下依旧存在非适宜的填筑材料,经确认后换填级配碎石,确保路基的碾压质量。两侧坡脚各超宽 50cm 清理,掘除完成后用推土机、平地机平整、人工清理表层个别裸露的大块混凝土块和建筑垃圾,冲击式压路机碾压致密并进行 K30 平板载荷试验检测。压实情况经监理验收合格后进行下一道工序。

3)路床顶面 30 ~ 110cm

路床顶面 30 ~ 110cm 区域分两层填筑,填筑材料为已分拣的建筑垃圾。采用冲击式压路机进行碾压,每层厚度 40cm。

(1)摊铺、分拣

采用平地机配合装载机进行建筑生活垃圾的摊铺施工。按照设计厚度计算每车料的铺筑面积,采用运输方量大致相同的运输车进行运输。将已分拣完成的建筑垃圾进行卸料,卸料时由专人指挥。形成许多密集的填料堆后,装载机开始作业,将混合料堆进行大致整平。若仍有个别较高的堆体,通过人工整平使其表面基本平整。摊铺整平的过程中,对填料中的非适宜性材料(树根、垃圾等)进行二次分拣,确保填料中不存在非适宜性材料。

装载机整平 20 ~ 30m 后开始进行稳压。稳压的目的是为冲击式压路机创造稳定的施工条件。稳压采用 22t 的震动压路机进行碾压，碾压时采用静压施工，速度不宜过快，由低到高全幅碾压一遍。稳压后，测量人员应检测高程并做标记，随后根据稳压后的建筑垃圾虚铺厚度进行刮平作业。

(2)碾压

碾压作业基本以冲击式压路机碾压为主，光轮压路机微振密实为辅。施工过程中应适当焖料，以确保含水量适中。碾压速度控制在 3km/h，轮迹重叠 0.4 ~ 0.5m。碾压第 10 遍以前前，如果目测发现粒径较大，暂时不需要进行相关检测。碾压 10 遍后平地机粗平，此后继续碾压。碾压第 20 遍时，建筑垃圾的颗粒直径基本在 3cm 以下，且与碾压 16 遍后的筛分试验较为接近，满足压实度要求。挑拣出少量未碾碎的钢筋混凝土块，按照路面横坡进行平地机精平，之后平轮压路机再碾压 2 遍。

(3)检验

本次压实效果检验主要采用沉降率法、弯沉检测法和 K30 平板载荷试验。

①沉降率法：通过对 K3 +600 ~ K3 +900 的 9 个断面进行检测，每个断面的相对变形变化不大，呈波浪状分布，波动范围为 0 ~ 3mm，其中相对变形值以 1mm 为主。之所以呈现波浪状的变化规律，主要是由路基填料的不均匀性造成的。而其相对沉降的变化范围为 0 ~ 3mm，且以 1mm 为主，表明路基填料的刚度较大，稳定性较好。

②K30 平板载荷试验：施工过程中开展承载板试验，测出每级荷载下相应的路基回弹变形值，经过计算求得地基系数。各层的地基系数分别为：底层地基系数 K_s 为 140.91 ~ 180.10MPa/m；第一层地基系数 K_s 为 140.10 ~ 178.13MPa/m；第二层地基系数 K_s 为 140.38 ~ 174.01MPa/m，各层的地基系数均满足一般路基要求。

③弯沉检测法：由于材料颗粒的不均匀性及多样性，导致无法得到每个层次的弯沉检测具体参数，因此本次检测中提高了技术要求，将路床顶面层的弯沉技术指标作为各层的弯沉检测技术指标。在机械组合碾压 15 遍时，通过试验检测弯沉代表值为 263(1/100mm)，未达到拟定的弯沉要求值；当碾压达到第 20 遍时，弯沉代表值为 196(1/100mm)，满足施工要求。

综上所述，K30 平板载荷试验检测较为复杂；弯沉检测由于材料颗粒的不均匀性及多样性，不能提出具体的技术参数。最终施工时采用了较为直观的沉降观测法，同时利用 K30 平板载荷试验检测和弯沉检测进行对比，以进一步验证沉降观测法的可行性。

10.0.3 路床顶面下 0 ~ 30cm

为进一步加强建筑垃圾填筑段的路基填筑质量，同时更好地保障建筑垃圾填料与路面结构层半刚性材料的衔接，本工程在路床顶面以下 0 ~ 30cm 范围内使用碎石土进行填筑。

1)素土填筑

按照土方路基“划格上土、挂线施工、平地机整平”的施工要求进行全宽填筑和碾压。根据松铺厚度、车载方量计算划分灰格，均匀卸土。首先用推土机初平，摊铺过程中对高程控制杆进行保护。在推土机摊铺平整的同时，对填料进行人工检查，清除颗粒直径大于 15cm 的填料石块。

2)碎石撒布

素土填筑初平后进行碎石撒布,为了控制碎石撒布的均匀性以及撒布量,在素土填筑初平后进行画格定量撒布。撒布过程中,严格按照试验室标准试验给出的掺配比例进行均匀撒布,并安排专职人员对撒布均匀性进行检查。

3)拌和

为保证拌和均匀,采用路拌机进行拌和(拌和深度在35~40cm)。路拌机的控制速度为2.5m/min,每次拌和重复搭接20cm,确保不出现遗落及边角拌和不到位的情况。

4)碾压

拌和均匀后,先用振动压路机1挡(2.5~4.0km/h)静压一遍;接着采用低频振动碾压一遍,高频振动碾压一遍,最后采用振动压路机静压一遍。在第二遍弱振后,用灌砂法检测压实度,每碾压一遍后检测压实度一次,直到压实度达到设计要求为止。

碾压前对填土层的松铺厚度进行检查,符合要求后方可进行碾压。用振动压路机进行碾压,先静压后振动碾压。碾压时直线段路基采用两边向中间碾压的方法,压路机的碾压行驶速度不超过4km/h,行与行轮迹重叠0.4~0.5m,横向同层接头重叠0.4~0.5m,相邻两区段纵向重叠1.0~1.5m,碾压达到无漏压、无死角,确保碾压均匀;曲线段按照先内侧后外侧、纵向进退错行碾压。交接处相互重叠压实,行与行的轮迹重叠为后轮宽度的1/2,前后相邻两段的纵向搭接长度为2m。

5)检测

压实度检测使用灌砂法。检验频率为每200m每层至少检验2点,不足200m时检验2点,必要时可根据需要增加检验点。

10.0.4 安全控制措施

(1)开工前组织全体工作人员进行生态资源环境保护知识学习,增强环保意识。对所有进场的机械设备进行进场前验收,并安装感应报警器,验收合格后方可进场施工。同时要求所有特种作业人员必须持证上岗,按规定对施工所需的设备进行维护保养,确保现场使用的设备具有良好的机况。

(2)施工现场采取全封闭围挡,在危险源处悬挂告知牌和红灯示警标志。所有进入施工现场的人员必须佩戴反光背心,严禁在施工现场随意走动,以防机械伤人。合理安排施工组织计划,最大限度地避免夜间施工扰民。

10.0.5 本章小结

1)环保效益分析

首先,建筑垃圾分拣后就地充分利用,有效避免了消纳过程中的扬尘污染及道路遗撒问题,减少了路基土方填料在外借过程中造成的扬尘污染;其次,建筑垃圾集中分拣处理可有效地将污染控制在一定范围内,有利于各类环保措施的实施;再次,建筑垃圾利用后减少了垃圾消纳厂处理过程中造成的环境污染和资源消耗;最后,后续施工中如果再次面临建筑生活垃圾问题时,可借鉴本工程的施工经验,在保证工程质量的前提下充分利用建筑生活垃圾,减少环境污染,对环境保护起到更为深远的影响。

2)经济效益分析

本工程施工完成后,对经济效益分析如下:

全部挖除建筑垃圾,换填适应性土方:路基挖方单价 14.64 元/m^3;外借土方单价 36.16 元/m^3;北京市昌平区消纳单价 130 元/m^3;方量(路床顶面 30～110cm 范围内):1200×0.8×10.7=10272(m^3),成本①:10272×(14.64+36.16+130)=192.2(万元)。

利用分拣后的建筑垃圾填筑:利用土方单价 6.29 元/m^3;材料分拣费用单价(明细见表 10-1)76.7 元/m^3;冲击碾压单价 15 元/m^2;检测费用单价 2000 元/点,成本②:10272×(6.29+76.7)+15×1200×10.7×2+2000×28×3=124.0(万元)。

分拣材料费用明细表 表 10-1

<table>
<tr><th>序号</th><th>机械/人工</th><th>单位</th><th>数量</th><th>单价(元)</th><th>金额(元)</th><th>备　注</th></tr>
<tr><td>1</td><td>挖机</td><td>辆</td><td>3</td><td>2200</td><td>6600</td><td rowspan="6">1. 每小时分拣量:50m³,一天分拣 8 小时,共 400m³
2. 土方换算系数:2.3</td></tr>
<tr><td>2</td><td>装载机</td><td>辆</td><td>2</td><td>1600</td><td>3200</td></tr>
<tr><td>3</td><td>运输车</td><td>辆</td><td>6</td><td>1800</td><td>10800</td></tr>
<tr><td>4</td><td>人工</td><td>人</td><td>15</td><td>200</td><td>3000</td></tr>
<tr><td>合计</td><td></td><td></td><td></td><td></td><td>23600</td></tr>
<tr><td colspan="6">分拣材料单价:(23600/50×8)×2.3=76.7(元/m³)</td></tr>
</table>

成本差价:成本①－成本②=192.2－124.0=68.2(万元)。

通过以上经济效益数据可以明显看出,利用分拣后的建筑垃圾后,非但没有造成成本增加,反而节约成本近 70 万元。

3)质量保证可行性分析

建筑垃圾路基施工过程中必须高度重视压实工艺,只有对路基压实工艺进行严格的控制,提供足够的压实功,才能将砖块破碎、粒径变小、颗粒重新排列、填充孔隙,从而提高路基的整体强度与变形稳定性。但是还应注意将压实功控制在合理的范围内,既要保证充分地压实,又要避免过分地提供压实能量,从而导致粒径过小而不能实现连续级配。

在完成建筑垃圾填筑后进行弯沉验收,检测弯沉代表值为 184(1/100mm),达到设计规定的范围要求。施工完成后,成立建筑垃圾填筑质量追踪小组,通过质量追踪发现重车碾压过程中并未出现下沉、翻浆等路基病害,从而进一步验证了建筑垃圾经分拣处理后可用于路基填筑,工程质量及路用性能均能够得到保障。

本章参考文献

[1] 昌平回龙观至海淀上地地区自行车专用路工程施工图[Z].

[2] 昌平回龙观至海淀上地地区自行车专用路工程地勘报告[Z].

[3] 牛永宏,郭滕滕,王鑫. 建筑垃圾回填路基施工技术研究[J]. 筑路机械与施工机械化,2014,31(9):49-52.

[4] 陈福东. 城市道路路基填筑中建筑垃圾的处理[J]. 筑路机械与施工机械化,2008,25(9):

44-46.
[5] 赵文斌,王婧,贺夏曦,等.建筑碎渣在市政道路工程中施工质量要求和检测方法[J].建筑工程技术与设计,2016,20:1783-1783.
[6] 王勇,刘琼.市政道路路基处理中强夯施工的应用[J].建筑工程技术与设计,2017,21:2592-2592.

第11章

桥梁施工

我国作为桥梁、钢铁大国，随着城市建设的高速发展，钢结构桥梁设计、制造、施工等方面技术的日益成熟，钢结构桥梁已广泛应用于铁路、公路、人行天桥等钢结构体系中。钢结构桥梁具有自重轻、生产便捷、安装快捷、施工周期短、耐久性好、抗震性能好、回收利用率高、环保等综合优势。北京市自行车专用路全长5.46公里，其中桥梁长2.72公里，约占道路总长的50%。桥梁上、下部结构全部采用钢结构，为打造全国示范性自行车专用路亮点工程，对桥梁的结构、性能、外观等方面都提出了较高标准。

本章从钢结构加工和安装（墩柱、盖梁、箱梁）入手，重点介绍自行车专用路桥梁栏杆、墩柱铝扣板、伸缩缝、桥面铺装等重要步骤的施工工艺及关键技术措施。此外，本章还特别介绍了跨京藏高速公路段桥梁的施工组织及技术措施。

11.1 钢结构加工和安装

本工程桥梁一般采用2跨~4跨一联的多跨连续开口工字钢梁结构，与梯、坡道衔接处的平台采用简支钢梁结构。桥梁下部结构为H形或Y形钢墩柱，上部结构为开口工字钢结构主梁；出入口梯、坡道桥的下部结构为Y形钢墩柱、π形盖梁，上部结构为开口工字钢结构主梁。

11.1.1 钢结构加工工艺

11.1.1.1 钢墩柱

自行车专用路的桥梁墩柱采用钢结构形式，主线采用H形或Y形钢墩柱，Q420qD钢材，顺桥方向墩柱由上到下采用变化截面。出入口梯（坡）道桥下部结构采用Y形钢墩柱，顺桥方向墩柱由上到下采用变化截面；梯（坡）道桥梯脚采用钢筋混凝土结构，与地坪顺接。表11-1为钢墩柱统计表，图11-1为H形墩柱设计图，图11-2为Y形墩柱设计图，图11-3为钢墩柱施工工艺流程图。

钢墩柱统计表　　表11-1

墩柱部位	外　形	材　料	外观结构
主线	H形、Y形	Q420qD	由上到下采用变化截面
梯、坡道桥	Y形	Q420qD	由上到下采用变化截面

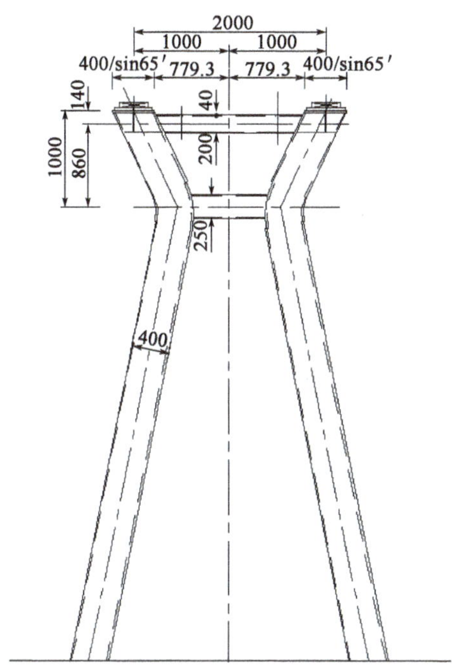

图 11-1 H形墩柱设计图(尺寸单位:cm)

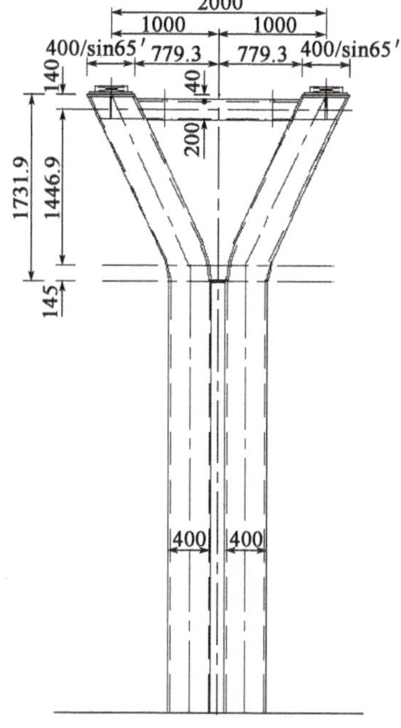

图 11-2 Y形墩柱设计图(尺寸单位:cm)

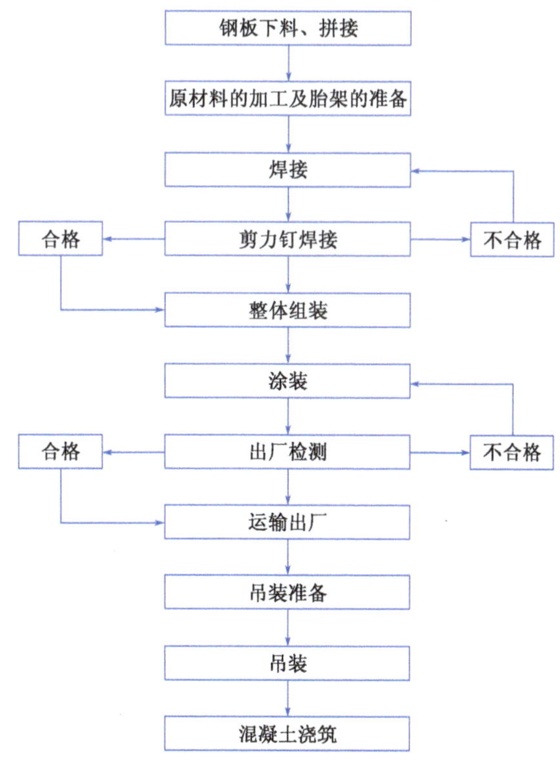

图 11-3 钢墩柱施工工艺流程图

钢墩柱的施工工艺流程如下。

1）钢板下料

本工程钢墩柱均为箱形结构，施工前采购所需钢材，然后在加工厂进行加工下料。下料时，墩柱直线段钢板采用多头直条火焰切割机下料，弧线段钢板采用数控火焰切割机下料。图 11-4 为钢墩柱下料施工现场。

图 11-4　钢墩柱下料施工现场

2）原材加工、胎架准备

钢墩柱腹板下料后，腹板的弧线部位使用卷板机进行卷制，腹板加工完成后在腹板上进行加劲肋的组装与焊接，调平后进行腹板与翼缘板的焊接拼装。

墩柱箱形本体胎架的立柱采用热轧 H 型钢，截面尺寸为 150mm × 150mm × 7mm × 11mm；构件托梁采用钢板条，截面尺寸为 100mm × 12mm。图 11-5 为墩柱箱形本体胎架搭设示意图。

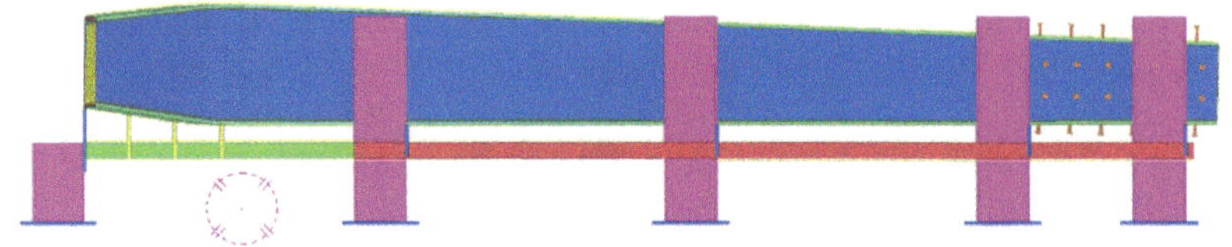

图 11-5　墩柱箱形本体胎架搭设示意图

3）钢墩柱焊接

钢墩柱翼缘板、腹板、柱顶板间的焊缝为全熔透焊缝，焊缝质量为一级；钢墩柱翼缘板、腹板、加劲肋间的焊缝为半熔透焊缝，焊缝质量为二级；柱间横梁与柱本体间的焊缝为全熔透焊缝，焊缝质量为一级。柱顶板与柱本体现场浇筑完成后进行焊接。剪力钉为圆柱头焊钉，采用电弧螺柱焊机或手工气体保护焊进行焊接。横梁内横隔板与下翼缘板、腹板三面焊接，与上翼缘板磨光顶紧。图 11-6 为钢墩柱翼缘板、腹板与顶板；壁板与加劲肋组对示意图，图 11-7 为钢墩柱焊接施工现场。

4）焊缝检验

焊缝检验包括外观检验和无损检验两类。焊缝外观检验的主要内容是：焊缝金属表面焊波应均匀，不得有裂纹、夹渣、焊瘤、烧穿、弧坑和针状气孔等缺陷，焊接区不得有飞溅物。焊缝无损检验的主要内容是：熔透焊缝需要专业熔透焊工进行焊接，以免造成内部返修，全熔透质量等级为Ⅰ级的焊缝应进行100%超声波检验。

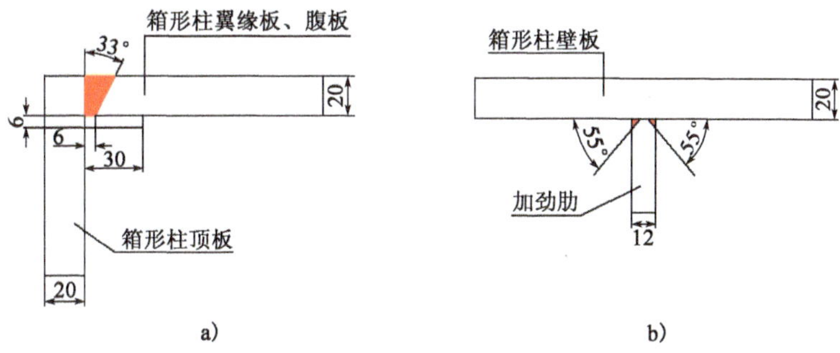

图11-6 钢墩柱翼缘板、腹板与顶板;壁板与加劲肋组对示意图

图11-7 钢墩柱焊接施工现场

焊缝检验的质量等级和探伤范围参考《公路桥涵施工技术规范》(JTG/T F50—2011)表19.6.2的要求。对于存在内部质量需要局部返修的焊缝,返修合格后应打磨光滑。构件二次装配的角焊缝不得存在明显宽窄不均、漏焊、焊偏、气孔、夹渣、未融合、焊瘤等缺陷。图11-8为钢墩柱焊缝质量合格外观。

a)

b)

图11-8 钢墩柱焊缝质量合格外观

5）整体组装

钢墩柱焊接完成后进行整体组装。为保证墩柱下部的安装尺寸及运输需要，在墩柱下底板以上150cm的位置设置辅助H形钢支撑。图11-9为钢墩柱组装示意图。

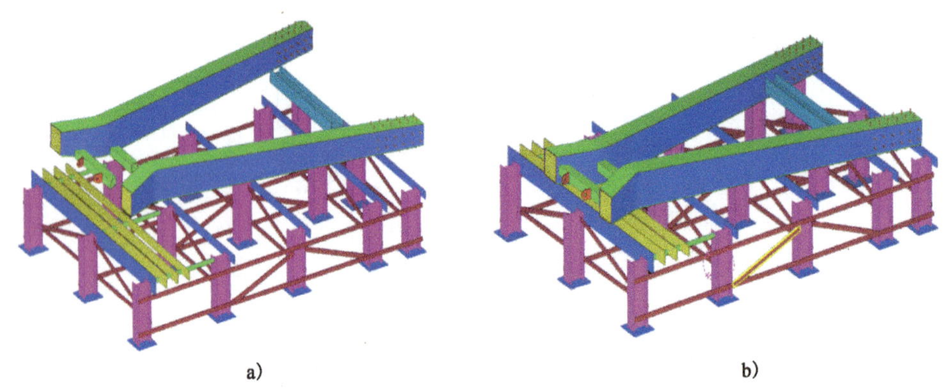

图11-9 钢墩柱组装示意图

6）涂装

钢墩柱的涂装采用喷涂、涂刷工艺。钢墩柱防腐涂装的具体要求见表11-2。

钢墩柱防腐涂装要求表　　表11-2

环境部位	涂　层	涂料名称	遍数	干漆膜厚度（μm）	干漆膜总厚度（μm）
钢墩柱	底涂层	环氧富锌底漆	1	60	240
	中间涂层	环氧云铁中间漆	2	100	
	面涂层	丙烯酸聚硅氧烷面漆（交通白）	2	80	

7）出厂检测

钢墩柱出厂前需要进行检测验收。出厂验收具体要求见表11-3。

钢墩柱出厂验收表　　表11-3

序号	验收项目	验收工具及方法	拟采用修补方法
1	焊缝外观质量	目测检查	焊接修补
2	现场焊接剖口方向角度	对照设计图纸	现场修正
3	构件尺寸	卷尺/靠尺	制作厂重点控制
4	构件吊耳	目测检查	补漏或变形修正
5	表面防腐油漆	目测、测厚仪检查	补刷油漆
6	表面污染	目测检查	清洁处理
7	质量保证资料与供货清单	按规定检查	补齐

8）运输

钢墩柱涂装晾干以后方可进行运输。重量在30t以内，无超宽、超高或者特殊作业要求的使用30t平板车；重量在30t以上，有超宽、超高或者特殊作业要求的使用液压轴线车。

运输前，首先在墩柱下方支好垫枕木并用土工布、棉布包裹。运输时，运输车辆按照货物装车的作业要求进入装车位置，待货物吊至运输车组上方后慢慢降低货物的高度，直至距运输车组载货平台 10 ~ 15cm 时停止，然后运输车组调整位置。此外，同步缓慢提升液压车组的高度，使货物与运输车组充分接触，直至完全承载在运输车组上后停止提升。待起吊机械完全卸荷后，使用相应等级的捆扎索具对货物进行加固。

9）钢柱墩安装

安装前首先对吊装场地进行整平、夯实，并对承台杯口的轴线进行放样并标记，在加工好的钢墩柱侧面标记与钢墩柱十字线对应的控制线。

钢墩柱采用大型汽车吊进行吊装。吊装时，在墩柱两侧安装缆风绳辅助吊装。将墩柱安装在承台杯口后进行校正，校正时先瞄准墩柱下部的控制线，全站仪照准部固定后再仰视墩柱顶部控制线，如果重合，表示该墩柱在此方向上是竖直的；如果不重合应进行调整，直到相互垂直的两个方向均符合要求为止。图 11-10 为 H 形、Y 形墩柱吊装示意图。

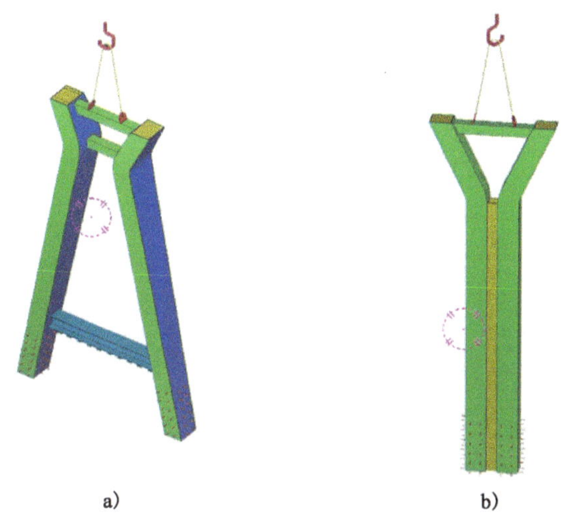

图 11-10 H 形、Y 形墩柱吊装示意图

钢墩柱初步校核后，即可增设缆风绳进行加固。墩柱底部采用 20mm 厚楔铁对柱脚进行焊接固定，以形成刚性节点。图 11-11 为 H 形钢墩柱缆风绳设置示意图，图 11-12 为 Y 形钢墩柱缆风绳设置示意图。

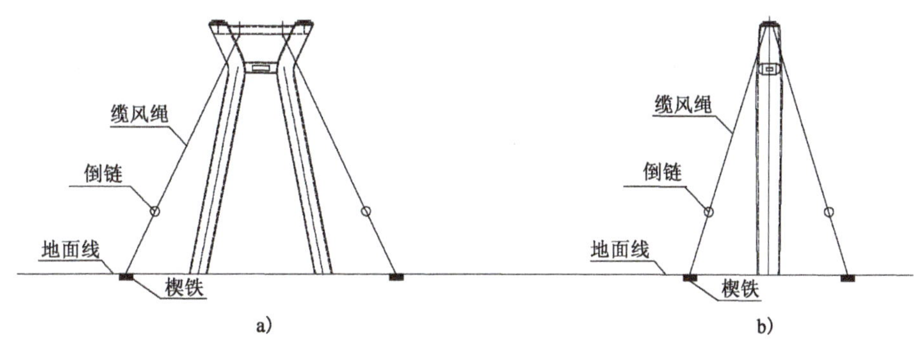

图 11-11 H 形钢墩柱缆风绳设置示意图

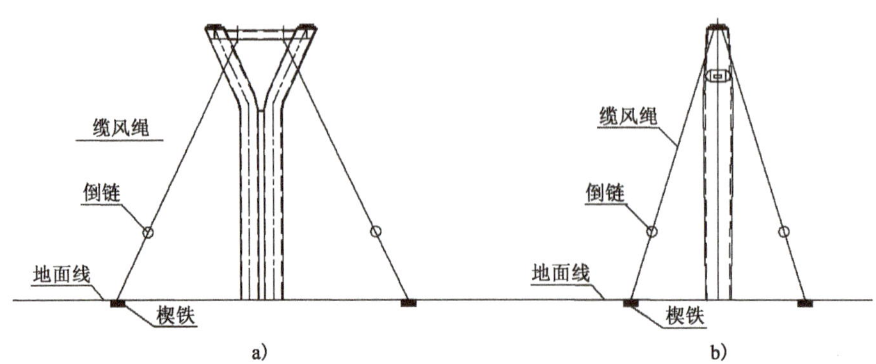

图 11-12　Y 形钢墩柱缆风绳设置示意图

10)墩柱混凝土浇筑

本工程采用特制的混凝土输送管,配合吊车起吊料斗或泵车进行墩柱混凝土浇筑。墩柱混凝土浇筑前先使用塑料布对柱体进行外包,防止柱体污染。混凝土通过输送管入模,保证混凝土的自由倾倒高度控制在 2m 以内,以免混凝土发生离析。

墩柱混凝土对称浇筑,在顶口下方放置混凝土输送管,输送管顶口与吊料斗用螺栓连接,吊料斗与输送管连接部位以上 10cm 的位置设置混凝土开关阀门。采用附着式振捣器对墩柱外部进行振捣,待混凝土浇筑至墩柱拐口时,采用插入式振捣器进行振捣。

因本工程施工工期为冬季,为了保证混凝土的养生质量,搭设保温棚对混凝土进行保温养生。在保温棚内部设置电暖器、热风炮,在保温棚四角底部安装温度计,在保温棚内放置水盆以增加棚内湿度。图 11-13 为钢墩柱保温棚外观图。

图 11-13　钢墩柱保温棚外观

11.1.1.2　π 形盖梁

π 形盖梁主要分布在出入口衔接平台及人行天桥,主要由上盖梁和下墩柱组成,均采用 Q420qD 钢材加工而成。π 形盖梁截面形式为变截面箱形,箱体内填充混凝土。图 11-14 为 π 形盖梁结构示意图。

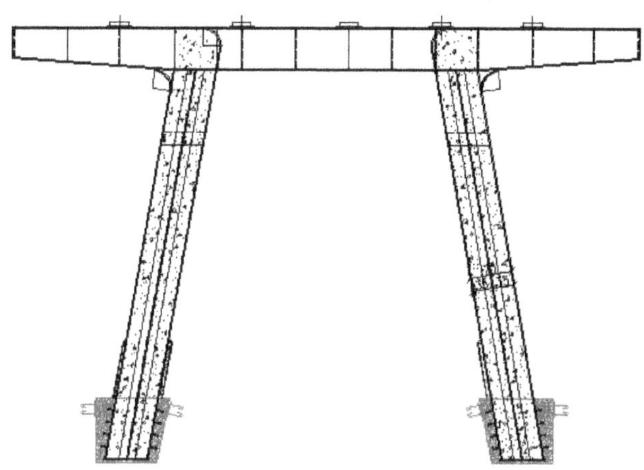

图 11-14 π 形盖梁结构示意图

1)分段

根据运输要求,π 形盖梁加工时不组焊在一起,分为两部分制作出厂,在施工现场组装焊接。图 11-15 为 π 形盖梁分段示意图。

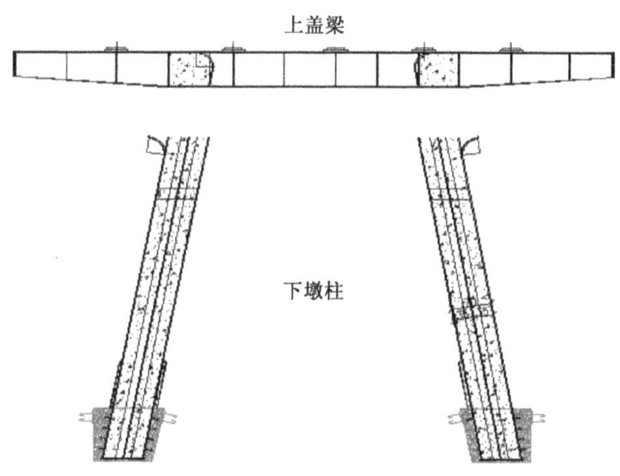

图 11-15 π 形盖梁分段示意图

2)下料

箱形柱腹板、上下盖板、加劲肋采用多头直条火焰切割机下料,横隔板采用数控切割机编程下料,坡口用半自动火焰切割机切割。图 11-16 为翼缘板、腹板的拼接示意图。

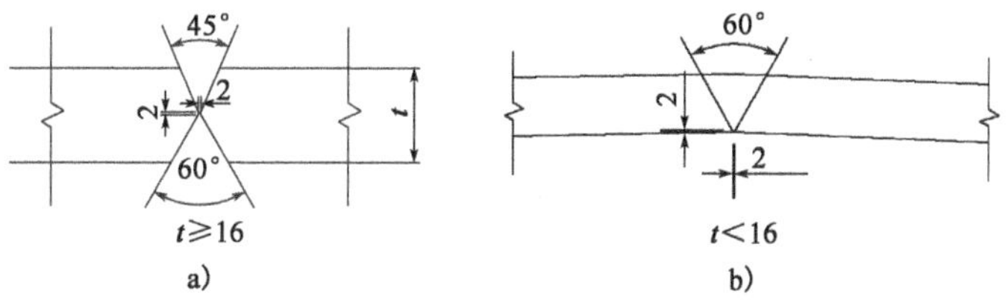

图 11-16 翼缘板、腹板的拼接示意图(尺寸单位:mm)

3)上盖梁制作

上盖梁拼装、焊接顺序如下:

第一步:先将翼缘板、腹板组成工字梁,焊接翼缘板、腹板的双面焊缝。

第二步:将加劲板、贯穿横隔板、翼缘板加劲肋、抗震锚栓组装到工字梁上,焊接加劲板三面角焊缝以及翼缘板加劲肋、抗震锚栓与翼缘板间的焊缝。

第三步:组装两侧的腹板,焊接翼缘板、腹板的主焊缝。

4)下墩柱制作

下墩柱组装、焊接顺序如下:

第一步:组装翼缘板、腹板上的加劲肋、栓钉,焊接加劲肋、栓钉与翼缘板、腹板间的焊缝并打磨、调平。

第二步:组装下翼缘板与两侧腹板,为保证几何尺寸,组装时加设 20 × 20 的钢板条工艺支撑。

第三步:组装上翼缘板,进行主焊缝焊接,采用 CO_2 气体保护焊打底,埋弧焊盖面。

5)焊接

上盖梁翼缘板与中腹板、两侧腹板间的焊缝为全熔透焊缝,焊缝质量为一级;上盖梁翼缘板与加劲肋间的焊缝为半熔透焊缝,焊缝质量为二级;上盖梁内加劲板与上、下翼缘板和中腹板间的焊缝为半熔透焊缝,焊缝质量为二级;下墩柱翼缘板与腹板间的焊缝为全熔透焊缝,焊缝质量为一级;箱形柱翼缘板、腹板与加劲肋间的焊缝为半熔透焊缝,焊缝质量为二级;箱形柱与柱底板、上盖梁底板间的焊缝为全熔透焊缝,焊缝质量为一级。

6)焊缝检验

焊缝检验包括外观检验和无损检验两类。焊缝外观检验的主要内容是:焊缝金属表面焊波应均匀,不得有裂纹、夹渣、焊瘤、烧穿、弧坑和针状气孔等缺陷,焊接区不得有飞溅物。焊缝无损检验的主要内容是:所有对接接头焊缝均为一级焊缝,双面贴角焊缝为二级焊缝。焊缝外观检验质量标准如表 11-4 所示,焊缝探伤要求如表 11-5 所示。

焊缝质量检验表 表 11-4

项　目	焊 缝 种 类	质量标准(mm)
气孔	横向对接焊缝	不允许
	其他焊缝	直径小于 1.5,每米不多于三个,间隔不小于 20
	纵向对接焊缝、角焊缝	直径小于 1.0,每米不多于三个,间隔不小于 20
咬边	受拉杆件横向对接焊缝及竖向加劲肋角焊缝(腹板侧受拉区)	不允许
	受压杆件横向对接焊缝及竖向加劲肋角焊缝(腹板侧受压区)	≤0.3
	纵向对接焊缝、角焊缝	≤0.5
	其他焊缝	≤1.0
焊脚尺寸	主要角焊缝	$K_{0\ 0}^{+2.0}$
	其他角焊缝	$K_{0\ -1.0}^{+2.0}$

续上表

项　　目	焊 缝 种 类	质量标准(mm)
焊波	角焊缝	任意25mm范围内高低差≤2.0
余高	对接焊缝	≤3.0(焊缝宽 b≤12)
		≤4.0(12 < b≤25)
		≤4b/25(b > 25)

超 声 波 检 查 表　　表11-5

项　　目	质 量 等 级	适 用 范 围
对接焊缝	I	所有的钢板对接焊缝
全熔透焊缝	I	上盖梁:翼缘板与腹板对接、拼接焊缝; 下墩柱:翼缘板与腹板间的焊缝,箱形柱与柱底板、上盖梁底板间的焊缝

注:允许偏差以mm计。

7)除锈涂装

π形盖梁内外除锈等级参照《涂装前钢材表面锈蚀等级和除锈等级》(GB 8923—1988)的相关要求执行。表11-6为漆膜涂装厚度统计表。

漆膜涂装厚度统计表　　表11-6

环 境 部 位	涂　　层	涂 料 名 称	次数	干漆膜厚度(μm)	施　　工	干漆膜总厚度(μm)
钢柱外表面	底涂层	环氧富锌底漆	1	60	厂内喷涂	240
	中间涂层	环氧云铁中间漆	2	100	厂内喷涂	
	面涂层	丙烯酸聚硅氧烷面漆	2	80	厂内喷涂一遍	

8)运输吊装

本工程主线桥沿地铁13号线布置,运输环境复杂,施工现场场地较狭小。由于运输条件受限,π形盖梁分开制作,在施工现场设计临时胎架进行拼装、焊接,整体安装。吊装时先在π形盖梁底部拴上2根溜绳,防止吊装过程发生过大摆动。利用吊点起吊,同时派专人拉住溜绳,对拉钢丝绳按方位进行分散。吊装时缓慢上升、下落,徐徐将下墩柱引入承台杯口,对中位置。通过全站仪的纵横向测量,对墩柱位置进行调整。

π形盖梁位置确定后,利用对拉钢丝绳进行加固,同时使用木楔对下墩柱横向定位,再进行杯口预埋钢板和下墩柱焊接。对拉钢丝绳通过可调节法兰与预埋好的地锚相连。地锚设置在承台中心4m以外。

9)混凝土浇筑

π形盖梁混凝土的浇筑方法与墩柱的浇筑方法相同。采用特制的混凝土输送管,通过上盖梁顶端预留的浇筑孔,配合吊车起吊料斗或泵车进行浇筑。混凝土通过输送管入模,保证自由倾倒高度控制在2m以内,以免混凝土发生离析。采用附着式振捣器对钢墩柱外部进行振捣,待混凝土浇筑至下墩柱与上盖梁分界面下,采用插入式振捣器进行振捣。

11.1.1.3 标准段、梯(坡)道钢结构主梁

自行车专用路桥梁标准段、梯(坡)道上部结构均采用钢结构开口工字主梁(以下简称钢梁)。钢梁采用全焊结构,结构焊缝较多。

主线段桥梁的主要结构形式为:桥面宽6m,梁高1.11m,钢梁顶板厚16mm,底板厚20mm,腹板厚14mm;钢梁顶板、底板设置纵向加劲肋,悬臂加劲板标准间距1.250m,墩顶位置每个支承中心线处设置2个限位锚栓。纵向加劲肋采用板肋形式。桥体两侧设置悬臂,悬臂宽2m。桥梁横断面两侧设置的挂板采用20mm厚的复合不锈钢(18mmQ345qD钢板+2mm不锈钢钢板)。

本工程钢梁制作本着运输最便捷、焊接量最小、安装速度最快的目的,梁体采取纵向分段、横向分块(横向分为3块、纵向分为14~17m的多段)的组合方式进行制作,以段、块为单元进行运输,到达安装现场后,段、块直接吊装至安装支架上进行拼装、焊接。图11-17为标准段横向分段图。

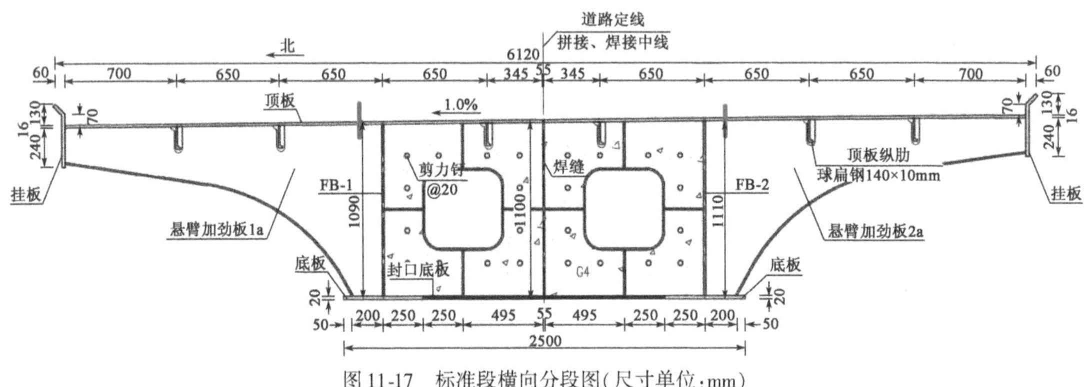

图11-17 标准段横向分段图(尺寸单位:mm)

注:T形梁指腹板与底板焊接成型的梁;U形梁指两个T形梁与顶板组合成的梁。

1)下料

直线段顶板、底板、加劲肋采用多头直条火焰切割机下料;横隔板、曲线段顶板、底板、加劲肋采用数控火焰切割机下料;腹板、横隔板、悬臂加劲板采用数控切割机编程下料。坡口用半自动火焰切割机切割。顶板下料时宽度方向增加2mm焊接收缩量,高度方向增加2mm焊接收缩量。

2)单体构件组对、拼接

T形梁的组对、焊接:T形梁在H型钢生产线上利用Z20组立机、LHT型H型钢自动焊接机、YTJ-60H型H型钢翼缘板矫正机进行制作。

U形梁的制作:U形梁本体组立在箱形生产线上进行,主焊缝采用CO_2气体保护焊打底,LHT型H形钢自动焊接机进行焊接。U形梁的腹板与底板、顶板间的焊缝为全熔透焊缝,焊缝质量为一级。

3)横隔板组对、焊接

横隔板下翼缘板、人孔护筒下料后用压力机压制,焊接完成后待用。横隔板组装时先装配横隔板翼缘板,再装配横隔板腹板人孔,然后再装配一侧的竖向加劲肋、横向加劲肋,人孔的对接焊缝不得与其他焊缝重合。横隔板上的加劲肋与腹板、顶板、底板、人孔护筒间的焊缝为双

面贴角焊缝。栓钉的焊接位置及焊接规格严格按照图纸和规范要求进行，合理考虑栓钉焊接顺序，不得影响其他工序施工。图 11-18 为横隔板组对、焊接施工图。

4）胎架搭设

胎架搭设时，胎架的水平梁上端保持水平，不得出现大面积的底部弧线，从而影响钢梁顶板的平整度。水平梁的横向间距、纵向间距和高程严格按设计单位提供的数据进行搭设。图 11-19 为胎架搭设现象。

图 11-18　横隔板组对、焊接施工图

图 11-19　胎架搭设现象

5）整体组装

钢梁各构件制作完成后在胎架上进行整体组装，具体装配顺序为：①顶板上胎、拼接；②装配中部横隔板纵向加劲肋；③装配 T 形梁（U 形梁）；④装配悬臂加劲板、顶板纵向加劲肋、挂板。图 11-20 为钢梁整体组装示意图。

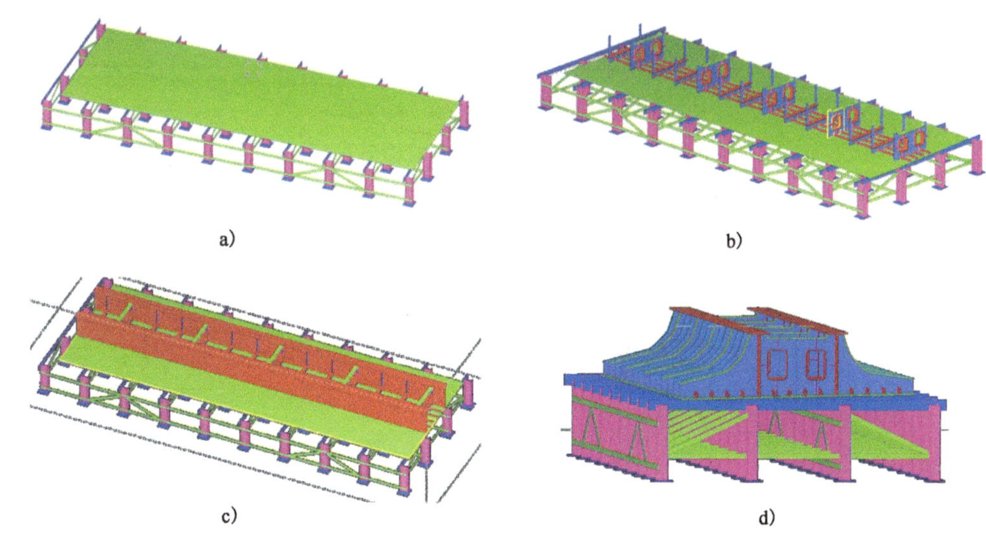

图 11-20　钢梁整体组装示意图

6）钢梁预拼装尺寸检验

钢梁预拼装尺寸检验按照《公路工程质量检验评定标准》（JTG F80/1—2017）相关规定执行，钢梁制作实测检验表如表 11-7 所示。

钢梁制作实测检验表　　表 11-7

<table>
<tr><th>项次</th><th colspan="2">检 查 项 目</th><th>规定值或允许偏差</th><th>检查方法和频率</th></tr>
<tr><td rowspan="2">1</td><td rowspan="2">梁高(mm)</td><td>$h \leq 2$m</td><td>±2</td><td rowspan="2">钢尺:测两端腹板处</td></tr>
<tr><td>$H > 2$m</td><td>±4</td></tr>
<tr><td>2</td><td colspan="2">跨度(mm)</td><td>±8</td><td>钢尺:测支承中心距离</td></tr>
<tr><td>3</td><td colspan="2">全长(mm)</td><td>±15</td><td>钢尺:测中心线处</td></tr>
<tr><td>4</td><td colspan="2">腹板中心距(mm)</td><td>±3</td><td>钢尺:测两端两腹板中心距</td></tr>
<tr><td>5</td><td colspan="2">横断面对角线差(mm)</td><td>≤4</td><td>钢尺:测两端断面</td></tr>
<tr><td>6</td><td colspan="2">旁弯(mm)</td><td>$3 + L/10000$</td><td>拉线用尺量:测中部、四分点 3 处</td></tr>
<tr><td>7</td><td colspan="2">拱度(mm)</td><td>+10, -5</td><td>拉线用尺量:测中部、四分点 3 处跨中</td></tr>
<tr><td>8</td><td colspan="2">腹板平面度(mm)</td><td>$\leq h/350$,且≤8</td><td>平尺及塞尺:每腹板检查 3 处</td></tr>
<tr><td>9</td><td colspan="2">扭曲(mm)</td><td>每米≤1,且每段≤10</td><td>置于平台,四角中有三角接触平台,用尺量另一角与平台间隙</td></tr>
<tr><td>10</td><td colspan="2">对接错边(mm)</td><td>≤2</td><td>钢尺:测各对接断面</td></tr>
<tr><td>11</td><td colspan="2">焊缝尺寸</td><td rowspan="2">满足设计要求</td><td>量规:检查全部,每条焊缝检查 3 处</td></tr>
<tr><td>12</td><td colspan="2">焊缝探伤</td><td>超声法:检查全部
射线法:按设计要求;设计未要求时按 10%抽查,且不小于 3 条</td></tr>
</table>

注:L 为跨径,h 为梁高,计算规定值或允许偏差时以 mm 计。

7)整体焊接

梁体经拼装检查合格后进行整体焊接,焊接顺序从每段钢梁的中间向两侧对称施焊。焊接完成后进行焊缝检验工作。检测技术标准要求如表 11-8 所示。

构件焊缝检查外观质量标准表　　表 11-8

<table>
<tr><th colspan="2">项　次</th><th>检 验 项 目</th><th colspan="2">规定值或允许偏差(mm)</th></tr>
<tr><td rowspan="11">焊缝外观质量</td><td rowspan="3">1</td><td rowspan="3">气孔</td><td>横向对接焊缝</td><td>不允许</td></tr>
<tr><td>纵向对接焊缝、主要角焊缝</td><td>直径小于 1.0</td></tr>
<tr><td>其他焊缝</td><td>直径小于 1.5</td></tr>
<tr><td rowspan="2">2</td><td rowspan="2">未焊满</td><td>对接焊缝、主要角焊缝</td><td>不允许</td></tr>
<tr><td>其他焊缝</td><td>≤1</td></tr>
<tr><td rowspan="2">3</td><td rowspan="2">咬边</td><td>对接焊缝、主要角焊缝</td><td>不允许</td></tr>
<tr><td>其他焊缝</td><td>≤0.5</td></tr>
<tr><td rowspan="2">4</td><td rowspan="2">接头不良</td><td>对接焊缝、主要角焊缝</td><td>不允许</td></tr>
<tr><td>其他焊缝</td><td>≤0.5,1000 不超过 1 处</td></tr>
<tr><td>5</td><td>飞溅、焊瘤</td><td colspan="2">消除干净,修磨匀顺</td></tr>
<tr><td>6</td><td>裂纹、表面夹渣</td><td colspan="2">不允许</td></tr>
</table>

续上表

项次		检验项目	规定值或允许偏差(mm)	
焊缝外形尺寸	7	焊脚尺寸	主要角焊缝	$K=0\sim+2$
			其他焊缝	$K=-1\sim+2$
	8	对接焊缝余高	焊缝宽 $b>12$ 时,$\Delta\leqslant3.0$	
			焊缝宽 $b\leqslant12$ 时,$\Delta\leqslant2.0$	

8)除锈涂装

钢梁二次装配后进行整体构件的尺寸验收,经监理和专检人员验收合格后转入成品喷砂、除锈、涂装。钢梁的除锈等级按照《涂装前钢材表面锈蚀等级和除锈等级》(GB 8923—1988)的相关要求执行。

9)钢梁运输

本工程的钢梁运输属于超长、超高、超宽、超重运输,为减小对当地交通的影响,钢梁运输尽量安排在夜间。根据构件质量,选择30～60t的拖车将钢构件搭配后进行运输。构件下部应垫有枕木,多层构件装车时每层构件间应垫有方木。图11-21为钢梁运输拖车。

图11-21 钢梁运输拖车

10)吊装准备

本工程的钢梁在钢结构加工厂内加工制作,运输至现场进行吊装,钢梁节段依次吊至临时支架,待梁段在桥位焊接完成,焊接检测及高程、轴线复测合格后,对支架进行拆除。吊装准备如下:

(1)复查支墩高程、安装桥墩支座,做好支座的安装测量工作。

(2)测量放线。根据测量控制点及本联分段情况,测量并标注好地样线(道路中心线及分段线),标明临时支架的安装位置。

(3)临时支架倒运、安装到位,并复测好钢梁安装所需的高程和轴线。

(4)吊装场地地基处理验收。

(5)吊装前现场安全、技术交底。

(6)根据钢梁的单片重量选择满足吊装要求的吊车、吊具、钢丝绳等工具。

根据钢梁分段原则,在分段位置设置临时支架(ADG承插式支架),架体顶部设置顶托,在顶托上横向布设14号工字钢,14号工字钢上纵向布设18号工字钢。图11-22为临时支撑脚手架模型效果图。

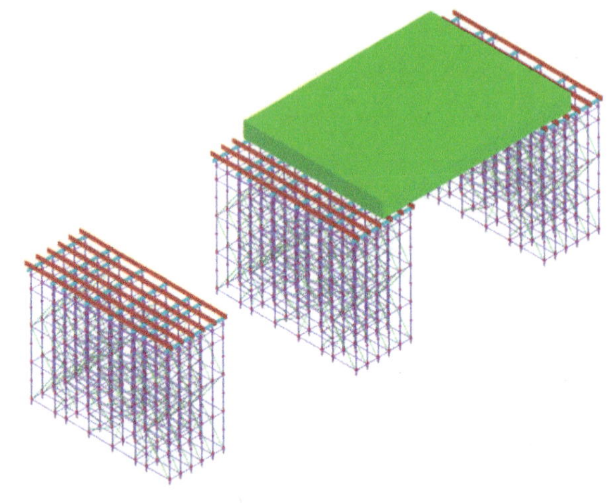

图11-22 临时支撑脚手架模型效果图

11)钢梁吊装

支座安装完成后进行钢梁吊装,以第34联为例,具体吊装步骤是:根据钢梁制作时的分段长度搭设临时支架,将钢梁分段搭设在桥梁连接部位。图11-23为临时支架立面布置图。

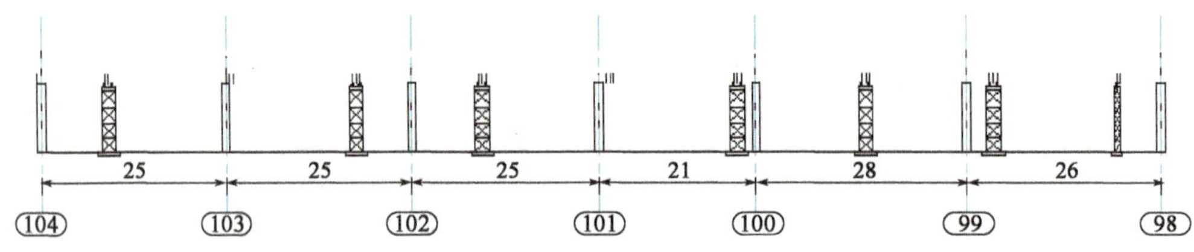

图11-23 临时支架立面布置图(尺寸单位:m)

采用两辆50t的吊车双机抬吊,从98号轴线A段向101号轴线E段依次安装,先安装整联的中间段,再安装两侧翼缘板。图11-24为A段吊装立面示意图,图11-25为B段吊装立面示意图,图11-26为分段吊装时吊车站位示意图(以A段为例)。

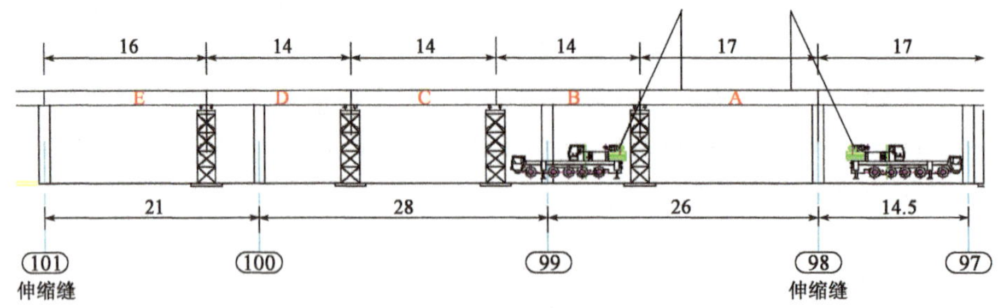

图11-24 A段吊装立面示意图(尺寸单位:m)

吊装时先吊装中间的主梁,由A段向E段依次吊装,整联主梁形成整体后再对称安装A段两侧悬臂(A1~A4),自A段向E段依次安装悬臂。图11-27为主梁吊装示意图,图11-28

为 A 段悬臂吊装示意图,图 11-29 为 A 段主梁吊装示意图。

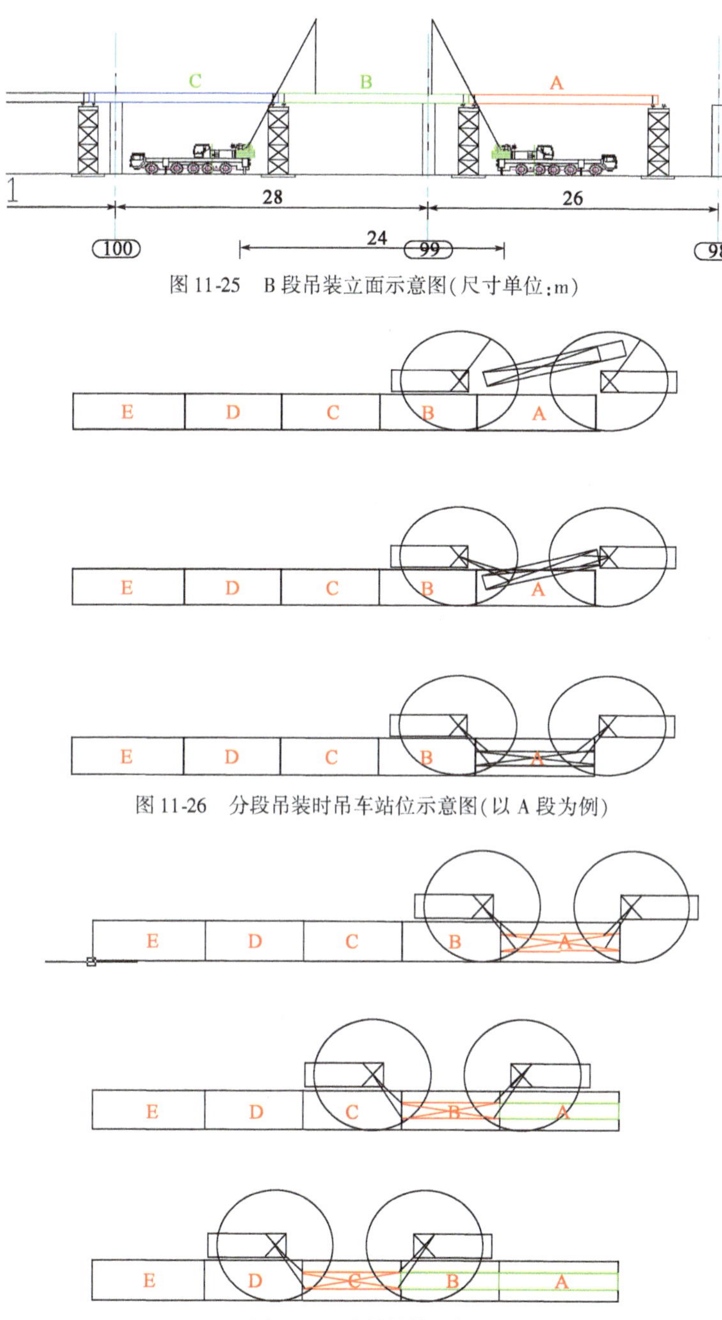

图 11-25 B 段吊装立面示意图(尺寸单位:m)

图 11-26 分段吊装时吊车站位示意图(以 A 段为例)

图 11-27 主梁吊装示意图

11.1.2 关键技术

1)埋弧焊技术

自行车专用路钢结构桥梁的焊接工程量极大,对焊接质量要求很高。为满足施工进度、质量要求,采用埋弧焊技术进行焊接施工。

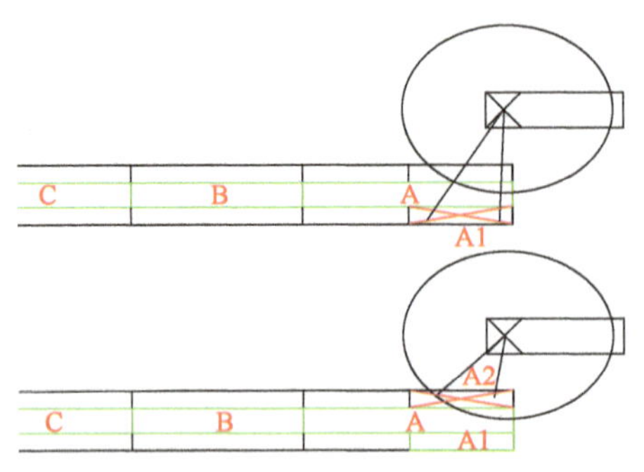

图 11-28　A 段悬臂吊装示意图

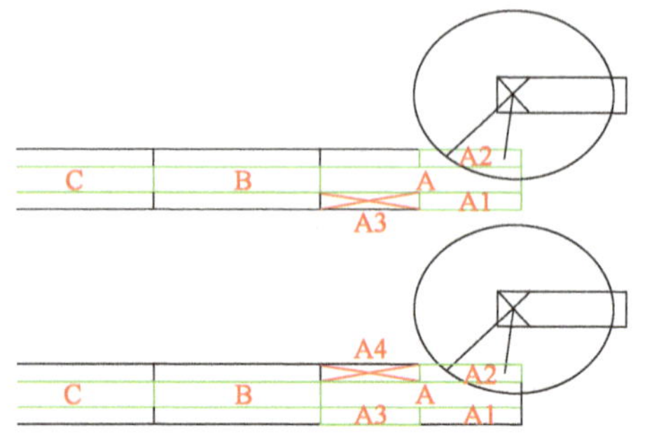

图 11-29　A 段主梁吊装示意图

埋弧焊是一种通过电弧在焊剂层下燃烧进行焊接的方法。焊接电源的两极分别接至导电嘴和焊件焊接时,颗粒状的焊剂由焊剂漏斗经软管均匀地堆敷到待焊处,焊丝由焊丝盘经过送丝机构和导电嘴送入焊接区,电弧在焊丝与母材之间燃烧。焊接时焊机的启动、引弧、焊丝的送进及热源的移动全部由机械控制,是一种以电弧为热源的高效机械化焊接方法。埋弧焊技术的主要优点是:

(1)提高生产效率:埋弧焊的焊丝导电长度较短,电流和电流密度提高,因此电弧的熔深和焊丝熔敷效率都大大提高;埋弧焊焊剂和熔渣的隔热作用使电弧上基本没有热量散失,飞溅也少,虽然用于熔化焊剂的热量损耗有所增大,但总的热效率仍然大大增加。

(2)焊接质量好:焊剂的存在不仅能隔离熔化金属与空气的接触,而且可以降低液体金属的凝固速度。液体金属与熔化焊剂间有较多的时间进行冶金反应,降低了焊缝中产生气孔、裂纹等缺陷的可能性。焊剂还可以为焊缝金属补充一些合金元素,从而提高焊缝金属的力学性能。

(3)减少劳动力:埋弧焊没有弧光辐射,对人体伤害较小;埋弧焊的自动化程度较高,从而可以减少手工焊接操作人员的数量。图 11-30 为埋弧焊施工现场。

a)

b)

图 11-30　埋弧焊施工现场

2)钢梁倒胎施工技术

本工程钢梁由于单体构件较大,难以进行灵活变位,且大量的仰焊作业导致施工难度大,因此采用钢梁倒胎施工技术进行拼装焊接。

倒胎施工是钢梁在拼装阶段采用反向拼装的一种施工工艺。按照钢梁图纸的参数提前架设胎架,使胎架顶面符合钢梁顶面的相关参数要求。施工时,采用倒胎施工法将构件向上拼装改为向下拼装,在正面胎架上反向拼装钢梁组件,即先进行钢梁顶板的拼装,再进行腹板的拼装,同时焊接也由正向拼装采用的仰焊改为平焊。钢梁倒胎施工技术的主要优点是:

(1)降低焊接难度:仰焊焊接速度慢、缺陷率高,要求焊工技术水平更高且劳动强度大。倒胎施工将仰焊改为平焊,可提高钢梁拼装和焊接的工作效率,降低技术工人的劳动强度。

(2)提高拼装速度:倒胎施工采用先安装顶板的方法,施工时可对各腹板、加劲肋板、横隔板等构件的位置进行提前标记,再按照标记位置进行安装,大大提高了拼装速度。

(3)提高安全系数:倒胎施工工艺作业时,施工人员位于钢梁上方,可以有效避免胎架倒塌对施工人员的伤害。图11-31为倒胎施工现象。

a)

b)

图11-31 倒胎施工现象

3)ADG脚手架技术

自行车专用路桥梁、梯道、坡道的上部结构均采用开口工字钢简支梁,考虑到加工工艺及构件运输,钢梁施工采用“纵分段、横分块、段块运输,直接吊装至安装支架上然后进行拼装焊接”的制作安装形式。桥体横向均分为3段,纵向分为长度不等的标准段。为加快施工进度,本工程采用ADG脚手架支撑进行钢梁架设作业。

ADG脚手架支撑体系由横杆、立杆及斜杆分别在横向、纵向和竖向构成一个三维结构单元,再由每个结构单元重复组合形成空间架体。该架体稳定性好、轻质高强,比普通钢管脚手架承载能力高。本工程脚手架的杆件直径有ϕ60.3mm和ϕ48.3mm两种,材质为Q345B钢材,杆件采用热镀锌处理,架体连接形式均采用U形卡件与C形楔销锁紧固定,安装速度快,精度高。ADG脚手架技术的主要优点是:

(1)ADG脚手架主要对钢管脚手架的扣件进行改进,集其他产品优点于一体,可替代扣件式钢管脚手架、门式架等多种脚手架系列产品,具有搬运简便、便于管理、使用方便、安装简单、拆卸快速等优点。

(2)ADG脚手架从组件上进行了很大改进,减少了大部分配件,整个脚手架系列由焊接在杆件上的扣件替代杆件之间的连接构件;竖向直插式接长套筒替代对接连接扣件;横杆接头替代直角扣件;盘扣、竖向直插式接长套筒直接焊接在立杆上,变成三件合一。横杆接头直接焊接在横杆的两端,变成二件合一。ADG脚手架改变了原来扣件式钢管脚手架多个组件的模式，省去了扣件式钢管脚手架规范中有关驳接的许多规定和搭接程序，杜绝了作业人员的众多不规范行为，从而保证了施工安全。

(3) ADG 脚手架 3 ~4 人就可安装，大大节省了安装时间和劳动力。

(4) ADG 脚手架由于组件少，无散件搭配，便于搬运和管理，克服了钢管脚手架构件易散易失的缺陷，也克服了门式架搬运时容易变形的缺陷。

(5) 由于立杆定型长度有多种规格，驳接长短不一，能够搭设成各种尺寸，从而提高了架体的整体稳定性。

(6) ADG 脚手架便于材料存放，容易做到整齐划一，存放和保管占地面积小，为文明施工创造了有利条件。

(7) ADG 脚手架配套产品还包括挂钩式定型上人楼梯、挂钩式定型脚手板。定型脚手板为一跨一板，不存在跨度内加设小横杆或纵向水平杆的情况，也免去了原来绑扎脚手板的麻烦，使脚手架施工做到了规范化、定型化、标准化。图 11-32 为 ADG 脚手架施工现象。

a)

b)

图 11-32　ADG 脚手架施工现象

4) 可移动焊接车

由于受施工场地限制，本工程在跨越京藏高速公路段施工时无法搭设脚手架和使用吊车，因此选择使用可移动焊接车对钢梁进行焊接处理。可移动焊接车由角钢、热轧 H 形钢、薄铁皮、配重沙桶、滚轮等配件拼装焊接而成，焊接车尺寸为 2m × 2m × 1.5m，三面围型，分别挂于悬臂梁两侧。可移动焊接车作业时，根据焊接部位自由移动挂篮位置，挂篮车底部及两侧采用钢板全部封闭，确保无焊渣掉落伤及人员及车辆，可起到防火、防风、遮挡焊接弧光的作用。

可移动焊接车的主要优点是：体积较小、安装简单、施工方便，能满足特殊环境作业需求。图 11-33 为可移动焊接小车。

钢结构桥梁施工为本工程的施工重难点，涉及邻近地铁 13 号线、跨京藏高速公路及同成街的钢梁吊装、焊接作业等。为圆满完成钢结构施工任务，施工中主要从以下几个方面进行质量把控：

(1) 钢梁加工方面，采用整体桥联倒胎施工，只需要按桥面横坡及纵坡调整胎架，既可以降低胎架搭设难度，同时也可解决构件承载问题，保证组立位置精确无误。焊接采用平焊工艺，不仅节约了加工时间，也提高了构件出厂后的安装精度。

(2) 钢结构吊装方面，严格按照标准化施工工艺。吊装前制作标准化工序展板，展板展示标准化施工照片及工序检验评定标准,现场技术人员及队伍管理人员根据展板要求进行规范化作业。同时,工程积极应用四新技术,采用可行走焊接挂篮车、CO_2 气体保护焊、不锈钢复合钢板、ADG 脚手架等新工艺、新材料,以提高工程质量,加快施工进度。

a)

b)

图 11-33 可移动焊接小车

(3)质量管理方面,成立现场质量巡查小组,对现场钢结构焊接质量、冬季施工养生质量等方面进行管控,发现问题及时督促进行整改。

11.2 京藏高速公路跨线桥

回龙观、龙域两地由于受京藏高速公路的阻隔,连通性较差。跨越京藏高速公路的骑行通道仅为西三旗桥,北郊农场桥和回龙观桥均无非机动车道系统。龙域地区居住的居民到龙泽地铁站乘坐地铁时,通常习惯从京包铁路上跨越,通行条件差且安全隐患大,因此亟须建设一条连通京藏高速公路东西两侧的天桥使两地贯通,解决居民的日常出行问题。

本工程在设计过程中充分考虑了龙域、回龙观两地居民的日常出行现状,设置了京藏高速公路跨线桥,有效地解决了两地的交通阻断。京藏高速公路跨线桥位于主桥第 27 联,全长 175m,起点桩号 K2 + 232. 893,终点桩号 K2 + 407. 893,分 Z0 ~ Z4 轴 5 个轴位,桥梁宽度:0. 25m(栏杆) +6. 0m(行车道) +0. 5m(栏杆) +3. 75m(行车道) +0. 25m(栏杆) =10. 75m,桥梁面积 1981. 75m^2。

1)上部结构

京藏高速公路跨线桥的上部结构采用变截面 V 形墩刚构体系,材料为耐候钢,桥梁跨径 38m +46m + 50m + 41m = 175m。主梁的最小高度为 1. 5m,上跨京藏高速公路辅路净空 ≥4. 5m。为解决行人过街问题,京藏高速公路跨线桥的桥面加宽至 10. 75m。

2)下部结构

跨线桥的桥梁基础为承台、桩基础。桩径分两种规格:0 号轴、4 号轴的桩径为 120cm,1 号轴、2 号轴和 3 号轴的桩径为 150cm。跨线桥的墩柱采用 V 形墩,肢高 1. 5m,底端渐变为单个矩形截面,截面高度 1. 8m,通过法兰与承台相接。中墩 V 形墩与主梁固结形成刚构,边墩钢结构 π 形盖梁顶面设置四氟滑板橡胶支座支承。图 11-34 为跨线桥效果图。

图 11-34　跨线桥效果图

11.2.1　交通导改方案

京藏高速公路是河北北部、内蒙古、山西等地区进入北京的主干线，交通流量特别大。京藏高速公路跨线桥在中央隔离带设置了主线桥的 Z2 号桩基，施工过程中必须经历多次交通导改。

1）下部结构施工交通导改

京藏高速公路跨线桥在进行 Z2 号桩基、承台、V 形墩等下部结构施工时，需进行交通导改。

跨线桥 2 号轴桩基、承台、V 形墩的施工时间为 0:00—5:00，施工时需占用京藏高速公路的中央隔离带和两侧一条快车道，占用总宽度 17.4m，占用长度 60m。施工时，施工区域采用硬质围挡封闭，在非迎车面设置出入口，将社会车辆导入外侧两条主路行车道。图 11-35 为交通导改示意图，图 11-36 为夜间施工机械站位示意图。

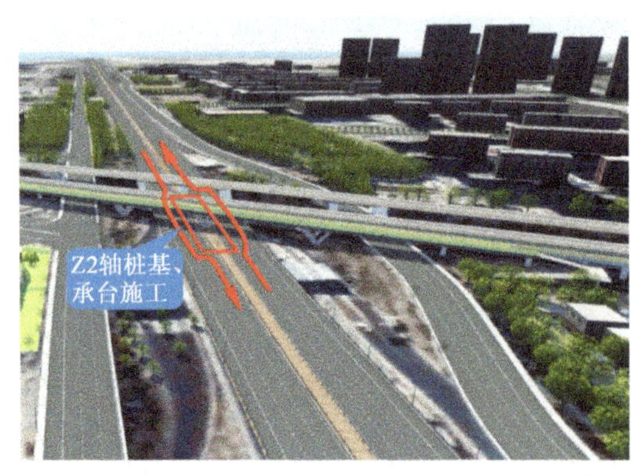

图 11-35　交通导改示意图

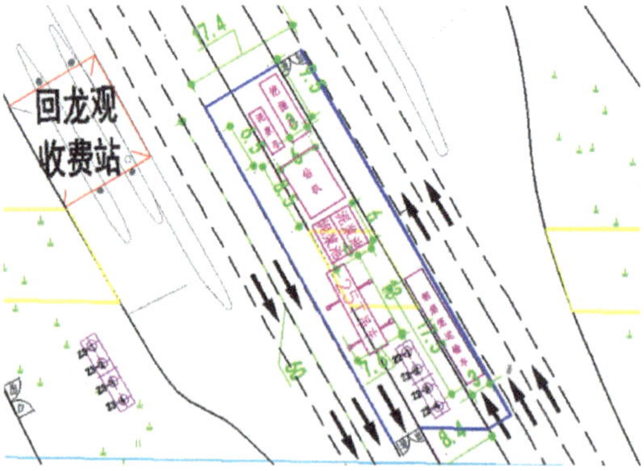

图 11-36　夜间施工机械站位示意图

2）上部结构施工交通导改

京藏高速公路跨线桥共有 5 个墩位，其中 Z0 ~ Z1 号上跨京藏高速公路出京辅路，Z1 ~ Z2 号上跨京藏高速公路出京主路，Z2 ~ Z3 号上跨京藏高速公路进京主路，Z3 ~ Z4 号上跨京藏高速公路进京辅路。Z0 ~ Z4 号钢梁吊装时涉及交通导改。图 11-37 为自行车专用路上跨京藏高速公路三维形象图。

(1)第一期交通导改

Z1～Z2 号上跨京藏高速公路出京方向主路,钢梁吊装施工时间为 0:00—5:00,吊装前在京藏高速公路出京方向辅路的绿化带内修建临时支墩。吊装时占用出京方向主路的所有车道,施工前将京藏高速公路出京主路进行临时封闭,出京车辆导行至进京方向主路通行。图 11-38 为第一期交通导改示意图。

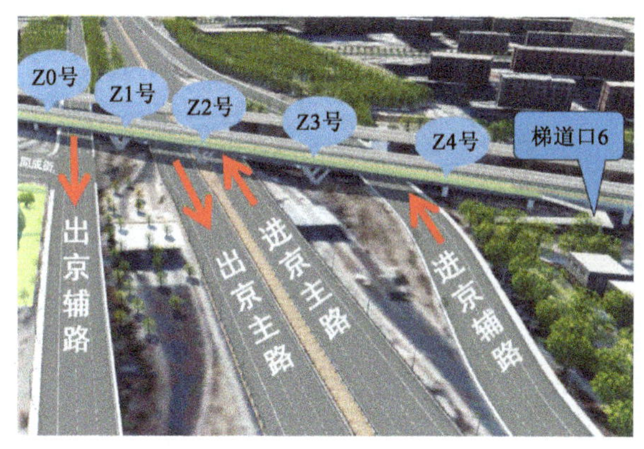

图 11-37 自行车专用路上跨京藏高速公路三维形象图

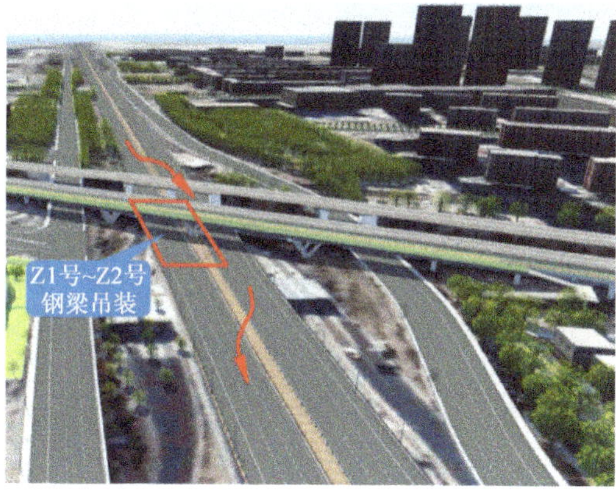

图 11-38 第一期交通导改示意图

交通导改的具体方案如下:在京藏高速公路 K12 +700 中央分隔带处开口,将出京车辆导行至进京主路的第一条行车道,将进京车辆导行至第二、三条车道,形成对向行驶,利用京藏高速公路 K13 +500 处现有开口,将车辆导回。

(2)第二期交通导改

Z2～Z3 号上跨京藏高速公路进京方向主路,钢梁吊装施工时间为 0:00—5:00,在进京方向辅路的绿化带内、收费站进主路加速车道分隔带内分别修建临时支墩。吊装时占用进京方向主路的所有车道,施工前将京藏高速公路进京主路进行临时封闭,进京车辆导行至出京方向主路通行。图 11-39 为第二期交通导改示意图,图 11-40 为临时支墩示意图。

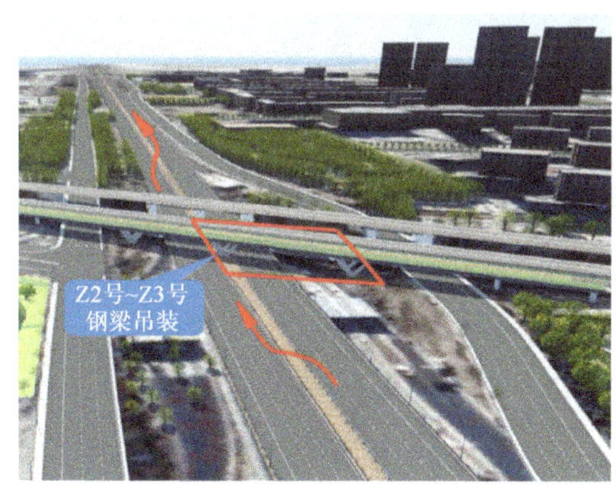

图 11-39 第二期交通导改示意图

图 11-40 临时支墩示意图

交通导改的具体方案如下:利用京藏高速公路 K13 +500 处现有开口,将进京车辆导行至出京主路的第一条行车道,将出京车辆导行至第二、三条车道,形成对向行驶,并在 K12 +700

中央分隔带处开口，将车辆导回。

(3)第三期交通导改

Z0～Z1号上跨京藏高速公路出京方向辅路，钢梁吊装施工时间为0:00—5:00。在出京辅路绿化带内修建临时支墩，在绿化带处设置出入口。钢梁吊装时占用出京方向辅路，出京辅路进行临时封闭导行。图11-41为第三期交通导改示意图。

图11-41　第三期交通导改示意图

交通导改的具体方案如下：南店北路→育知东路→回龙观西大街→京藏高速公路东辅路。

(4)第四期交通导改

Z3～Z4号上跨京藏高速公路进京方向辅路，钢梁吊装施工时间为0:00—5:00。在进京辅路绿化带内修建临时支墩，在绿化带处设置出入口。钢梁吊装时占用进京方向辅路，吊装期间对进京辅路进行封闭。图11-42为第四期施工占道示意图。

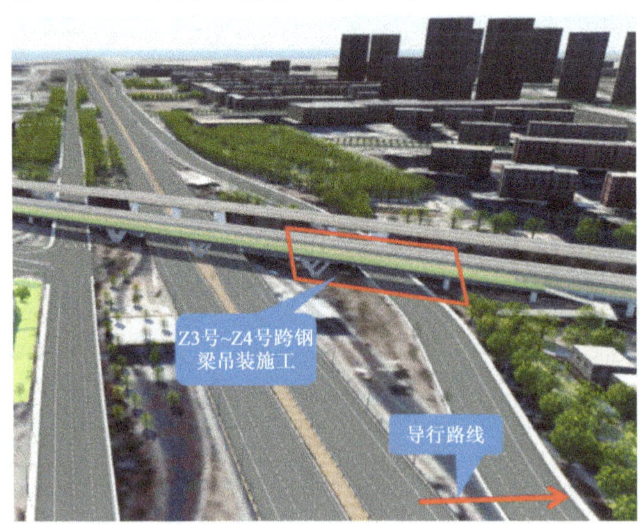

图11-42　第四期施工占道示意图

交通导改的具体方案如下：回龙观西大街→育知东路→南店北路回龙观桥→京藏高速公路西辅路。

11.2.2　施工工艺

11.2.2.1　桩基施工工艺

京藏高速公路跨线桥共设92根桩基,桩径有1.2m、1.5m两种结构形式,桩基采用C35水下混凝土。表11-9为跨线桥桩基设计概况表,图11-43为钻孔桩基基础施工工艺流程图。

跨线桥桩基设计概况表　　表11-9

序　号	桩　号	轴　号	桩径(m)	桩长(m)	根　数
1	K2 +232.893	Z0	1.2	26.876	3
2	K2 +270.893	Z1	1.5	35	4
3	K2 +316.893	Z2	1.5	35	4
4	K2 +366.893	Z3	1.5	35	4
5	K2 +407.893	Z4	1.2	27.046	3

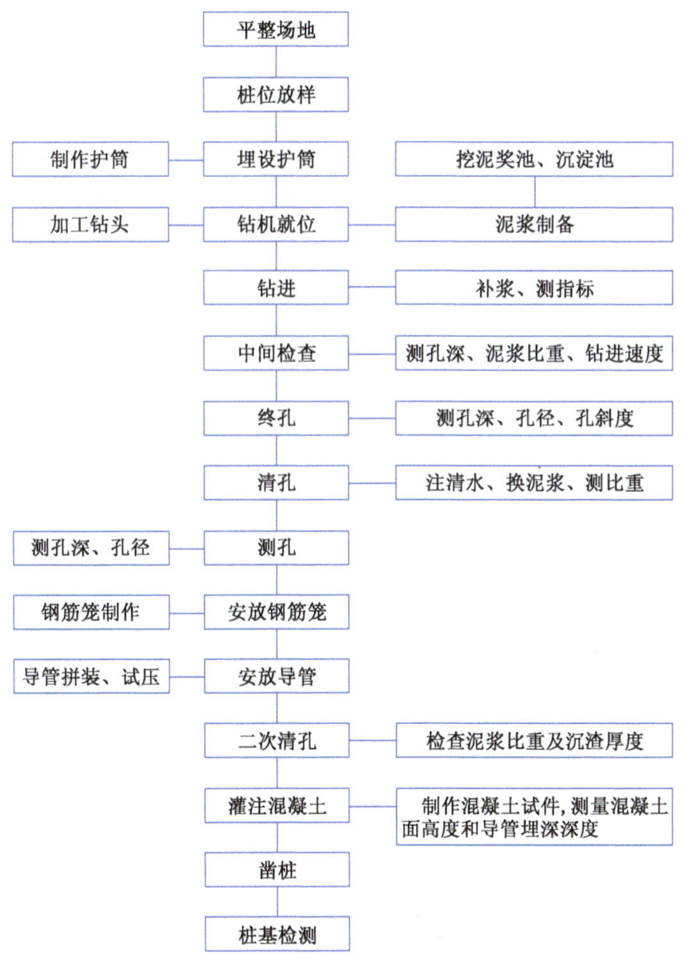

图11-43　钻孔桩基基础施工工艺流程图

京藏高速公路跨线桥的桩基施工流程如下：

(1)平整场地。开工前完成“四通一平”,完成桩位处的场地平整工作。

(2)桩位放样。利用全站仪坐标法放出各桩位中心桩,在护筒外侧1m处设置4根护桩,再在护桩外50cm处各增设1个护桩作为复核桩(共设8根钢筋护桩,护桩高出护筒5cm)。

(3)埋设护筒。用吊车将护筒吊放至坑内,在护筒外侧的4根护桩上用线绳拉对角线,连接护筒顶部形成十字丝,在十字丝上吊垂线,检查护筒中心与桩位是否重合。如有偏移,使用吊车挪动护筒,使护筒中心与桩位中心偏移量不大于5cm。护筒位置确定后,检查护筒的竖直度,斜度不应大于1%。符合要求后在护筒周围对称填土,对称夯实。图11-44为护筒埋设定位示意图。

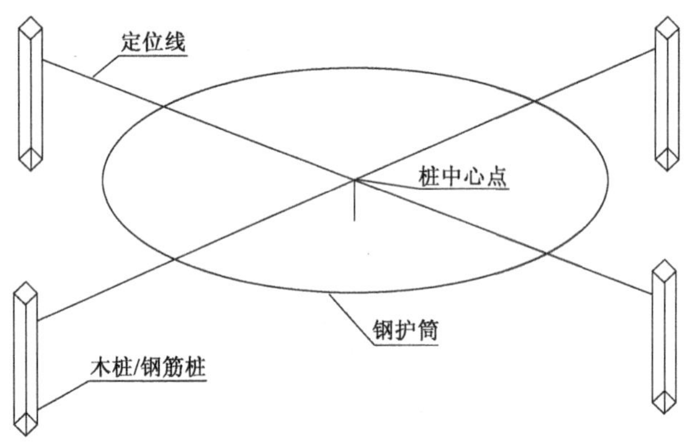

图11-44 护筒埋设定位示意图

(4)泥浆池。根据桩位分布情况及现场场地条件,本着保护环境、快捷施工、方便移动的原则,本工程设置2座预制钢板泥浆池,通过循环水带进行连接。

(5)钻孔。采用SR280C型钻机进行钻孔作业。开孔时,保证钻头对准桩位,防止斜孔和桩位偏差;取渣和停钻后,及时向孔内补充水或泥浆,以保持孔内水位高度、泥浆比重及黏度。

(6)清孔及检查成孔质量。成孔后复测设计高程,用测绳测量孔深,钻孔达到设计高程后检测孔径。终孔后进行沉渣厚度检测。

(7)钢筋笼制作及吊装。

钢筋笼加工:主筋使用焊接方式连接,焊缝应饱满。钢筋笼根据实际情况分段进行制作,接头错开布置,主筋与箍筋的相交点宜点焊1/3以上,其余段落用绑丝绑扎。

声测管安装:声测管在钢筋笼加工后进行安装。分段钢筋笼采用螺旋式孔口连接。

钢筋笼运输:使用专业平板车进行运输,并在钢筋笼加强筋内增设临时十字支撑,待钢筋笼吊入桩孔后拆除。

钢筋笼吊装:钢筋笼起吊时采用大小钩三点起吊法。

(8)下导管。采用管径300mm的旋口式导管。安装前对导管进行水密、承压和接头抗拉试验。

(9)二次清孔及水下混凝土灌注。混凝土灌注前需要再对孔底沉渣厚度进行一次测定。如果沉渣厚度超过设计要求,则进行二次清孔。使用漏斗和导管进行混凝土灌注,灌注过程中应经常用测绳或钢尺探测孔内混凝土面位置,以确定灌注高度。

(10)场地清理。钻渣晾干后进行消纳。首先用装载机将钻渣运输至泥浆存放区存放、晾干。然后再运输至专门的消纳地点进行消纳。

(11)桩头破除及桩基检测。钻孔灌注桩的混凝土强度达到设计强度70%以上时进行桩头破除,破除后约请质量监督站进行桩基检测。

11.2.2.2 承台施工工艺

京藏高速公路跨线桥共设5座承台,钢筋混凝土结构,采用C35混凝土浇筑。表11-10为跨线桥承台设计概况表,图11-45为承台施工工艺流程图。

跨线桥承台设计概况表 表11-10

序号	桩号	轴号	承台形式(m)
1	K2 +232.893	Z0	9.2×3×2.75
2	K2 +270.893	Z1	13.75×3×2.65
3	K2 +316.893	Z2	13.75×3×2.65
4	K2 +366.893	Z3	13.75×3×2.65
5	K2 +407.893	Z4	9.2×3×2.75

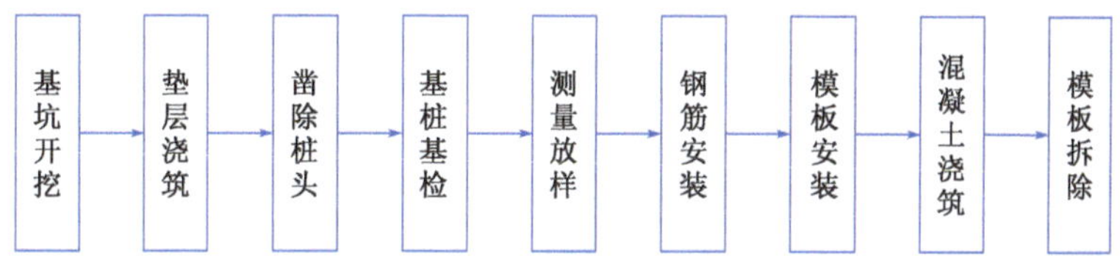

图11-45 承台施工工艺流程图

京藏高速公路跨线桥的承台施工流程如下:

(1)施工准备。基坑开挖前必须做好测量工作,探明是否有地下障碍物,并做好排水措施。

(2)基坑开挖。开挖边坡坡度控制在1:0.7,机械开挖至基底预留30cm,再由人工开挖至设计高程。

(3)浇筑垫层混凝土。基坑开挖至比设计承台高程低10cm后,及时进行人工整平,夯实基底,经监理工程师验收合格后浇筑垫层混凝土。垫层厚度为10cm,混凝土强度等级为C15。

(4)桩头凿除、基桩检测。按照七步法破除桩头,即基坑开挖→高程测量→无齿锯环切→剥出钢筋→断桩头→吊车吊出→桩头清理。桩头凿除完毕后,及时调直桩身钢筋,清除干净桩身钢筋的附着。上报监理工程师及检测部门进行桩基检测。经桩基检测单位检测合格后,方可进入承台施工。

(5)测量放样。测量放出承台四个角点以及轴线的点位,对各放样点进行校核,闭合到下一个导线点。

(6)钢筋的制作及安装。

钢筋所加工与安装:承台主筋采用焊接方式连接,受力钢筋的接头应设置在内力较小处,并错开布置。接头处不得有裂纹、气泡,钢筋表面不得有烧伤。

模板安装:首先将第一排钢模正对垫层上已放好样的承台轮廓线立好,同时用水准仪调水平，然后加高钢模，错缝搭接。钢模在同一平面应保证平整，安装完后对模型进行加固。图 11-46 为模板安装示意图。

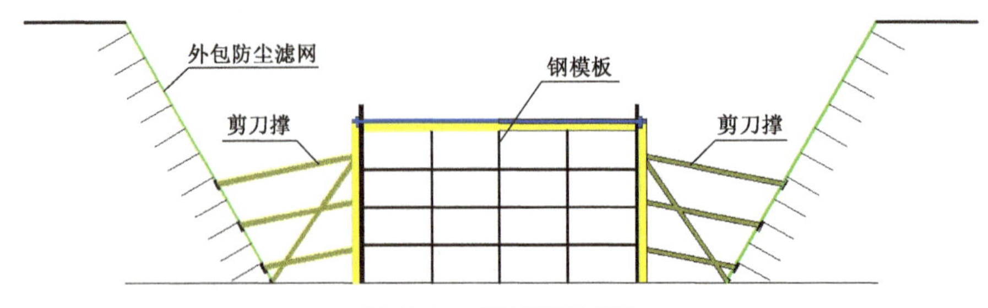

图 11-46 模板安装示意图

（7）墩柱定位钢板和预埋件安装。在承台钢筋绑扎过程中对墩柱的预埋钢板位置放样，进行墩柱定位钢板和预埋筋、预埋锚栓的安装。

（8）混凝土浇筑。承台中部采用自制的溜槽进行传送浇筑，两侧采用吊车吊送吊斗对称浇筑。混凝土运至现场后，试验人员现场检测混凝土质量并做好记录。现场准备工作就绪、经监理工程师批准后，方可进行混凝土浇筑。浇筑过程中使用振捣器进行振捣，保证混凝土浇筑密实。浇筑完毕后，人工对承台顶部进行收面。

（9）混凝土养生及拆模。承台顶面采用塑料布、棉被进行覆盖，搭设简易养护暖棚，内设 4 个电暖器，并根据内部温度增加取暖设备。承台混凝土抗压强度达到 2.5MPa，且混凝土表面及棱角不因拆模而受损时方可拆除模板。图 11-47 为承台保温示意图。

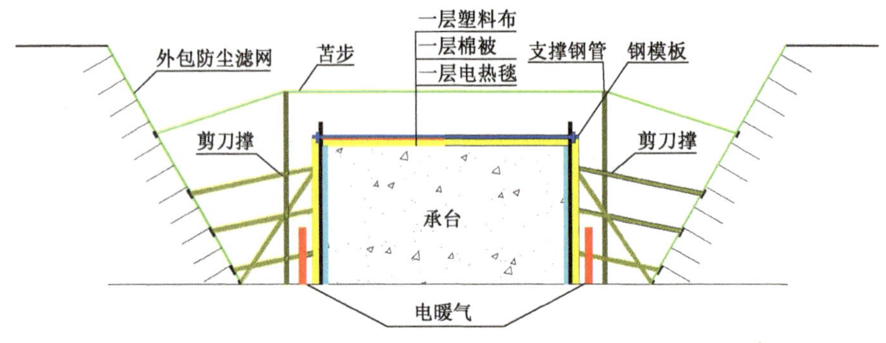

图 11-47 承台保温示意图

11.2.2.3 墩柱加工与安装施工工艺

京藏高速公路跨线桥下部结构为 V 形墩，墩底材料采用 Q420qDNH 钢板，钢板厚度分别为 10mm、12mm、16mm、20mm。剪力钉采用 φ16mm × 150mm，墩底利用法兰盘和地脚螺栓与承台连接，锚栓采用 φ25mm × 1500mm，墩底内灌注 C40 自流平无收缩混凝土。图 11-48 为 V 形墩墩底结构设计图，图 11-49 为 V 形墩加工工艺流程图。

京藏高速公路跨线桥 V 形墩加工工艺流程如下：

1）下料

钢墩柱箱形直线段翼缘板，横梁翼缘板、腹板采用多头直条火焰切割机下料；箱形柱翼缘板弧线段采用数控火焰切割机下料；箱形柱曲线段翼缘板、腹板采用数控切割机编程下料。

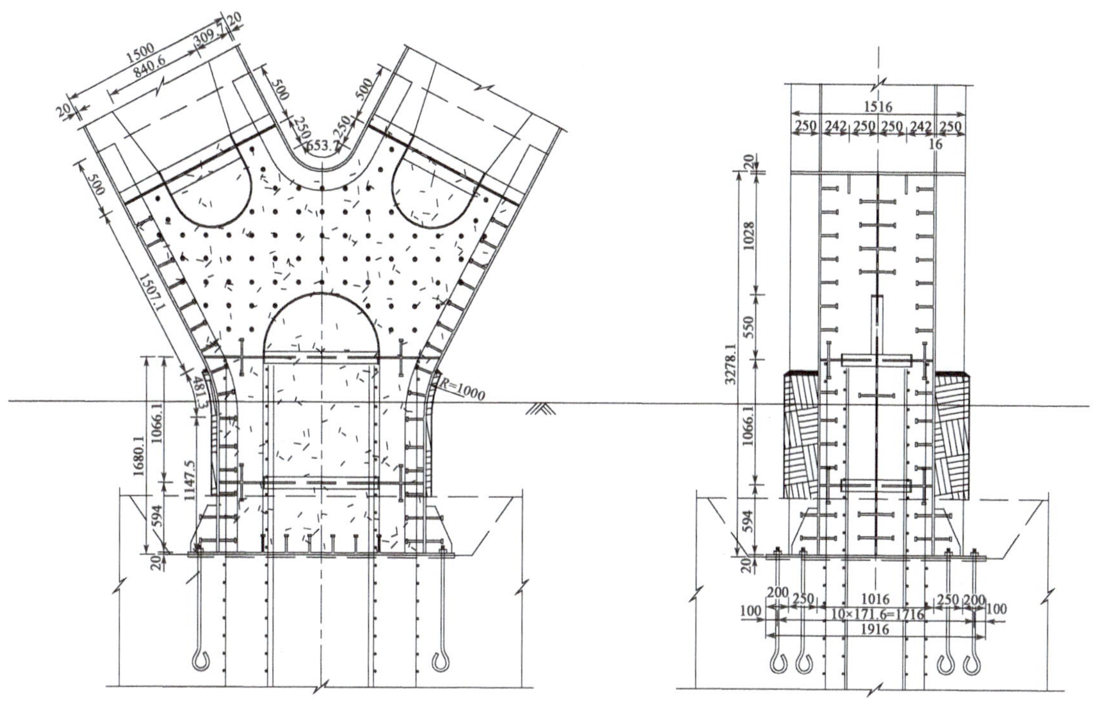

图 11-48 V 形墩墩底结构设计图(尺寸单位:mm)

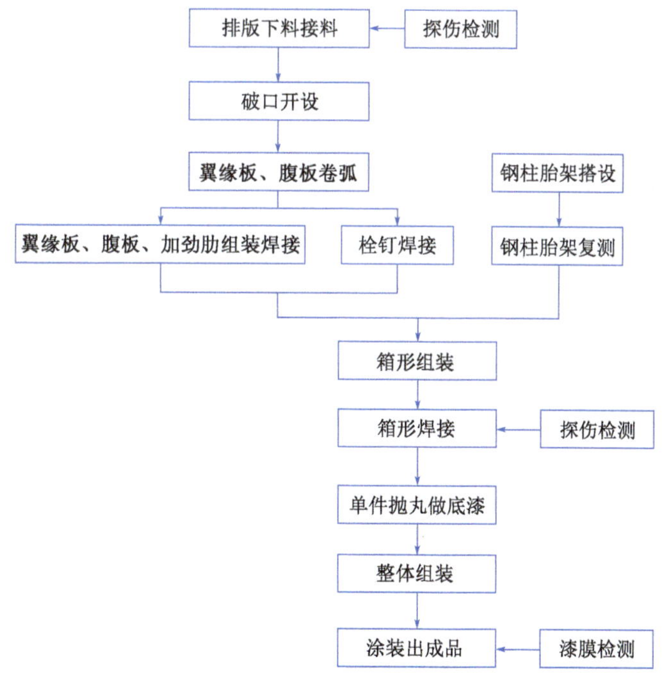

图 11-49 V 形墩加工工艺流程图

2)V 形墩制作

墩柱腹板的弧线段用卷板机卷制,组装加劲肋焊接、调平完成后待用。墩柱本体在胎架上组装制作,立柱胎架采用 H150×150×7×11 热轧 H 型钢搭设,构件托梁采用 12×100 钢板条,胎架搭设时用水准仪对胎具高程定位,胎具纵向间距为 1000mm。墩底加工前,对承台预埋钢板偏位重新进行测量复核,将偏差数据反馈给钢梁加工厂,加工时再根据偏差数据调整墩底钢板孔位。

翼缘板与腹板间的焊缝为全熔透焊缝,焊缝质量为一级。箱形柱翼缘板、腹板与加劲肋间的焊缝为半熔透焊缝,焊缝质量为二级。

3)焊缝检测

外观检测:焊缝金属表面焊波应均匀,不得有裂纹、夹渣、焊瘤、烧穿、弧坑和针状气孔等缺陷,焊接区不得有飞溅物,焊缝外观满足构件焊缝检查外观质量标准。

无损检测:所有对接接头、柱组合的焊缝均为一级焊缝,加劲肋与箱形壁板间的焊缝为半熔透二级焊缝,焊缝探伤符合《公路桥涵施工技术规范》(JTG/T F50—2011)要求。熔透焊缝需要专业的熔透焊工进行焊接,全熔透焊缝质量为一级,进行 100% 超声波检验,焊缝检验质量等级及探伤范围参照《公路桥涵施工技术规范》(JTG/T F50—2011)表 19.6.2 的要求。钢墩柱主焊缝采用 CO_2 气体保护焊打底、埋弧盖面。

4)剪力钉焊接

剪力钉为圆柱头焊钉,技术标准应符合《电弧螺柱焊用圆柱头焊钉》(GB/T 10433—2002)的相关要求。剪力钉采用电弧螺柱焊机或手工气保焊进行焊接,焊接瓷环使用前需要按照相关要求进行烘干。

5)除锈涂装

墩柱加工完毕后对表面进行除锈和面漆涂装,待面漆晾干后方可出厂。

6)V 形墩安装

进场验收要求:现场验收的主要内容是焊缝质量、构件外观、尺寸和制作资料,质量控制的重点在钢结构制作厂。

吊装场地处理:吊装前进行实地考察,根据交通导改方案选择最优的吊机及运输车辆站位,以减小对京藏高速公路正常运营的影响,同时检查吊机站位位置有无地下管道、溶洞、软基等不利条件,对吊装区域进出口位置进行硬化处理,确保吊机可以安全吊装。吊装作业前设立安全围护及交通引导标识,并安排专人引导车辆通行。

墩柱运输:运输时,为避免对墩柱外观质量造成破坏,在墩柱下方放置支垫枕木并用土工布、棉布包裹。

墩柱安装:根据墩柱的质量,采用 50t 汽车吊进行墩柱的吊装作业。承台浇筑完毕后,对承台数据进行采集,对承台预埋钢板和锚栓、锚筋位置进行重新定位。交通导改开始后,由现场指挥人员带领施工车辆驶入导改施工区域。吊装前,对钢墩柱的长度、断面、侧弯及牛腿面的高程进行预检,无误后开始进行吊装。根据轴线控制桩,将轴线投测到杯形基础四边附近,并做出明显标记;在加工好的钢墩柱侧面画出与钢墩柱十字线(或下节柱的控制线)对应的控制线;钢墩柱安装时,将墩底钢板锚栓孔对准承台预埋螺栓、锚筋,缓慢下落,直至墩底完全落入承台杯口。测量校正时,用两台全站仪分别架设在墩柱纵横轴附近,偏离角度应不大于

15°,距离墩柱的距离约为1.5倍柱长。校正时先瞄准墩柱下部的控制线,全站仪照准部固定后再仰视墩柱顶部控制线,如果重合,则表示墩柱在这个方向上是竖直的;如果不重合应进行调整,直到相互垂直的两个方向均符合要求为止。钢墩柱就位时除了校正垂直度外,还需通过调整墩柱底部的垫板对高程进行调整。墩底调整完毕后拧紧锚栓螺母,验收后在承台杯口浇筑混凝土。

承台杯口混凝土浇筑:混凝土浇筑前,首先对承台杯口内界面进行凿毛处理。杯口混凝土采用CF40钢纤维混凝土分层浇筑,每层30cm,采用插入式振捣器振捣。杯口基础混凝土浇筑完成并初凝后,承台表面使用土方回填养生。

钢墩柱混凝土灌注:

(1)保温棚搭设及墩柱预热:墩底内浇筑C40自密实混凝土。因本项目施工工期为冬季,在浇筑混凝土前,采用搭设暖棚的方法进行预热和保温养生。将浇筑脚手架平台用绿色阻燃棉被进行围护,保温棚四周设置电暖器、热风炮,采用电加热保温的方式对钢墩柱进行提前预热。

(2)钢墩柱混凝土浇筑及振捣:在钢墩柱混凝土浇筑前,采用塑料布对柱体进行外包,防止浇筑过程中灰浆滴落在柱体上造成污染。本项目采用特制的混凝土输送管配合吊车起吊料斗或泵车进行钢墩柱混凝土浇筑,浇筑完成后采用塑料薄膜在柱顶进行覆盖,在暖棚内进行养生。养护过程中,设专人对墩柱内的混凝土进行温度监测。

11.2.2.4 钢箱梁加工与安装施工工艺

京藏高速公路采用刚构体系,桥墩为V形墩Q345qDNH耐候钢材质。主梁的最小高度为1.5m,桥面宽10.75m。根据焊接量最小、安装最快捷的原则,钢箱梁加工采取纵向分段、横向分块的组合方式。梁体横向分为3块,纵向分段长度不等,其中最长段(跨京藏高速公路位置)为22m,分段位置均布置在支座间距1/3范围内。梁体以段、块为单元进行运输,运至现场后吊装至临时支架上进行拼装、焊接。图11-50为跨京藏高速公路段横向分块示意图,图11-51为跨京藏高速公路段纵向分段示意图。

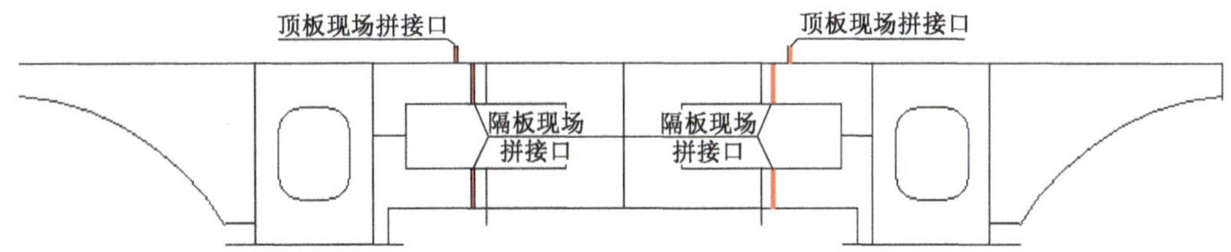

图11-50 跨京藏高速公路段横向分块示意图

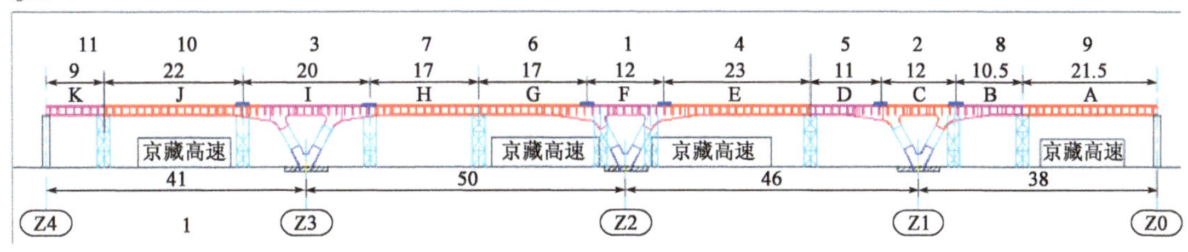

图11-51 跨京藏高速公路段纵向分段示意图(尺寸单位:m)

1)钢箱梁加工

京藏高速公路跨线桥钢箱梁主要由U形梁、顶板、横隔板、加劲肋、挂板、悬臂加劲板等部分组成。钢箱梁的加工工艺流程是:搭设胎架→零部件下料→横隔板组对、焊接,栓钉焊接→U形梁组对、焊接→支墩处底板制作→挂板制作→顶板单元组对、焊接→钢箱梁整体拼装→钢箱梁整体焊接→涂装。工艺流程图如图11-52所示。

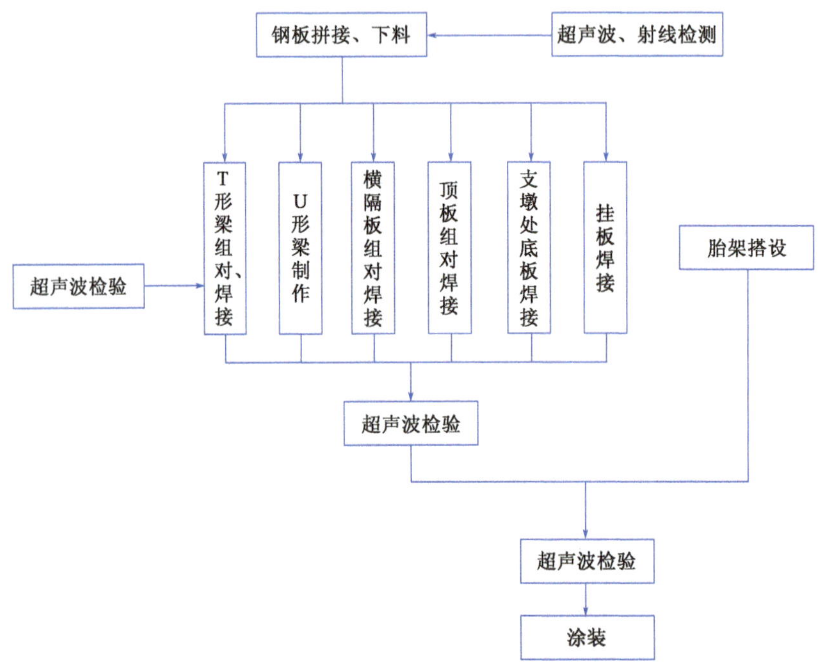

图11-52　钢箱梁加工工艺流程图

(1)钢板拼接

按照施工图进行排版、拼接,端部钢梁段的顶板、腹板各预留余量,待焊接完成后切除余量,中间段按设计尺寸排料、拼接。焊接U形梁的腹板、顶板拼接缝应相互错开,且间距应大于200mm。焊缝拼接如图11-53所示。

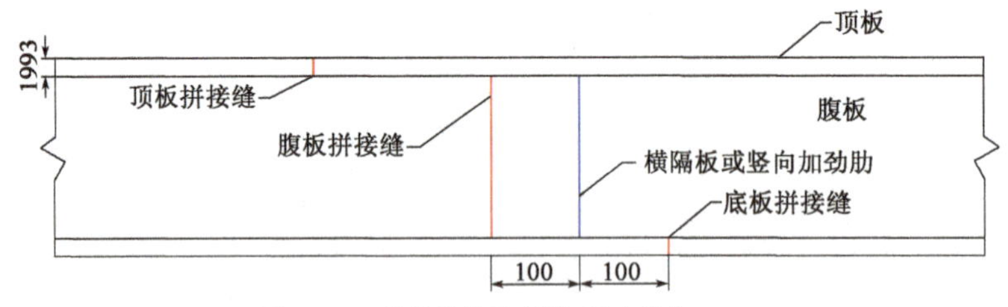

图11-53　焊缝拼接示意图(尺寸单位:mm)

(2)下料

U形梁底板、横隔板翼缘板、顶板采用多头直条火焰切割机下料;顶板采用数控火焰切割机下料;腹板、横隔板根据大样图编程后使用数控切割机下料。

(3)U形梁制作

U形梁本体组立在箱形生产线上进行,主焊缝采用CO_2气体保护焊打底、LHT型H型钢自动焊接机埋弧盖面的方式进行焊接。U 形梁腹板与底板、顶板之间的焊缝为全熔透焊缝，焊缝质量为一级。图 11-54 为 U 形梁与底板、顶板组对大样图。

(4) V 形墩处钢箱梁制作

V 形墩处钢箱梁翼缘板下料后，弧线段用卷板机卷制，待组装加劲肋焊接、调平完成后待用。腹板采用数控切割机编程下料。图 11-55 为 V 形墩处钢箱梁大样图。

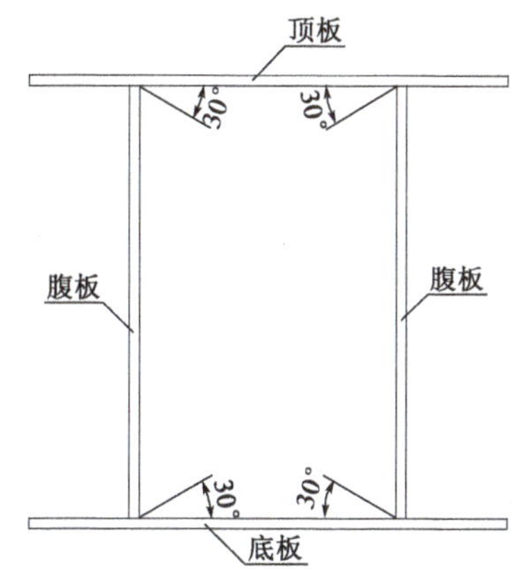

图 11-54 U 形梁与底板、顶板组对大样图

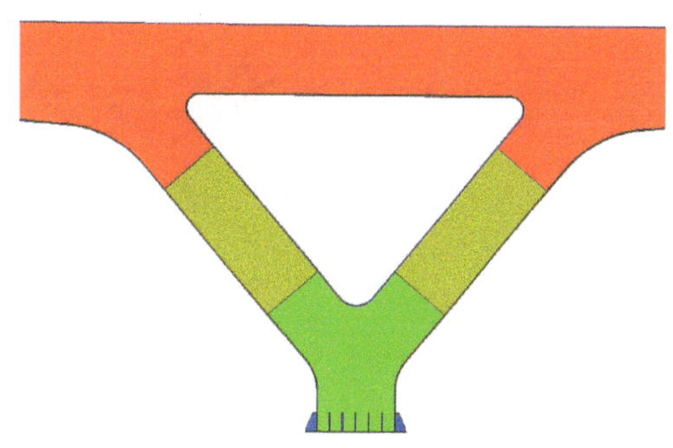

图 11-55 V 形墩处钢箱梁大样图

将腹板放置水平，在平台板上按 1:1 的比例放出腹板轮廓大样后进行胎架搭设。胎架搭设时，用水准仪对胎具的高程进行控制。图 11-56 为 V 形墩处钢箱梁胎架搭设示意图。

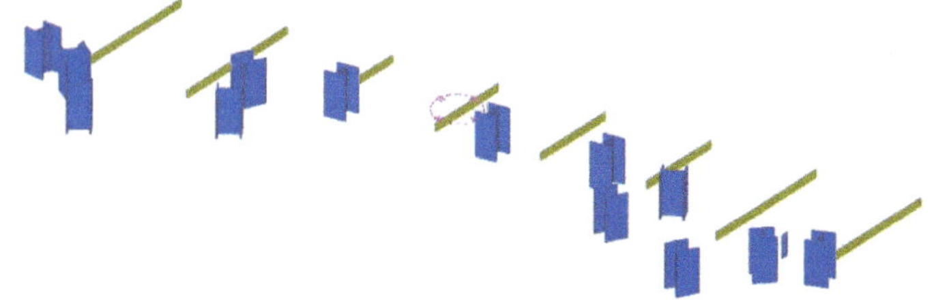

图 11-56 V 形墩处钢箱梁胎架搭设示意图

钢箱梁本体在工装胎架上进行组装，具体的组装顺序是：首先将一侧腹板上胎、拼接、焊接；然后组装横隔板和内侧底板；最后再组装另一侧腹板和外侧底板。V 形墩处钢箱梁腹板与底板、顶板间的焊缝为全熔透焊缝，焊缝质量为一级。图 11-57 为 V 形墩处钢箱梁本体组装示意图。

(5) 横隔板制作

横隔板下翼缘板、人孔护筒下料后用压力机压制或卷板机卷制，焊接完成后待用。横隔板组装时首先装配横隔板翼缘板和横隔板腹板人孔，然后装配一侧的竖向加劲肋和横向加劲肋，最后装配另一侧的竖向加劲肋和横向加劲肋。横隔板、腹板人孔的对接焊缝不得与其他焊缝重合。

(6) 整体组装

V 形墩处钢箱梁的整体组装顺序是：顶板上胎架→装配中部横隔板及顶板纵向加劲肋→装配 T 形梁→装配悬臂横隔板及顶板纵向加劲肋、挂板→尺寸检查→裁切余量后装配端头封板。图 11-58 为跨线桥钢箱梁整体组装示意图。

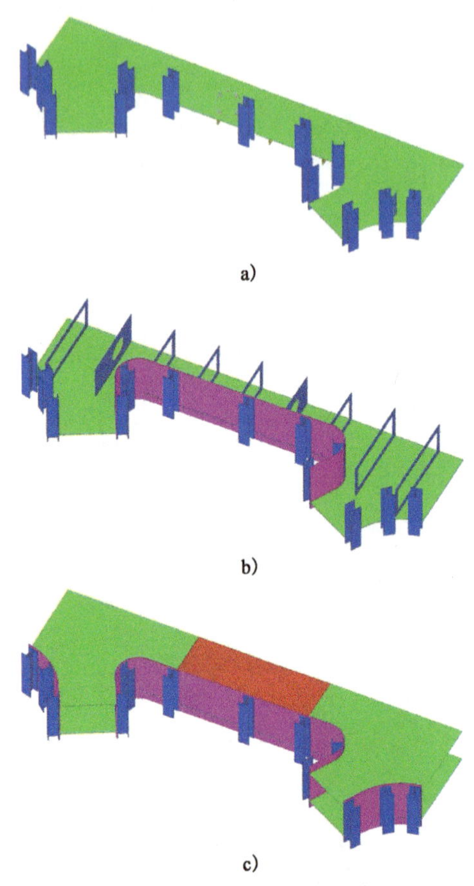

a)

b)

c)

图 11-57　V 形墩处钢箱梁本体组装示意图

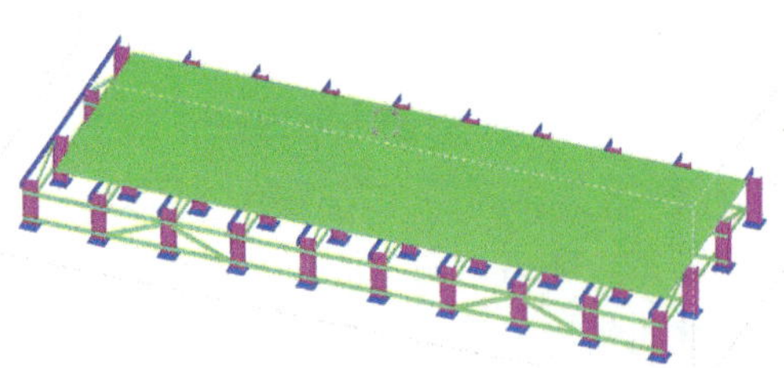

a)图顶板上胎架、拼接

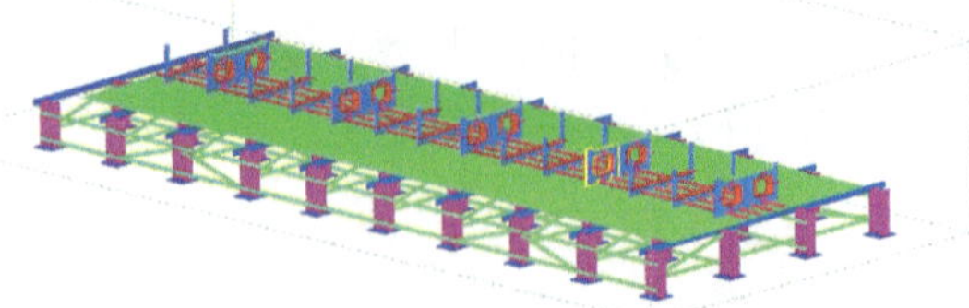

b)装配中部横隔板、纵向加劲肋

图　11-58

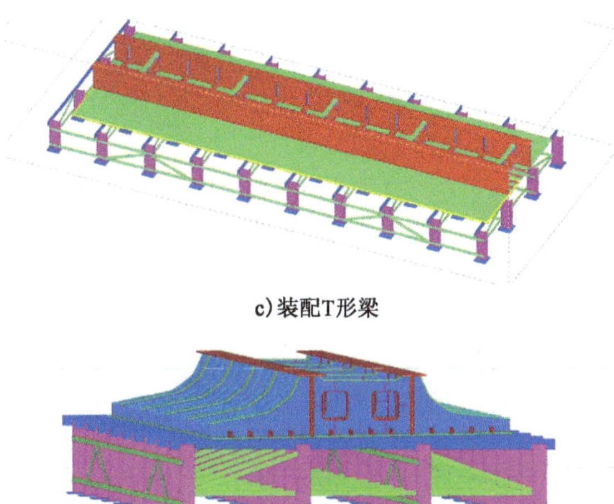

c)装配T形梁

d)装配悬臂横隔板、顶板纵向加劲肋、挂板

图11-58 跨线桥钢箱梁整体组装示意图

(7)整体焊接

箱体的整体焊接顺序是:焊接横隔板与顶板焊缝→焊接横隔板与T形梁腹板间焊缝→焊接挂板、加劲肋→焊接顶板与T形梁腹板主焊缝→焊接横隔板和T形梁底板焊缝→焊接端头封板→焊接质量检查。

2)钢箱梁涂装

首先对钢结构表面进行处理,除锈等级按设计要求应达到Sa2.5级,表面粗糙度R2为40～70μm,局部修补层表面应打磨至St3.0。表11-11为油漆涂装要求表。

油漆涂装要求表 表11-11

部位	涂层	涂料名称	次数	总干漆膜厚度(μm)	喷涂场地	干漆膜总厚度(μm)
钢箱梁	底涂层	环氧富锌底漆	1	60	厂内	240
	中间涂层	环氧云铁中间漆	2	100	厂内	
	面涂层	丙烯酸聚硅氧烷面漆	2	80	厂内	

3)钢箱梁运输

本工程钢箱梁的运输属于超长、超高、超宽、超重运输,为减小对当地交通的影响,运输时间尽量安排在夜间。当有特殊需求时,需提前与路政、交通部门协调,取得相关部门同意并办理审批手续后方可进行运输。

(1)运输准备

运输前,首先勘察从钢结构加工厂至施工现场的路线情况,确定运输车辆在到达目的地后的进入顺序。指挥运输车辆到达桥墩吊梁位置,确保车辆进入时的顺序准确。表11-12为车辆配备表。

车辆配备表　　表 11-12

牵引车型号:欧曼 BJ4183	平板车型号:环达 BJ9391
牵引车发动机额定功率:375W	平板车额定载质量:60~100t
牵引车驱动形式:6×4	平板车尺寸:长 17.5m 车板货台宽:3m
牵引车牵引总质量:26.8t	

(2)装车及加固

根据钢箱梁规格及现场道路通行条件,采用"欧曼"重型牵引挂车机组运载。每车组选用2套直径19.5mm的钢丝绳、8只倒链,梁块使用钢丝绳打围,倒链紧固,将梁块与前后车转盘紧固为一体。梁块与车体之间使用硬木支垫,梁块与硬木之间铺垫地毯或橡胶垫。图11-59为钢箱梁装车车载位置示意图。

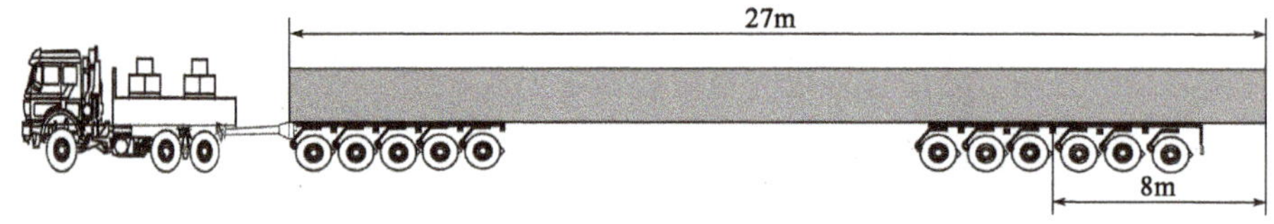

图 11-59　钢箱梁装车车载位置示意图

4)搭设临时支架

(1)临时支架位置

临时支撑脚手架设置在梁两端1/3处,根据运输变形及吊装变形确定分段长度。支撑脚手架的总高度由梁底高程减去支撑脚手架位置预埋件顶高程确定,高程精度可通过调整顶托实现。图11-60为临时支撑脚手架设计图,图11-61为第27联临时支撑脚手架现场图。

(2)临时支架结构形式

临时支撑脚手架采用ADG塔架结构形式,主要由间距0.7m×1.5m、1.5m×1.5m的ϕ60塔架支承,每段内塔架沿纵向间距1500mm、横向间距700mm布置。斜拉杆从底至顶螺旋式布置,间距为1500mm。塔架间竖向每隔2m布置一道水平连接杆。图11-62为临时支撑脚手架结构横断面示意图。

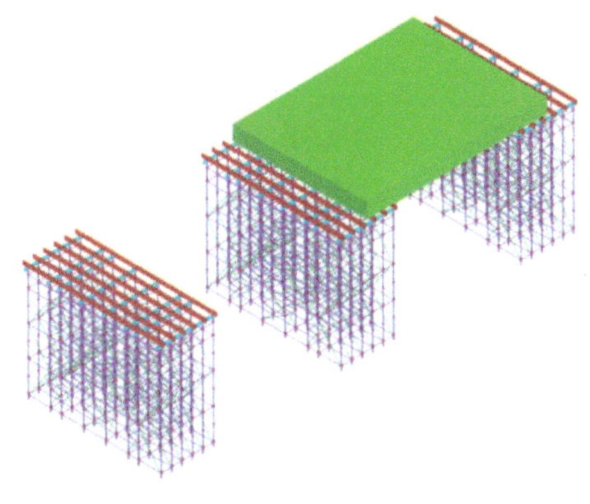

图 11-60 临时支撑脚手架设计图

图 11-61 第 27 联临时支撑脚手架现场

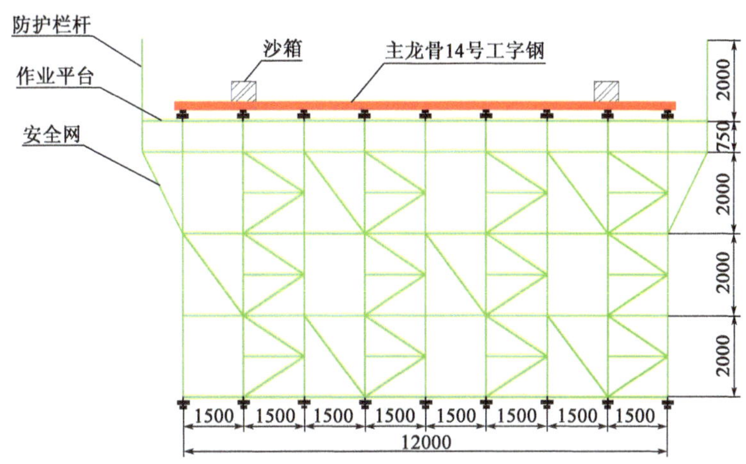

图 11-62 临时支撑脚手架结构横断面示意图(尺寸单位:mm)

(3)临时支架基础

支撑脚手架搭设前应先对基础部位进行夯实,架体底部采用可调底座,以调节基础平面高差,底座下铺设宽 30cm、厚 5cm 的通长木垫板。

(4)高程调整

本工程临时支撑架调节装置采用可调顶托。可调顶托和工字钢高度调整好后,即可进行钢箱梁节段的吊装工作。图 11-63 为临时支撑脚手架可调顶托大样图。

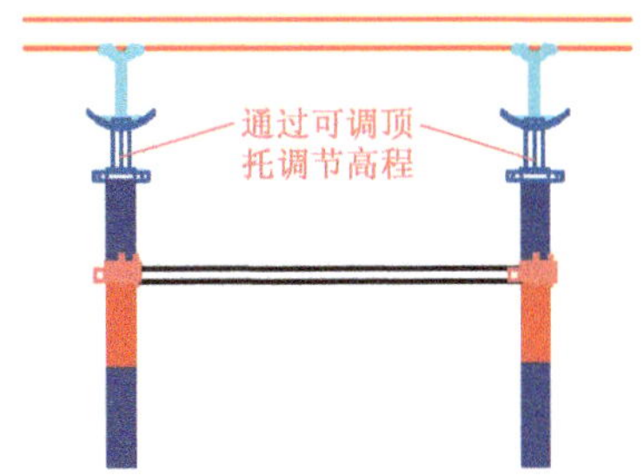

图 11-63 临时支撑脚手架可调顶托大样图

5)钢箱梁安装

钢箱梁的安装流程如图 11-64 所示。

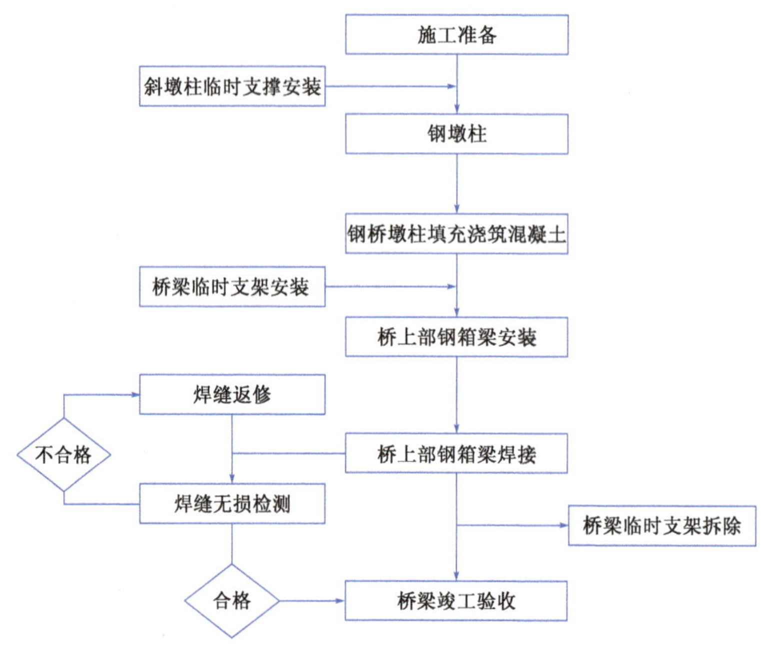

图 11-64 钢箱梁安装施工流程图

(1)主吊车选用

跨线桥钢箱梁的最重部位为盖梁段第 42T 单片。墩柱高 7m,梁高 1m,钢丝绳长 9m,最不利工况下的作业半径为 14m,幅度 25.5m,260t 汽车吊的吊装能力为 56t,满足现场吊装需求。表 11-13 为吊车选型表。

吊车选型表 表 11-13

联号	轴线号	轴线长(m)	段数(段)	最长段(m)	单块最重(t)	机械选用(t)	进场天数
第 27 联	Z0 ~ Z4	175	11	22	42.8	260	22

(2)吊装准备

钢箱梁吊装前应进行基础交接,做好临时支架验收、测量复核、测量放样等准备工作。试吊时从初始位置缓慢提升,梁底提升至板车正上方 50cm 时停止。试吊梁段在空中静止 1 分钟,待机械设备、吊索等无异常情况后再继续向上提升。

(3)V 形墩连接段安装

跨京藏高速公路段 V 形墩安装为本工程的重点和难点。施工部署时本着明细到小时的原则组织好所需资源,保证交通导流期间完成安装工作。图 11-65 为 V 形墩安装顺序(见阿拉伯数字)。

京藏高速公路跨线桥 V 形墩单件的最大质量为 8.5t,50t 汽车吊的作业半径为 12m,扬杆幅度 18m,吊装能力 11t,满足安装需求。待墩底混凝土浇筑完成后,进行联系段的箱形对接。对接口安装耳板,并使用临时固定拉杆进行固定。图 11-66 为 V 形墩定位钢板及临时拉杆示意图,图 11-67 为 V 形墩连接段安装立面示意图,图 11-68 为 V 形墩连接段吊车站位示意图。

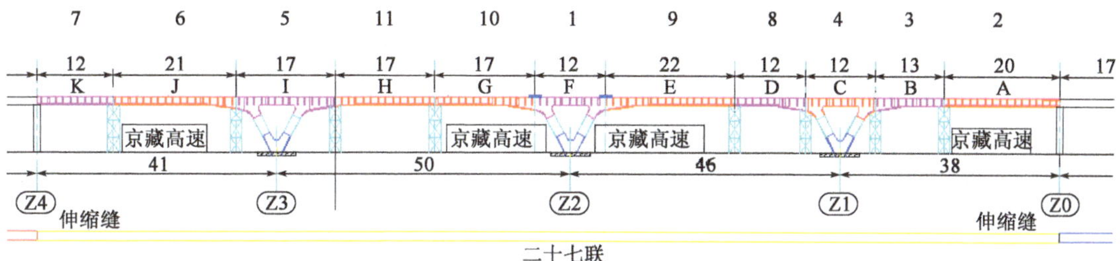

图 11-65 V 形墩安装顺序(尺寸单位:m)

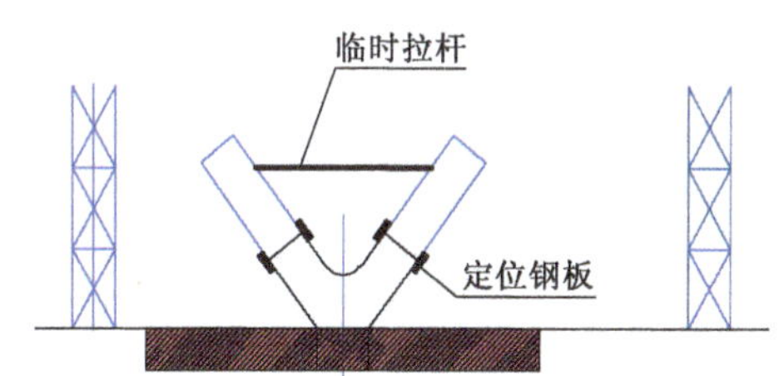

图 11-66 V 形墩定位钢板及临时拉杆示意

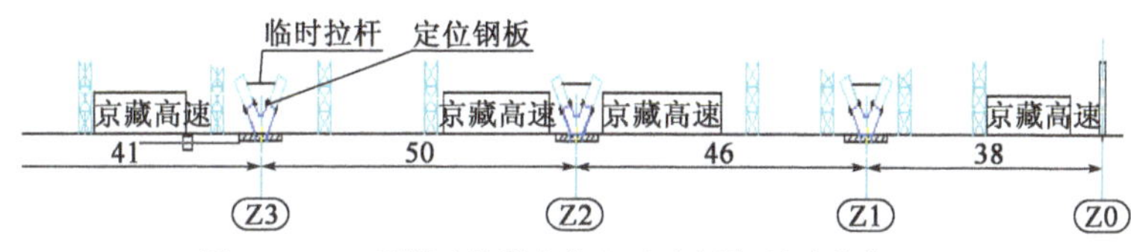

图 11-67 V 形墩连接段安装立面示意图(尺寸单位:m)

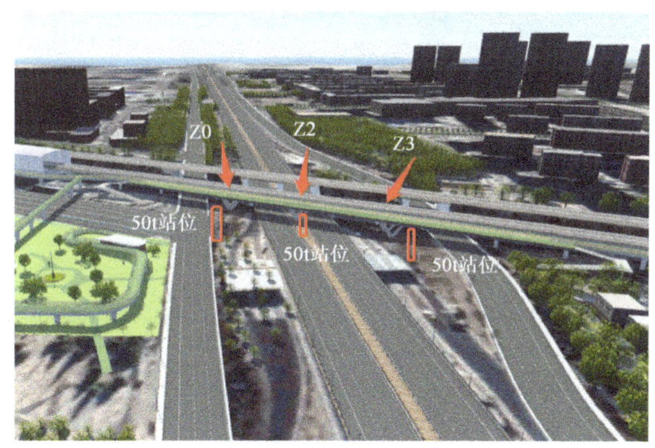

图 11-68 V 形墩连接段吊车站位示意图

(4)Z0 ~ Z1 段钢箱梁吊装

Z0 ~ Z1 段上跨京藏高速公路出京辅路,吊装前在京藏高速公路出京辅路绿化带设置出入口,在绿化带内修建临时支墩。由于钢箱梁吊装时需占用出京辅路,考虑车辆通行安全,吊装施工时将出京辅路进行临时封闭导行,封闭时间为 0:00—5:00。施工时先安装 C 段,再安装 B 段,最后安装 A 段。表 11-14 为 Z0 ~ Z1 段钢箱梁吊装明细表,图 11-69 为 Z0 ~ Z1 段立面示意图,图 11-70 为 Z0～Z1 钢梁吊装吊车站位示意图。

Z0～Z1 段钢箱梁吊装明细表 表 11-14

序号	位置	长度(m)	单块最重(t)	总重(t)	吊装时段	作业半径(m)	260t 吊装能力
1	C	12	30.24	75.6	0—5 时	22	34.5
2	B	13	23.4	58.5	0—5 时	25	29.6
3	A	20	36	90	0—5 时	25	29.6

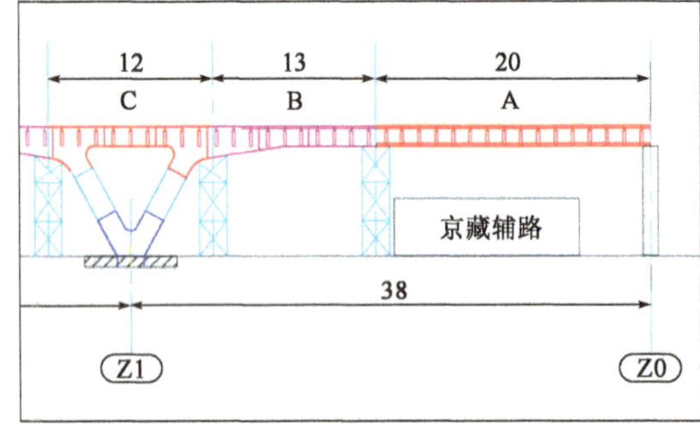

图 11-69 Z0～Z1 段立面示意图(尺寸单位:m)

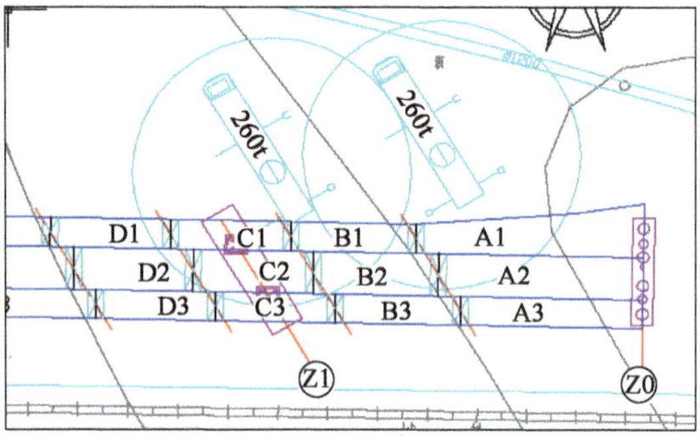

图 11-70 Z0～Z1 段钢箱梁吊装吊车站位示意图

(5)Z1～Z2 钢梁吊装

Z1～Z2 段上跨京藏高速公路出京主路,吊装前在出京辅路绿化带内修建临时支墩。由于钢箱梁吊装时需占用出京主路,考虑车辆通行安全,吊装施工时将出京主路进行临时封闭导行,封闭时间为 0:00—5:00。施工时先安装 D 段,再安装 E 段。表 11-15 为 Z1～Z2 段钢箱梁吊装明细表,图 11-71 为 Z1～Z2 段立面示意图,图 11-72 为 Z1～Z2 段安装立面示意图及平面吊车站位示意图。

Z1～Z2 段钢箱梁吊装明细表 表 11-15

序号	位置	长度(m)	单块最重(t)	总重(t)	吊装时段	作业半径(m)	260t 吊装能力
1	E	22	39.6	99	0—5 时	18	45
2	D	12	21.6	54	0—5 时	22	34.5

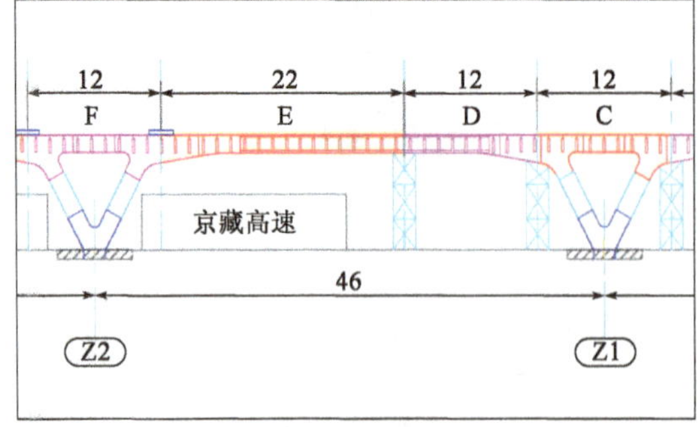

图 11-71 Z1～Z2 段立面示意图(尺寸单位:m)

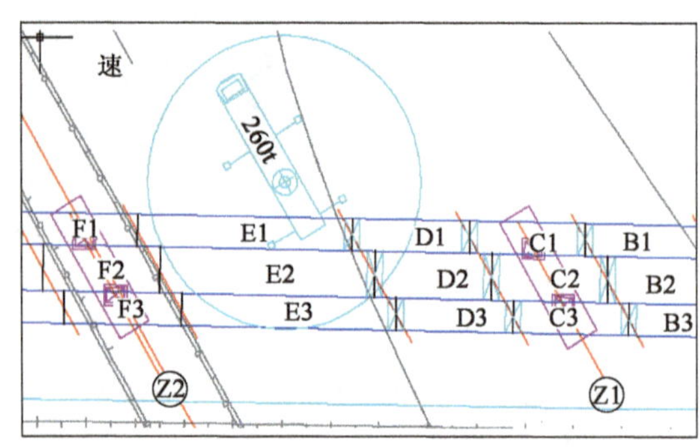

图 11-72 Z1～Z2 段安装立面示意图及平面吊车站位示意图

(6) Z2～Z3 段钢箱梁吊装

Z2～Z3 段上跨京藏高速公路进京主路，吊装前在进京辅路绿化带内、收费站进主路加速车道分隔带内修建临时支墩。由于钢箱梁吊装时需占用进京主路，考虑车辆通行安全，吊装施工时将进京主路进行临时封闭导行，封闭时间为 0:00—5:00。施工时先安装 H 段，再安装 G 段。表 11-16 为 Z2～Z3 段钢箱梁吊装明细表，图 11-73 为 Z2～Z3 段立面示意图，图 11-74 为 Z2～Z3 段钢箱梁吊装吊车站位示意图。

Z2～Z3 段钢箱梁吊装明细表　　表 11-16

序号	位　置	长度(m)	单块最重(t)	总重(t)	吊装时段	作业半径(m)	160t 吊装能力(t)
1	G	17	30.6	76.5	0:00—5:00	22	34.5
2	H	17	30.6	85	0:00—5:00	22	34.5

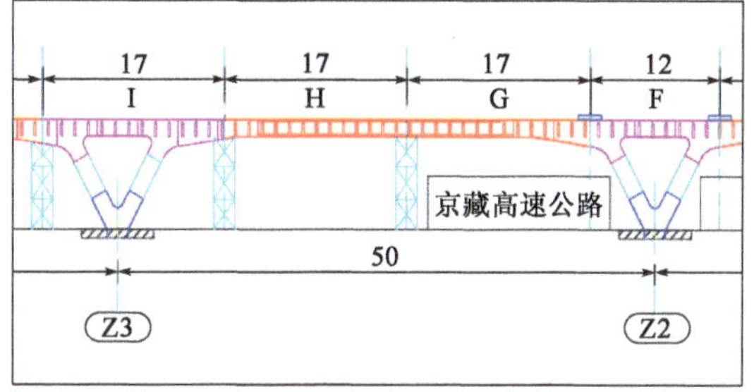

图 11-73　Z2～Z3 段立面示意图(尺寸单位:m)

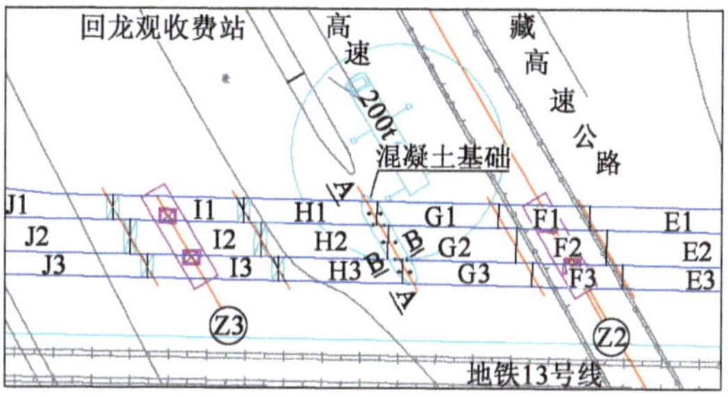

图 11-74　Z2～Z3 段钢箱梁吊装吊车站位示意图

(7) Z3～Z4 段钢箱梁吊装

Z3～Z4 段上跨京藏高速公路进京辅路，钢箱梁吊装前在进京辅路绿化带设置出入口，在绿化带内修建临时支墩。由于钢箱梁吊装时需占用京藏高速公路进京辅路，考虑车辆通行安全，吊装施工时将进京辅路进行临时封闭导行，封闭时间为 0:00—5:00。施工时先安装 I 段，再安装 K 段，最后安装 J 段。表 11-17 为 Z3～Z4 段钢箱梁吊装明细表，图 11-75 为 Z3～Z4 段立面示意图，图 11-76 为 Z3～Z4 段平面示意图。

Z3～Z4 段钢箱梁吊装明细表　　表 11-17

序号	位　置	长度(m)	单块最重(t)	总重(t)	吊装时段	作业半径(m)	260t 吊装能力(t)
1	I	17	42.84	107.1	0:00—5:00	16	49
2	J	21	37.8	94.5	0:00—5:00	18	45
3	K	12	21.6	54	0:00—5:00	25	29.6

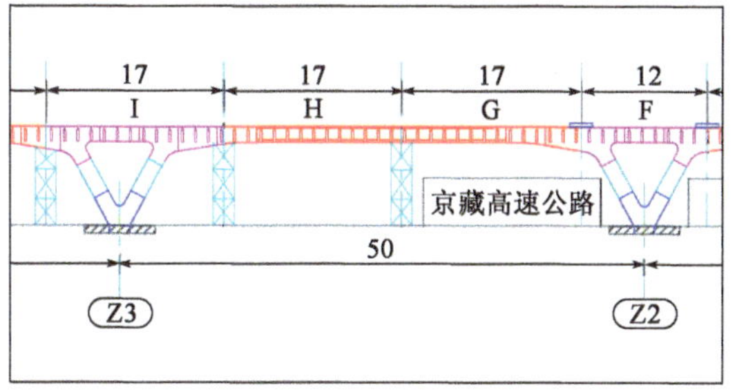

图 11-75　Z3～Z4 段立面示意图(尺寸单位:m)

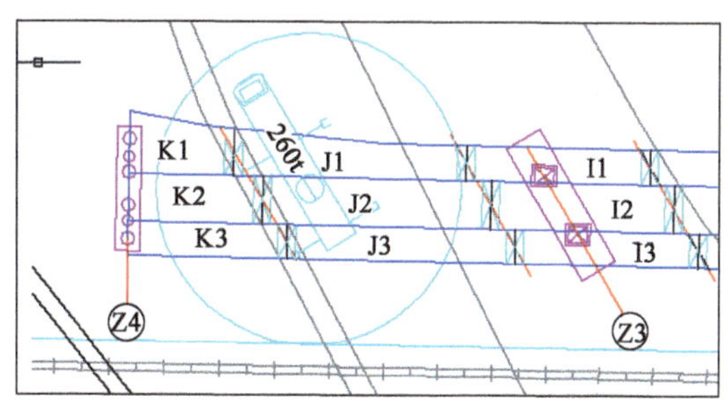

图 11-76　Z3～Z4 段平面示意图

11.2.3 关键技术措施

11.2.3.1 Z2号承台钢套箱施工工艺

1)Z2号承台概况

Z2号承台的设计开挖深度为2.68m,由于其位于京藏高速公路主路中央分隔带处,根据交管部门要求,只允许在0:00—5:00段内占用京藏高速公路进、出京主路最内侧的一条车道施工。经多个方案比选,Z2号承台最终采用套箱围堰、钢筋整体吊装的施工工艺。该施工工艺根据京藏高速公路的交通管理规定而制定,可降低施工难度,缩短施工工期。

2)钢套箱围堰施工工艺

平整场地→测量放线→开挖基坑→桩头破除→桩基检测→套箱制作→浇筑垫层混凝土→套箱安装→测量放样→钢筋制作及吊装→预埋钢筋、钢板安装→混凝土浇筑(基础承台、杯口基础)→混凝土养生。

3)施工准备

钢套箱的设置位置应便于基础施工。根据承台设计尺寸,套箱四周应比承台尺寸各宽10cm。

4)基坑开挖

按照钢套箱尺寸进行基坑垂直开挖,基坑四壁开挖完成后放入钢套箱,之后再由人工进行基底清槽和夯实处理。

5)钢套箱安装

钢套箱由钢模板拼装、焊接而成,钢模板面板的厚度为7mm,面板后部焊有背肋。施工时用板车将钢模板运输到现场进行拼装、焊接。拼装时,根据承台的施工尺寸及现场施工要求,预留承台钢筋笼吊装的施工作业空间,钢套箱长14.5m、宽3.7m、高3.6m。钢模板拼装、焊接时保证焊接饱满,无缺焊、漏焊现象,防止因焊接质量问题而导致土体挤压变形。

坑底清槽、夯实处理完成后即可进行钢套箱安装,先用吊车吊装护栏模板,吊装时由专人指挥,并在模板两侧安装缆风绳辅助作业。钢套箱采用边吊装边焊接的方式安装,安装完成后在模板顶面进行加固、支撑。图11-77为钢套箱围堰示意图。

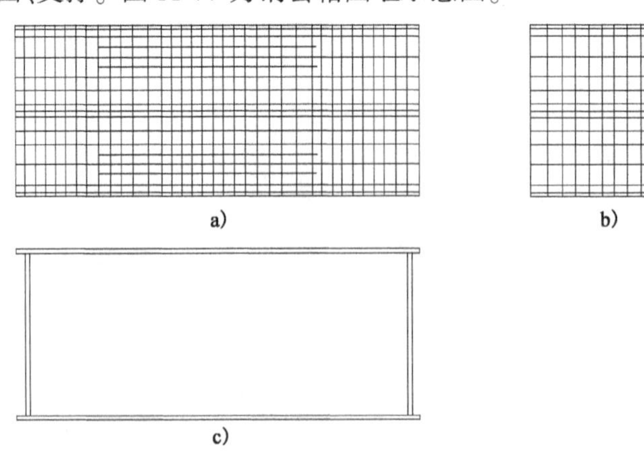

图11-77 钢套箱围堰示意图

6)垫层浇筑

钢套箱吊装完毕后,进行承台垫层浇筑。

7)钢筋骨架吊装

钢筋吊装前对钢筋骨架的摆放位置进行核实。考虑到钢筋骨架的吊装在夜间进行,施工前需要安装充足的照明设备,因此采用汽车吊进行吊装,吊装前在承台段主筋处系缆风绳辅助吊装,将承台钢筋吊入套箱内部后再进行绑扎。

8)混凝土浇筑

钢筋笼吊装完成后,进行混凝土的浇筑、养生。

11.2.3.2 V形墩加工BIM建模技术

本工程V形墩在安装过程中采用了BIM模拟施工技术。

1)承台杯口预埋钢板定位

墩柱与承台采用定位筋、定位锚栓与柱脚开孔钢板插入式连接,一个杯口柱脚底板需开孔100处,而柱脚锚栓预留孔中心偏移的允许偏差仅有10mm,基础锚栓中心偏移的允许偏差仅有5mm,因此对基础锚栓的定位要求非常严格。

现场施工很难对承台预埋构件(定位筋、锚栓、定位钢板)的定位进行精确控制。在浇筑承台混凝土的过程中,预埋构件很容易移位,从而造成不可恢复的偏差。为减少钢板与预埋件位移,采用定位架进行整体定位。将预埋钢板四角与定位架进行临时焊接,既保证了预埋构件的高程,同时可以防止构件发生位移。图11-78为Z2号承台示意图,图11-79为Z2号承台预埋构件示意图,图11-80为承台预埋构件定位架示意图。

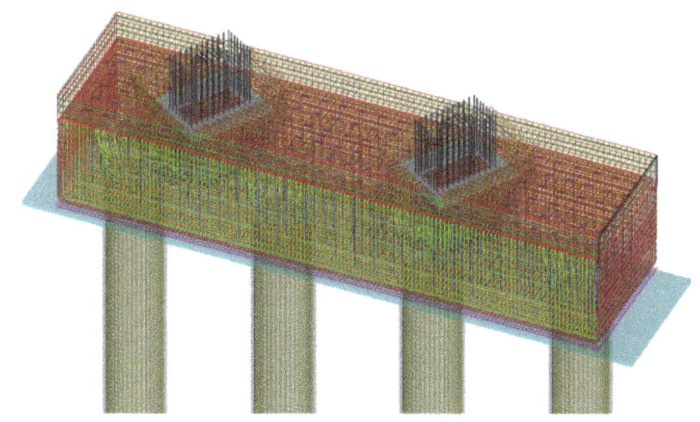

图11-78 Z2号承台示意图

2)承台杯口钢板数据采集与V形墩墩底加工

承台浇筑完毕后对杯口预埋钢板进行偏位数据采集,发现钢板有少量位移,实际开孔位置与设计开孔位置发生整体旋转。图11-81为实际孔位与设计孔位对比图,其中绿色为设计开孔位置,红色为实际开孔位置。

为确保V形墩墩底的顺利安装,对实际承台预埋钢板进行数据采集,通过BIM技术对承台预埋钢板实际孔位进行建模,然后将模型提供给钢结构加工厂,加工厂根据现场实际数据进行V形墩墩底锚栓孔的调整加工,以确保承台预埋锚栓、锚筋与墩底开孔孔位逐一对应,保证安装工作的顺利进行。

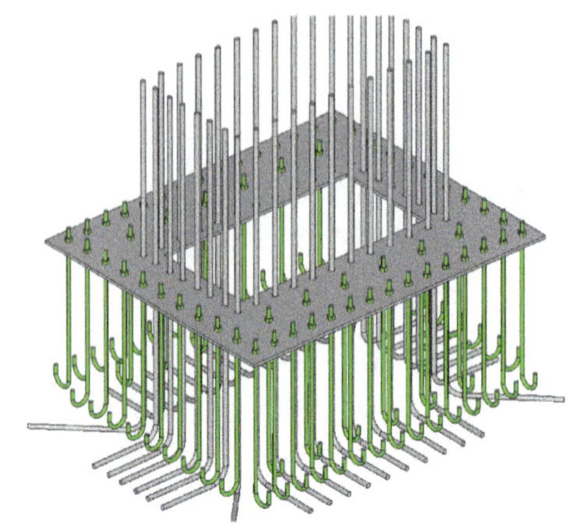

图 11-79　Z2 号承台预埋构件示意图

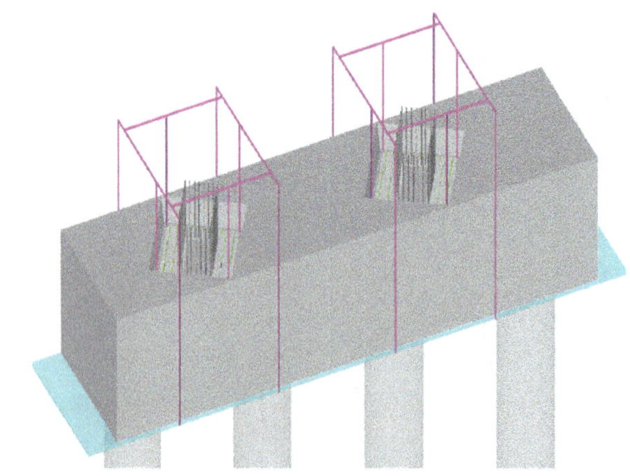

图 11-80　承台预埋构件定位架示意图

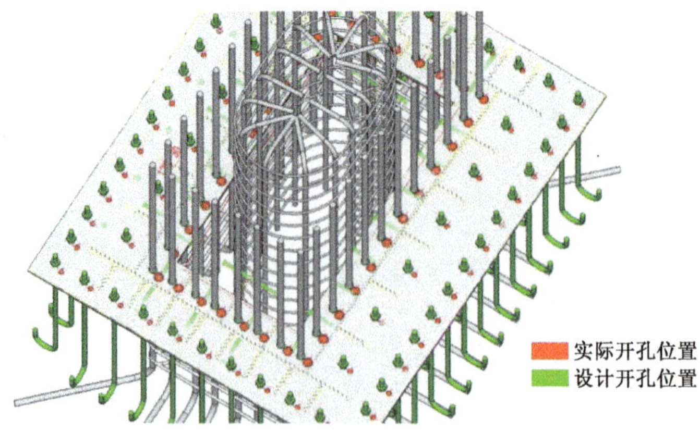

图 11-81　实际孔位与设计孔位对比图

3)安装模拟

为避免钢筋与剪力钉、加劲肋等在安装时发生碰撞,安装V形墩墩底前利用BIM技术可视化优点对工程进行模拟拼装、软硬碰撞检测。利用BIM技术可视化特点进行安装模拟,使得施工交底由文字指导书变为实景动画;在检测硬碰撞的同时,将各构件之间的间距进行软碰撞,对其进行多层次分析、多角度分析。通过BIM技术演示无碰撞等问题后,构件再进场进行吊装。图11-82为节段构件碰撞BIM模拟效果图。

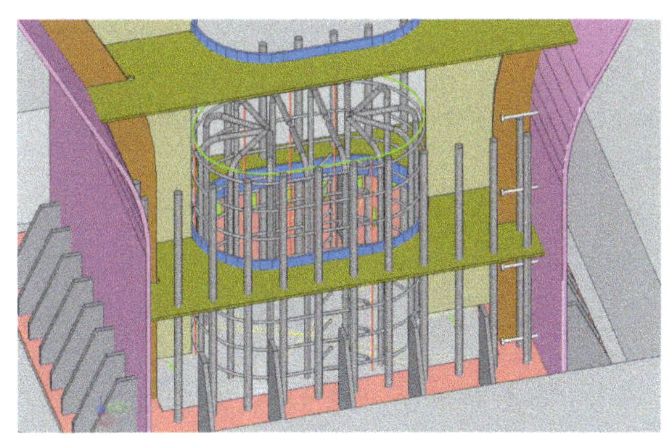

图11-82 节段构件碰撞BIM模拟效果图

11.2.3.3 整体焊接挂篮车

1)焊接挂篮车概况

第27联(跨京藏高速公路段)钢梁整体焊接时,采用可行走跨越式挂篮车作业。车身长10.45m,宽6~10m,主体由钢桁架、横框架、立柱及项框架组成,框架均采用槽钢拼装。挂篮车作业平台底板自桥面板以下保持净空2.5m,以满足主桥1.1m高条件下的全方位焊接。

焊接施工时,可根据焊接部位自由移动挂篮位置。挂篮车底部采用全封闭钢板,既能确保无焊渣掉落以免伤及人员和车辆,又可起到防火、防风、遮挡焊接弧光的作用。图11-83为跨线桥焊接挂篮车示意图。

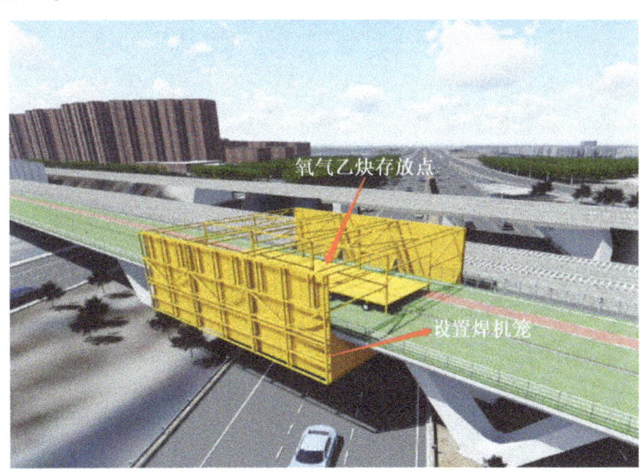

图11-83 跨线桥焊接挂篮车示意图

2)焊接挂篮车结构

焊接挂篮车的横框架、立柱为热轧 H 型钢,下横梁型钢规格为 HW200 ×200 ×8 ×12,下横框架为方管口型钢,规格为□180 ×180 ×5 ×5。框架的结构形式见图 11-84。

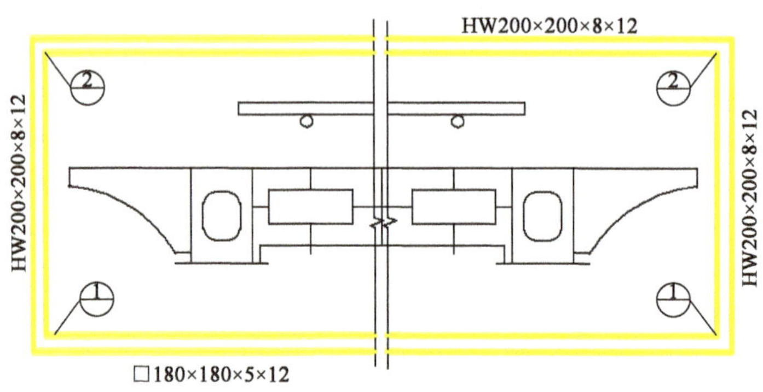

图 11-84 第 27 联钢梁框架结构示意图

3)焊接挂篮车制作工艺

挂篮车的钢框架在工厂加工制作,下横梁的规格为 HW180 ×180 ×5 ×5,上横梁的规格为 HW200 ×200 ×8 ×12,立柱的规格为 HW200 ×200 ×8 ×12。加工完成后运输到施工现场进行安装,横梁与主框架通过螺栓连接。挂篮车主要施工工艺流程为:施工准备→放样、下料、切割→制作→钻孔→构件拼装焊接→焊接滑轮→构件涂装。图 11-85 为横梁与小车连接示意图,图 11-86 为焊接小车现场图。

图 11-85 横梁与小车连接示意图

图 11-86 焊接小车现场图

4)小车的安装及行走

首先对挂篮小车进行检查,验收合格后用 50t 吊车将挂篮小车吊装到桥上,吊装就位后用 3t 的倒链控制小车行走,小车底部及两侧采用钢板全封闭。

根据钢箱梁的吊装顺序,小车沿着桥梁从大桩号到小桩号方向行走。施工时,作业人员在操作平台上进行焊接作业,每焊接完一段钢箱梁后,通过拉动倒链移动小车,从而进入下一段焊接部位进行焊接。

京藏高速公路跨线桥的施工是整个项目施工的重难点。因京藏高速公路为国家高速公路网的重要组成部分,夜间平均每小时车流量大于 800 辆,经交管部门批复只能在 00:00—

5:00 进行交通导改,且施工期间又受春节、两会、“一带一路”峰会、清明节、世园会等多个重大节日和会议影响,工期非常紧迫,跨线桥的施工质量、安全和进度成为项目的关键管控点。

安全方面,经过危险源辨识分析得出,跨京藏高速公路主辅路的桥梁施工存在极大的生产安全事故风险,如防控措施不到位有可能发生重大事故且影响恶劣,故将此处施工列为项目重要管控点。根据项目安全管控体系,项目对该安全重点管控部位实行险长制,确定险长为项目负责人,险长对施工全过程的安全管理负责,落实各项安全管控措施。施工过程中进行现场值守,认真落实险长的安全职责,以确保施工安全万无一失。

质量方面,施工方案经过多次专家论证,确保安全可行方可实施。施工前对工人进行详细的技术交底;施工过程中加强与建设单位、设计、监理及钢结构厂家的联系,遇到问题及时沟通解决;施工时项目技术人员全过程值守,各工序严格执行“三检”制度,保证工程质量。

进度方面,拟订详细的施工准备计划,做好各项前期准备工作,安排专人逐项落实。建立生产例会制度,提前布置计划安排,监督落实完成情况。根据生产安排,按人员、设备投入计划配置足够的人员、设备,保证施工进度。

文明施工方面,本工程致力于打造绿色、清洁、节能、环保型工地。根据《北京市平安工地标准》及《公路水运工程安全标准化指南》要求,结合项目实际需要,现场开展“6S”标准化管理。

11.3 桥梁栏杆

自行车专用路的护栏种类包括标准段桥梁护栏、非标准段护栏、京藏高速公路跨线桥防风装置及中央分隔带栏杆、梯道护栏等五大类。桥梁护栏由浇铸铝立柱、不锈钢防撞栏杆、挤压铝扶手和铝制穿孔板组成。

标准段桥梁护栏自桥面起高 140cm,距桥面 40cm 处及栏杆顶部设置不锈钢防撞栏杆,栏杆所有部位均采用锚栓连接;京藏高速公路跨线桥防风装置自桥面起高 250cm,距桥面 40cm 及 140cm 处设置不锈钢防撞栏杆;跨线桥中间设置中央分隔带栏杆,距桥面 108.5cm 及 144.5cm 处设置不锈钢防撞栏杆。图 11-87 为桥梁护栏加工及安装工艺流程图。

11.3.1 安装要点

1)放样画线

根据图纸从桥梁起点开始,以两个桥梁之间的伸缩缝作为一个安装区间,通过量尺、画线检测钢箱梁外挂板上的安装孔位是否合适,能否满足安装精度,所有参考基准均以桥面作为基准面。根据钢桥面纵断线形调整护栏安装线形,使整体线形顺直、美观。

2)孔位校核

如果孔位刚好合适,则继续检查下一孔位;如果孔位偏移量较小,则用记号笔画出孔位偏移量,然后使用磁力钻进行扩孔,将记号笔标注出的多余孔肉切除,将亏肉部分进行重新封堵;如果孔位偏移量较大,则不再调整孔位,而是先记录偏移数据,由工厂根据实测数据加工满足安装尺寸的护栏。

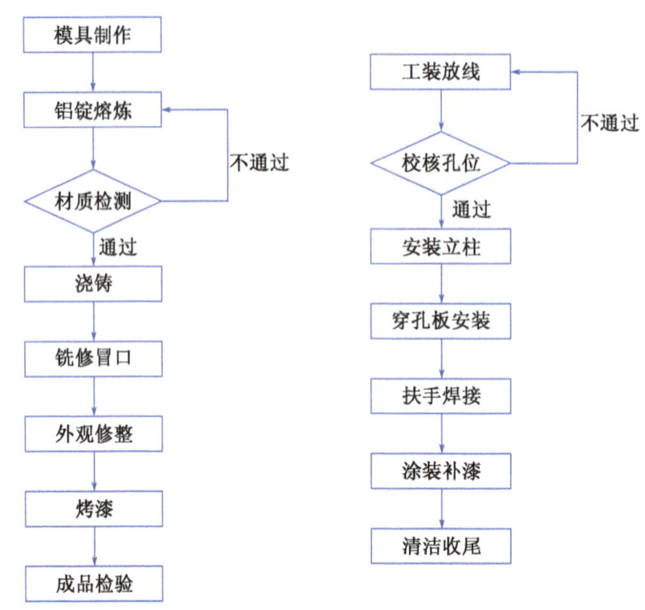

图 11-87　桥梁护栏加工及安装工艺流程图

3)安装立柱

本工程护栏采用人工配合机械进行安装,每摊配一台 8t 的吊车和升降车或采用自制护栏安装小车,吊装时用 2 根 500kg 吊装带平衡吊装。京藏高速公路跨线桥的立柱安装时,人员从桥面攀爬到小车内进行作业。梯道段立柱安装时,用升降车将作业人员升到安装位置,安装工具及连接螺栓同时到位,吊装作业人员服从指挥人员统一安排,高空作业人员必须佩戴好安全带。立柱安装时从一端开始,立柱螺栓孔对正后安装螺栓预紧,每个孔位安装一组立柱,螺栓初步拧紧。使用全站仪或铅垂线进行立柱垂直度校正,使用增减垫板进行厚度校正,使用调整螺栓外漏长度进行防撞栏杆高程校正,无误后立即紧固螺栓。

4)穿孔板安装

立柱安装完成后,每 2 根成品立柱中间通过升降车安装穿孔铝板。

5)扶手焊接

不锈钢护栏采用螺栓固定支板的方式进行定位,每段不锈钢护栏的长度为 5m。通过固定支板调整好线型后,利用先点焊后满焊的方法将其固定。

6)涂装补漆

清除焊缝周边的飞溅、焊瘤和护栏表面的油污、灰尘,对清理干净的护栏进行喷涂补漆。

7)清洁收尾

对施工过程中产生的垃圾统一进行处理。图 11-88 为标准段护栏。

11.3.2　施工工艺

1)立柱浇铸

由于本工程栏杆立柱的种类多、数量多、工期紧,急需高效率、大批量地产出,随之带来模具开发难度大的问题。由于立柱高度较高,普通砂模浇筑热变形大,外观上达不到使用要求。

在保证使用功能的前提下，最终采用球墨铸铁作为模具原材料。球墨铸铁的熔点为1200℃，这种材质能够保证产品连续浇筑后外形的统一，变形量可忽略不计。为保证一次成型，减少加工量、提高产出效率，立柱内凹槽采用抽芯、预置砂芯的方法，实现了产品一次浇铸整体成型的工艺。此外，为了保证现场的安装进度，采用2套模具24小时不间断生产，由电脑控制机器人浇铸手完成浇铸和脱模流程，最终实现300件/天的产出量。

图11-88 标准段护栏

2）标记发货

因本工程每两根立柱之间的穿孔板宽度不尽一致，曲线段穿孔板的种类更多，为加快安装进度且便于识别，每组护栏均有相应的二维码标记，两根立柱之间的护栏按照布置图做好标识成捆发货，节约了现场散货时间。

3）异形穿孔板制作

本工程梯道转弯处的栏杆穿孔板均为异形穿孔板，弯曲半径不统一，导致三维异形空间穿孔板的出图和加工难度非常大，且每块穿孔板有10个固定孔位，孔位直径仅有6mm，一旦出现误差将导致本块穿孔板无法安装。为避免出现此类情况，最终采用设计与实测相结合的方法进行制作安装。首先对转弯处的三维穿孔板进行精准测量，再根据实测数据定制加工。如果标准段孔位发生位移，则直接改为非标准段制作。此方法在加快施工进度的同时，减少了机械和材料的浪费。图11-89为T5C号梯道立柱穿孔板。

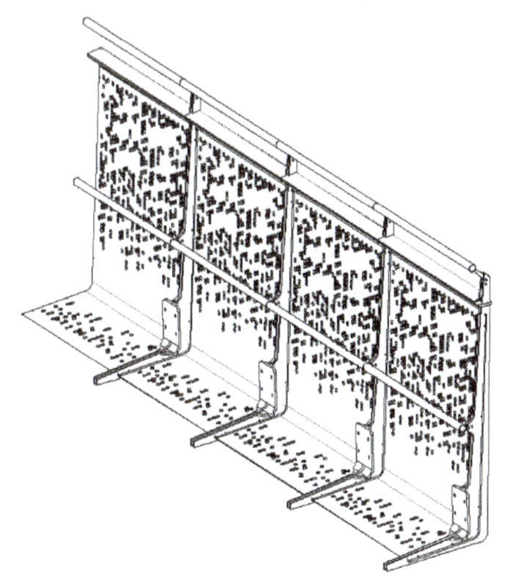

图11-89 T5C号梯道立柱穿孔板

4)孔位修正

经现场勘察发现,因钢箱梁开孔及安装时间在冬季,而护栏安装正值夏季,主梁表面温度已高达到40℃。受温度变化影响,钢箱梁出现热胀冷缩现象,部分护栏安装孔位已发生偏移,导致护栏无法正常安装。为此,护栏安装之前安排专业技术人员对全线的护栏安装孔位进行校核,对部分存在偏差的位置做出标记,为后期孔位修正及快速安装提供了有力的技术保障。在安装试验后,经多次总结分析,发现全桥所有的孔位存在相互关联,如全部进行调整则工程量极大,按照每个孔位10分钟修正完成的工时测算,修改完全部孔位需266天,远远超出预定工期。为此,在安装过程中加大施工人员和辅助器械投入,先将立柱临时固定在孔位上,后将穿孔板在立柱晃动状态下安装就位。因穿孔板连接部位有少量可调节量,待立柱与穿孔板位置调整至最佳后再拧紧所有螺栓,最大限度保证尽可能多的穿孔板不做修整。如遇孔位间距较小处,利用角磨机切割多余穿孔板;如遇孔位间距较大处,则定制非标准穿孔板或采用两块穿孔板拼接的方法保证安装效果。最终,共生产非标准穿孔板2313块,每块穿孔板均由不同尺寸的铝板经数控机床编程切割完成。

5)护栏安装小车

本工程桥梁的平均高度为7m,并且部分段落上跨京藏高速公路。护栏安装属于高空作业,每块标准穿孔板有10个固定孔位,每块防风装置穿孔板有30个固定孔位,因此安装难度极大。由于跨线桥下方为京藏高速公路,无法使用高空作业车,因此本工程在建设过程中自主设计并研发了护栏安装机械,包括4辆标准工装小车,用来安装标准穿孔板;2辆大型工装小车,用来安装京藏高速公路跨线桥防风装置,解决了不能使用高空作业车的难题。此外,根据现场实际情况,为提高挤压铝扶手的安装效率,选配了合理的切铝机设备和紧固电动扳手工具,降低了工人操作难度,提高了护栏的安装效率。

11.3.3 质量控制措施

1)技术措施

工程开工前,技术部门根据设计文件和图纸编制《施工手册》,向施工管理人员进行工程内容交底,《施工手册》内容包括工程概况、工程名称、工程数量、施工范围、技术标准、工期要求等。施工阶段,由技术人员向作业层技术人员对分项、分部、单位工程进行工程结构施工工艺标准、技术标准交底,由作业层技术人员向领工员、工班长进行技术交底。

垂直度控制:浇铸铝立柱在安装过程中必须在前、后、左、右方向反复用水准仪检测其竖直度;立柱安装后,在检查和调整过程中进行局部竖直度调查,使其更符合线形的要求。

顺直度控制:顺直度必须在立柱放样、测距定位时进行控制,可通过逐跨安装多个立柱,利用线绳进行定位。通过经纬仪、水准仪等测量仪器确保放样的准确,保证护栏线形顺畅。

2)管理措施

建立健全各种质量管理制度,严格执行"三检制"检查验收制度。实行施工质量与施工人员绩效考核相关联,奖优罚劣,加强施工人员质量意识教育和技术质量考核,考核不合格人员不得进入施工现场。将质量控制目标分解到各个分项工程,落实到班组和工种,将各管理人员分管部位质量情况作为月度考核的重要依据。

安装前,按照国家规范标准和图纸要求编制专项施工方案和焊接作业指导书,并对管理人员和施工班组进行技术交底。施工时,现场严格按照方案及指导书提供的工艺作业。在满足规范和图纸要求的基础上努力提高内控标准,进一步提高工程质量。

焊工必须持证上岗,统一进行人员编号,且焊接作业前要经过专门的安全教育培训和安全技术交底,严格遵守安全纪律,按照标准和工艺施焊。焊条发放和领取要有记录,焊条使用前进行烘焙处理。

认真做好施工技术资料的收集、整理和保管工作,特别是质量保证资料必须与工程实体同步,达到真实、齐全、整洁,符合档案要求标准。设立专人进行档案管理和信息化管理。

11.3.4 安全控制措施

在工程施工前,本着"安全第一、预防为主"的原则,成立以项目经理为第一责任人的安全工作领导小组,及时做好对工人的三级安全教育和班前安全教育。配备安全防护设施,加强现场的安全、文明施工管理,发现隐患立即整改,对不符合文明施工的情况及时纠正。本工程由于工作到位,措施得力,在整个过程中未发生任何一起安全事故。表 11-18 为护栏安装安全风险点辨识及防治措施表。

护栏安装安全风险点辨识及防治措施表 表 11-18

序号	危险部位及危险源	事故及伤害类型	控 制 措 施
1	临时用电	触电火灾	1. 编制临时用电专项安全技术方案,定制应急措施。 2. 进行临时用电施工安全技术方案。 3. 设专职安全人员实时进行安全巡查。 4. 作业人员必须严格执行安全技术交底
2	挂板开孔	高空坠落物体打击	1. 检查施工作业人员个人防护用品的佩戴情况。 2. 操作设备人员持证上岗。 3. 制定高空坠落应急预案
3	扶手焊接	火灾 熔渣伤人	1. 清理施工范围内的易燃易爆物品。 2. 施工范围内设置临时防护隔离栅
4	穿孔板安装	高空坠落物体打击	1. 临边、临口防护设施符合规定并性能可靠。 2. "三安"设施、用品齐全并符合规定要求

本项目护栏施工克服了时间紧、体量大、种类多、精度高、交叉施工、作业空间有限等困难,虽然个别曲线位置由于材料特性决定了安装成型之后不尽完美,但是经过各单位团结配合、自主创新、积极加大投入,护栏安装成型整体效果使人感觉舒畅,达到防撞、防眩、防风、隔音的效果,整体牢固稳定,实现了减轻桥梁自重,降低成本的技术经济效果,与周边的环境达到了和谐统一,使北京市自行车专用路成为一道与地铁 13 号线并行的靓丽风景线。

11.4 墩柱铝扣板

为提升自行车专用路的整体景观效果,在桥梁钢墩柱顺桥向东西两侧各设置一个铝扣板,将管线、泄水管等设施布置在铝扣板内,确保桥梁下部视线范围内无外露管线。墩柱铝扣板根据墩柱外形设计，Y 形墩、H 形墩为半圆弧形。考虑到施工方便，将铝扣板整体分为 3 段：中间特殊弧形段、上部弧形段、下部弧形段，各段之间设置压缝。针对出入口 π 形盖梁、跨京藏高速公路 V 形墩等特殊墩柱，因墩柱结构尺寸较大，半圆形设计会影响整体美观，故采取了平面装饰铝板设计。

铝扣板根据图纸设计由专业厂家加工制作，在墩柱各附属管线施工完成后现场安装。铝扣板安装前，在墩柱结构表面焊接固定角钢，铝扣板在墩柱内侧时与固定角钢采用悬挂螺钉，在外侧则采用固定螺栓（自攻螺栓），螺钉竖向间距 60cm；铝扣板设置内侧加劲肋，间距 60cm。所有铝板厚度均为 3mm，采用白色烤漆，颜色与主桥颜色一致，埋入地面以下 20cm。图 11-90 为 H 形墩柱铝扣板安装示意图，图 11-91 为 Y 形墩柱铝扣板安装示意图，图 11-92 为 π 形盖梁及 V 形墩柱铝扣板示意图。

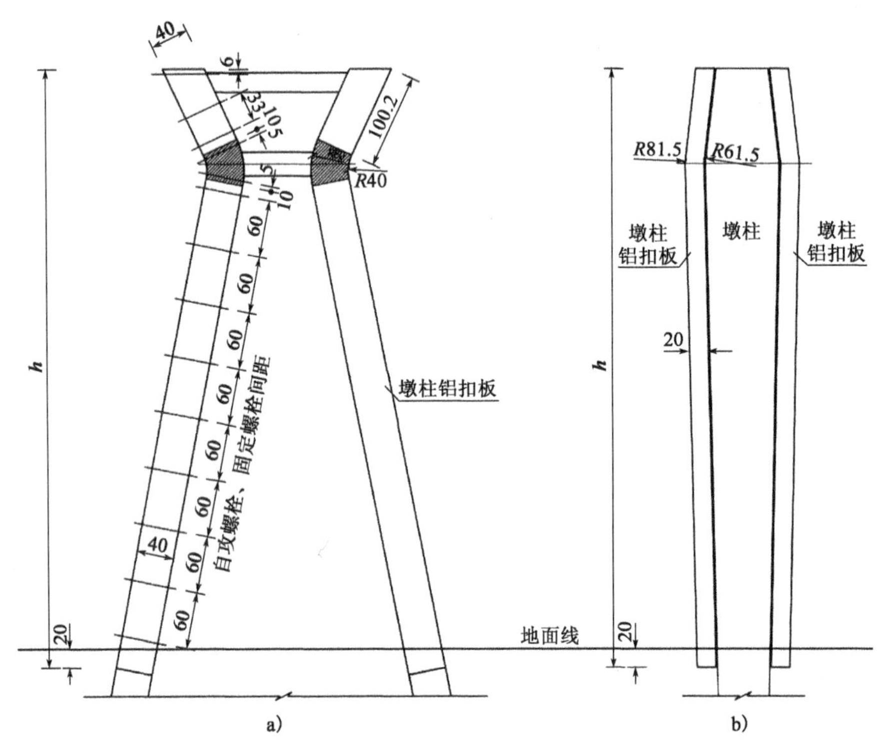

图 11-90　H 形墩柱铝扣板安装示意图（尺寸单位：cm）

11.4.1　施工工艺

墩柱铝扣板施工时，先安装固定角钢，然后将焊接位置打磨后按现场涂装方案进行补漆，待桥面雨水系统全部安装完成后再进行铝扣板的安装施工。

铝扣板在厂内根据墩柱尺寸进行分段成套加工，圆弧形铝扣板分为中间特殊弧形段、上部弧形段、下部弧形段；π 形盖梁、V 形墩柱铝扣板按照墩柱的横向及纵向平面尺寸进行加工，烤漆喷涂后运输至施工现场安装，角钢等零星材料再在施工现场根据具体墩柱尺寸需要下料安装。

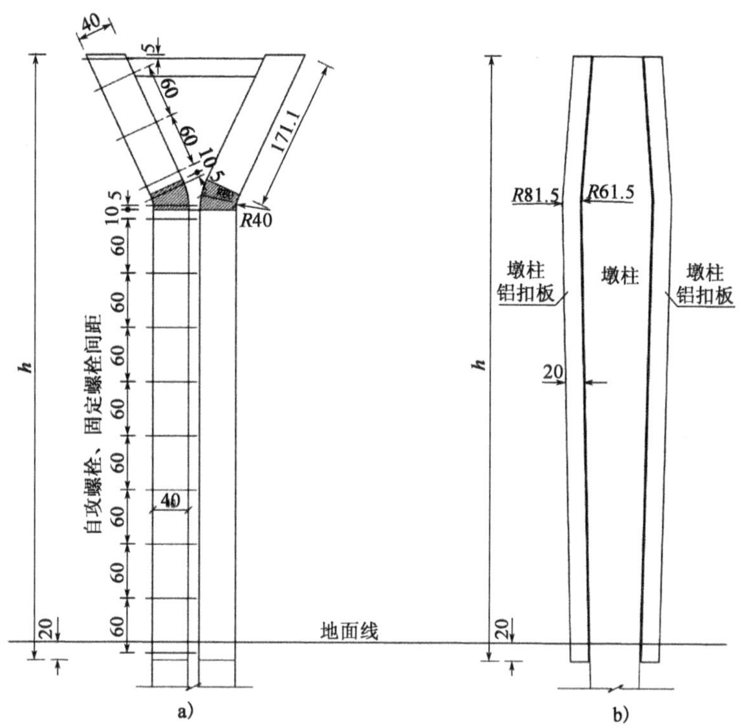

图 11-91 Y 形墩柱铝扣板安装示意图(尺寸单位:cm)

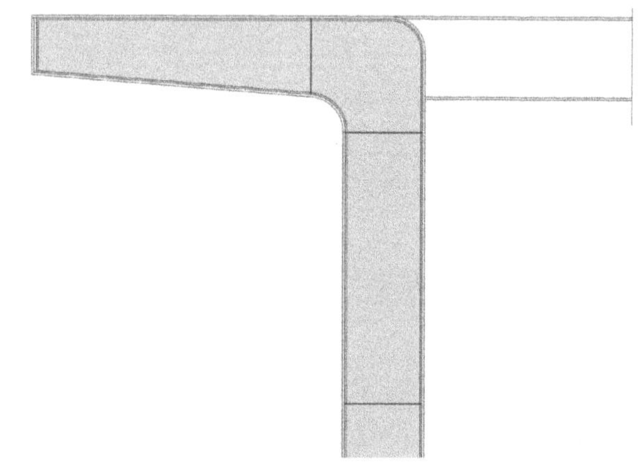

图 11-92 π 形盖梁及 V 形墩柱铝扣板示意图

铝扣板的施工工艺流程如图 11-93 所示。

1) 角钢支架安装

根据铝扣板的安装方向,以墩柱变截面位置为基准将墩柱分为上下两段,将 L3×3×0.3 的角钢按照墩柱上下节段高度分别进行下料。在 Y 形墩柱的内侧角钢侧面提前焊接好悬挂螺钉,螺钉间距 60cm,距角钢直角位置 0.9cm(除 Y 形墩外,其余墩柱均采用自攻钉,无须设置悬挂螺钉)。

铝扣板设置在墩柱的东西两侧,安装前在安装面距墩柱边缘 3cm 的位置放出控制点,以两点为一线确定角钢支架的安装位置。Y 形墩内侧的角钢安装以带有悬挂螺钉的一侧向外，使角钢贴于内侧 3cm 的记号点；未设置悬挂螺钉的角钢安装在墩柱外侧；角钢支架采用电焊的方式焊接在墩柱上。角钢焊接固定后，按照现场钢结构涂装工艺要求对焊接位置进行打磨、补漆，确保墩柱的外观统一。图 11-94 为角钢支架安装示意图。

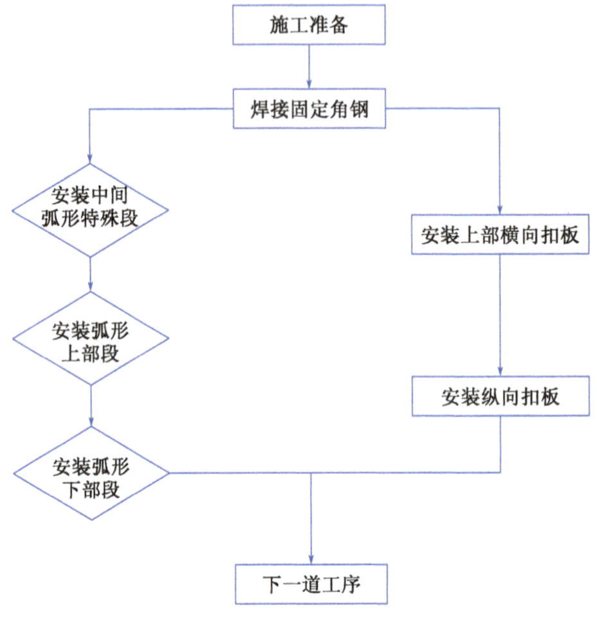

图 11-93　铝扣板施工工艺流程图

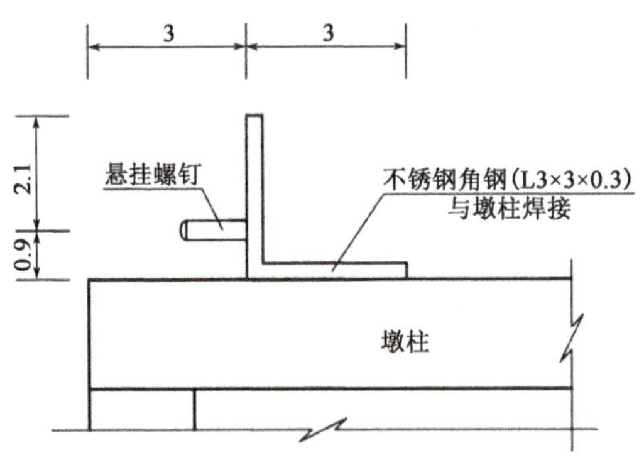

图 11-94　角钢支架安装示意图(尺寸单位：cm)

2) 中间特殊弧形段安装

首先安装中间特殊弧形段铝扣板，具体的安装方法是：首先标记墩柱拐点位置；将中间特殊弧形居中安装在墩柱拐点处；拧紧悬挂螺钉或采用自攻螺钉将铝扣板与固定角钢固定。图 11-95 为墩柱铝扣板特殊弧形段示意图。

3) 上部弧形段安装

待中间特殊弧形段铝扣板安装完成后，先安装上部弧形铝扣板，具体的安装方法是：将上部铝扣板与中间特殊弧形段铝扣板压缝密合；调整上部铝扣板的角度及位置，确保线形平顺并与墩柱居中；拧紧悬挂螺钉或采用自攻螺钉将铝扣板与固定角钢固定。

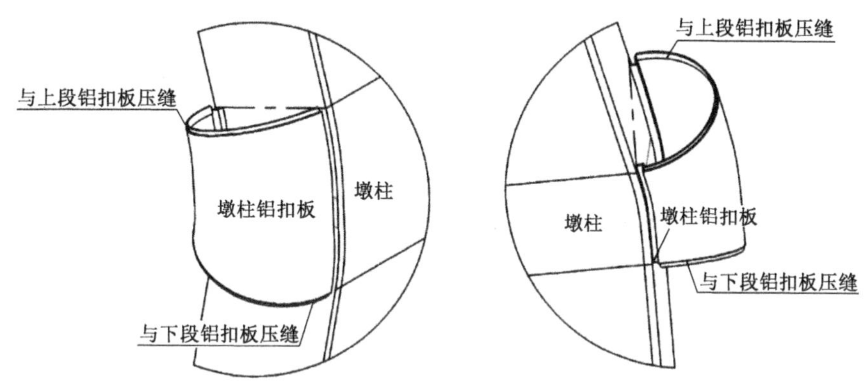

图11-95 墩柱铝扣板特殊弧形段示意图

4）下部弧形段安装

下部弧形段铝扣板的安装方法与上段基本相同，只是在下部铝扣板安装时需进入地面20cm，如根据设计图纸计算则为玻纤套筒顶面以下30cm（墩柱玻纤套筒高出地面10cm）。

11.4.2 质量控制措施

墩柱铝扣板作为饰面工程，其外观质量是主要的控制指标，施工过程中的主要质量保证措施有：

（1）为保证墩柱铝扣板的整体线形，铝扣板按设计分上、中、下三段进行加工及安装。

（2）铝扣板、不锈钢角钢及零星材料（铆钉、螺钉、螺栓等）的规格及型号符合设计及使用要求。

（3）安装前必须统一对墩柱表面焊接损坏的漆膜进行修复，漆膜修复方法同钢结构补喷施工工艺。

（4）封闭铝扣板前由专业技术人员对墩柱内的管线完整性做最后检查，防止因管线遗漏或对接错误而发生二次安装。

（5）铝扣板安装时先安装中间特殊弧形段，再安装上、下段，上、下段安装时与中间弧形段压边对接，严格控制好铝扣板上、下段之间的接缝宽度，接缝宽度较大时采用白色玻璃胶填缝处理。

（6）同一墩柱单面固定角钢安装时，角钢间距要保持统一、平行，以确保铝扣板固定时的整体线形，避免自攻螺钉安装时产生局部挤压变形。

（7）铝扣板通过自攻螺钉及悬挂螺钉与墩柱上的固定角钢进行固定，固定螺钉的数量是后续铝扣板能否稳固的关键，施工过程中要严格对固定螺钉的间距及数量进行检查。

11.4.3 安全控制措施

墩柱铝扣板安装主要采用活动脚手架作业平台、人工安装的施工工艺，主要施工内容有高处作业、焊接，施工过程中的主要危险源有高处坠落及坠物、焊接作业发生触电或火灾事故。施工过程中的安全保证措施可参照章节11.3。

11.5 伸缩缝

自行车专用路桥梁采用不锈钢伸缩梳齿板与橡胶伸缩缝相结合的定制伸缩缝，伸缩量为30～110mm。伸缩梳齿板采用不锈钢材质，通过调高支承套筒及C50灌浆料与桥梁结构固结；橡胶伸缩缝采用天然橡胶材料，可提高使用寿命，延长更换周期，通过调高支承套筒及不锈钢压条与伸缩梳齿板固定；导水槽采用不锈钢、PE等材料置于伸缩缝下方，可排除少量渗水。图11-96为伸缩缝平面示意图，图11-97为伸缩缝断面示意图。

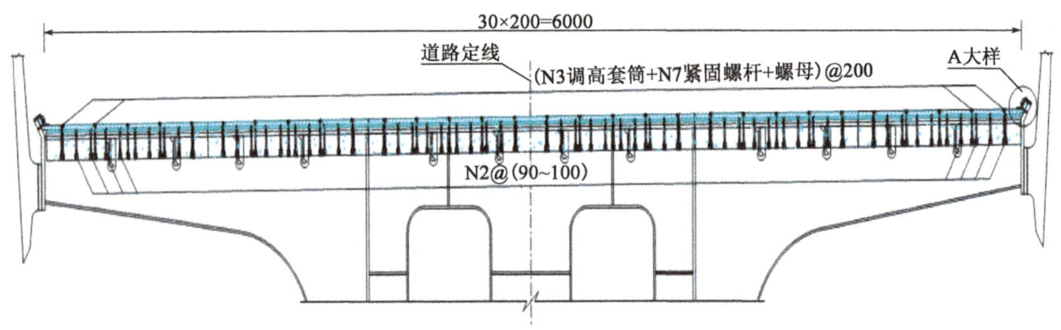

图11-96 伸缩缝平面示意图（尺寸单位：mm）

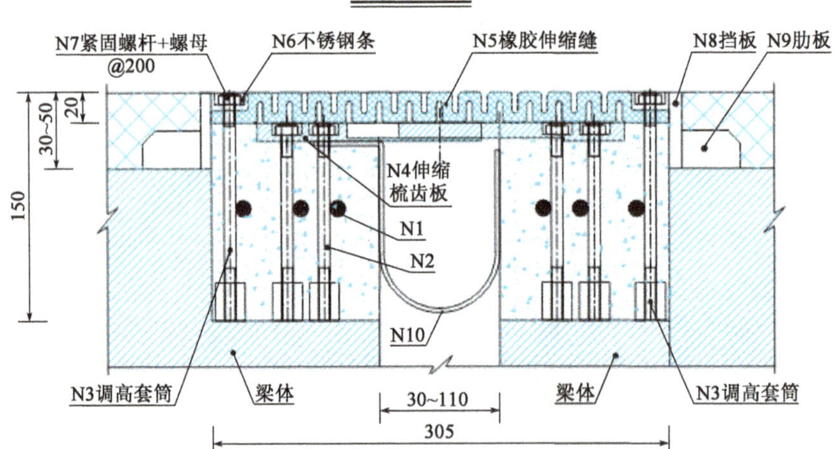

图11-97 伸缩缝断面示意图（尺寸单位：mm）

11.5.1 施工工艺

桥梁伸缩缝在桥面沥青摊铺以后组织施工。根据伸缩缝的组成，结合现场施工条件及施工技术要求，将伸缩缝施工细化为以下工艺流程。图11-98为伸缩缝施工工艺流程图。

本工程采用的桥梁伸缩缝为新型专利产品，其制作及安装工艺与传统的伸缩缝有所不同。结合自行车专用路桥梁对排水的特殊要求，伸缩缝安装时需对其密闭性进行检验。伸缩缝的配件在专业厂家配套制作，在桥面沥青混凝土摊铺结束后进行安装。

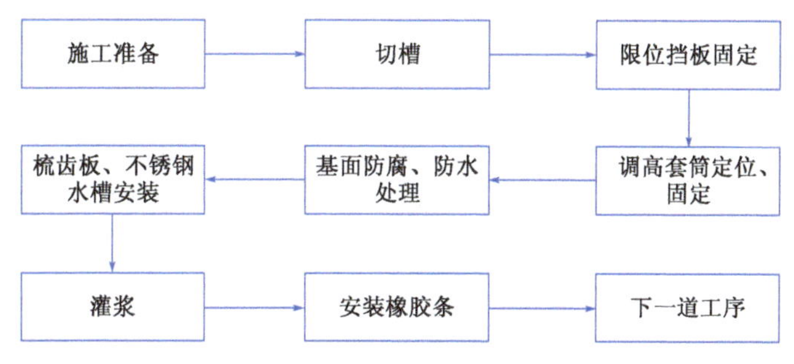

图11-98 伸缩缝施工工艺流程图

1)施工准备

首先由伸缩缝设计方对加工、安装的特殊技术要求进行交底,确保伸缩缝产品的功能符合设计及使用要求。加工所用的材料规格、型号必须满足设计及使用要求,配件分段、开孔预留等细节处理需提前与设计及专利方进行确认。

伸缩缝施工所使用的伸缩装置、辅料、设备、工具等在桥面沥青摊铺完成后,运抵桥面安装位置。根据施工区域范围,在桥梁伸缩缝下部设置施工围挡区域及交通安全标志,并安排专人看守,防止无关人员进入施工区域。施工前由设计及专利方进行技术交底,并由项目部对施工人员进行安全、技术交底。

施工过程中,设备工具和使用材料在指定的地点或区域码放,所有施工人员进入施工现场时应穿戴安全服、安全帽,注意文明施工。

2)切槽

根据图纸在桥梁伸缩缝的预留槽位置准确标出伸缩缝区域,并在桥面上画出缝区切割线。使用混凝土切割机进行切割,切割时保证桥面沥青铺装层的边缘整齐平顺、无缺损,再通过人工对切割处进行破碎、凿除。伸缩缝开槽切缝时,应保证槽口顺直,直线度满足1.5mm/m,切割线不得有肉眼可见的弯曲。

切割前,采用3m直尺检查沥青混凝土面层的平整度,要求控制在1.5mm以内。检查桥面铺装层有无破裂、起拱或塌陷现象。如发现缝区边缘处沥青路面不平整,应延伸至平整处画线切割。为防止切割浆液污染沥青面层,在切割前用宽幅胶带纸沿切割边线粘贴一层彩条布。

3)安装固定限位挡板

伸缩缝限位挡板采用1cm厚的钢板,挡板通长布置,与桥面钢板焊接牢固。伸缩缝挡板安装固定方法是:将切开的槽口清理干净,在两侧桥梁钢板上确定挡板位置,确保两侧挡板净宽不少于30.5cm;检查两侧挡板放线是否平行,间距是否均匀可控;采用满焊的方式将限位挡板与桥面钢板焊接固定,焊接时从中间向两侧焊接,以减小因高温产生的单向变形。

4)固定调高套筒

调高套筒是伸缩装置与桥梁的主要连接方式。其定位及固定方法如下:

(1)在安装区域将整条伸缩缝梳齿板进行预拼装,拼装在水平支架上悬空进行(支架高度约15cm)。

(2)在梳齿板的预留螺栓孔位置插入调高用全丝螺栓(每侧3排),在螺栓底部套上调高套筒。

(3)使用横向圆钢分别将两侧梳齿板上的螺栓逐个连接成整体，并适当增设临时固定的纵向加劲肋，从而形成整体井字格。

(4)将预拼装的梳齿板拆卸开来，并依照预拼装的顺序摆放好，摘出焊接成整体的套筒定位井字格。

(5)将螺栓井字格居中放置在伸缩缝预留槽内，并将底部调高套筒与桥梁槽口钢板焊接牢固。

5)防腐、防水处理

因伸缩缝安装施工过程而破坏的桥梁钢结构防腐、防水涂层，在焊接施工结束后，需重新对伸缩缝位置的桥面钢板进行防腐、防水处理，具体方法是：人工打磨焊接位置的边角，清除焊渣、杂物及钢板锈蚀；对伸缩缝槽口内的钢板重新涂刷防腐层、防水层，防腐层及防水层的施工方法同前。

6)安装不锈钢水槽、梳齿板

不锈钢水槽通长设置安装在伸缩装置的底部，固定在伸缩缝中间的槽口内，用于接排渗入伸缩缝底部的水。梳齿板在不锈钢水槽安装后再进行安装，具体的施工方法如下：

(1)安装不锈钢水槽前，分别在槽口两侧焊接2mm厚的薄钢板，使桥梁纵向与槽口形成封闭空间(焊接工作在基面防腐及防水处理前完成)，作为伸缩缝的灌浆模板。

(2)用密封胶对钢模板进行密封处理，以确保灌浆时不发生漏浆现象。

(3)将不锈钢水槽套于最外侧的调高螺栓上，固定在两侧模板的中间。

(4)戴上调高螺栓底部调平螺母，并按螺栓孔位铺设伸缩缝底部的调平钢板，通过调平螺母逐个调整调平钢板，使调平钢板与伸缩缝挡板的相对高度保持一致。

(5)按照梳齿板的预拼装顺序，依次将梳齿板套装在调高螺栓上，调整好梳齿板高度及横向间距，高度控制在20±1mm(橡胶厚度20mm)，拧紧梳齿板固定螺母。

7)灌浆

由于桥面为一层沥青铺装，且梳齿板安装后伸缩缝预留槽口狭小(约4cm)，因此伸缩缝槽口不再采用常规的混凝土浇筑，而采用灌浆料固结。伸缩缝灌浆的施工方法如下：

(1)用彩条布及胶带保护遮盖伸缩缝梳齿板，并对伸缩缝两侧5m范围内的桥面进行苫盖，防止灌浆料污染桥面及伸缩装置。

(2)在苫盖区域内按灌浆料设计配合比配置浆液，通过简易支架、小型漏斗及软管将配置均匀的浆液输送到伸缩缝槽口内。

(3)灌浆后，浆液高度与梳齿板边缘齐平，并用灰铲进行收面处理。

8)安装橡胶条

待槽口浆液终凝后即可进行橡胶条的安装。橡胶条的具体安装方法如下：

(1)将梳齿板上的彩条布及其他杂物清理干净，以免影响梳齿板的正常伸缩。

(2)根据伸缩缝长度居中铺设橡胶条，且橡胶条在两侧桥梁挂板的高度不小于20cm。

(3)将压条套在固定螺栓上，根据压条孔位对固定螺栓进行微调。

(4)取出压条，对应螺栓位置在橡胶两侧的凹槽内进行打孔，并将穿孔后的橡胶条套在两侧压条螺栓上。

(5)重新将压条就位，并拧紧压条螺母。

(6)桥梁挂板上的橡胶固定时,在挂板上焊接螺栓丝杆,并用小段压条进行固定。

(7)用角磨机切除高出部分的螺栓,以免骑行过程中螺栓扎胎造成事故。

11.5.2 质量控制措施

伸缩缝质量控制的关键指标为闭水性及平整度,确保不因漏水事件而引起下部钢板锈蚀,同时保证良好的骑行体验。

1)伸缩缝安装的质量保证措施

(1)由于伸缩缝重量较大,移动时不得损坏缝区边缘的沥青路面,焊接作业不得直接在沥青桥面上进行,必须使用木板进行铺垫。

(2)预留槽切缝后,车辆通过伸缩缝时应使用过桥垫板通行,并及时焊接伸缩缝定位挡板,避免损坏桥面沥青混合料铺装层。

(3)伸缩缝的纵坡必须与桥面纵坡保持一致,允许偏差为±0.3%。

(4)U形水槽安装后需要进行闭水试验,确保不发生渗透。

(5)橡胶条安装前,首先清除梳齿板内的残留杂物,确保梳齿板的正常收缩;高出梳齿板的螺栓必须切除,避免使用过程中扎破橡胶条。

2)伸缩缝灌浆的质量保证措施

(1)伸缩缝灌浆前,报请监理工程师对伸缩缝的安装情况进行检查,经监理工程师同意后再进行灌浆施工。

(2)安排专人复检模板是否牢固,以免灌浆时发生胀模或漏浆现象。

(3)灌浆时严格规划作业区域,用彩条布对施工区域内的沥青面层进行覆盖,防止灌浆时污染沥青面层。

(4)浆液严格按配合比要求进行配置。

(5)灌浆高度应与梳齿板高度齐平,但不得污染梳齿板,避免影响梳齿板收缩。

(6)灌浆后做好交通管制工作,禁止车辆直接碾压伸缩缝,防止因调高螺杆变形而影响后续安装工作及整体平整度。

11.5.3 安全控制措施

伸缩缝施工的主要危险源有:高处坠落、坠物。因本项目途经回龙观地铁站和龙泽地铁站,上跨育知东路和京藏高速公路,施工时需避开出行高峰期,并采取相应的防护措施。

1)设置专职安全管理人员

现场每处作业点设置一名安全协管员,在桥下进行人行疏导及劝离工作。专职安全员对桥面的安全隐患进行全过程排查,发现安全隐患及时进行整改。

2)高处坠落预防措施

伸缩缝施工时高处坠落产生的原因主要有:个人防护用品使用不到位,当事人精力不集中等。针对其产生原因,主要采取以下预防措施:

(1)落实对作业及管理人员的安全交底及安全培训,提高作业人员的安全意识及安全知识,使其认识、掌握高处坠落事故的规律和事故危害,牢固树立安全思想,具备预防、控制事故的能力,并做到严格执行安全法规。当发现自身或他人有违章作业的异常行为,或发现与高处作业相关的物体和防护措施有异常状态时，要及时整改使之达到安全要求，从而预防、控制高处坠落事故的发生。

(2)注意劳逸结合，严禁酒后作业，严禁在工作时间打闹、打瞌睡等不安全行为。

(3)发现安全设施有缺陷或隐患应及时报告处理，对危及人身安全的情况必须停止施工，消险后再进行高处作业。

(4)任何人不允许移动和擅自拆除安全标志，确实有工作需要需经工长批准后再移动和拆除。

(5)经常检查高空作业安全设施，使其处于良好状态。

3)高空坠物预防措施

高空坠物产生的原因主要有物件捆绑不牢、物件放置不当，针对其产生的原因，主要采取以下预防措施：

(1)使用材料根据实际需要进行携带，避免高处堆积。

(2)小型构件应使用袋装或桶内存放，严禁在脚手架上散乱放置。

(3)严禁高空抛物，伸缩缝安装时安排专人扶稳、紧固，防止坠落。

桥梁伸缩缝是梁端的重要附属设施，对桥梁梁端伸缩及防水性能起重要作用，其质量直接影响桥梁的耐久性。施工过程中，应加强对各施工环节的技术指导及过程管控，确保伸缩缝施工质量。

11.6 桥面铺装

我国对钢箱梁桥面沥青铺装的研究与应用时间不长，尤其是在自行车专用路桥面沥青摊铺的施工经验及技术规范领域更是空白。本书对自行车专用路钢箱梁桥面沥青铺装的施工重难点进行分析，对关键技术，如焊缝处理，桥面抛丸除锈，桥面防腐、防水层涂装等施工工艺进行应用探索及总结，为钢结构桥面沥青混凝土的摊铺总结宝贵经验。

自行车专用路桥梁采用整体结构形式，无中央分隔带。桥面铺装采用防腐层+防水层+SBS改性沥青混凝土AC-10C+彩色薄层的组合形式，摊铺厚度为5cm。由于本工程桥梁荷载主要为自行车及行人，因此设计荷载较小，且桥梁宽度仅有6m。在进行桥面沥青混合料摊铺时，施工机械的选择及站位是本工程的难点之一。图11-99为桥面铺装设计图，图11-100为沥青混合料摊铺施工工艺流程图。

11.6.1 沥青混合料摊铺

1)施工准备

(1)焊缝处理

钢箱梁焊接过程中存在焊缝余高。焊缝的余高越大，应力集中越严重，焊接接头的强度反而会降低。因此，必须削平焊缝余高，使其与母材高度持平，以此提高焊接接头的强度，同时也可保证钢梁桥面防腐层的涂装质量。

(2)桥面抛丸除锈

钢结构桥面安装后受天气因素影响表面容易锈蚀，钢结构生锈腐蚀将引起承载力下降，也将严重影响钢结构的耐久性,因此在桥面铺装前需对桥面进行抛丸除锈。

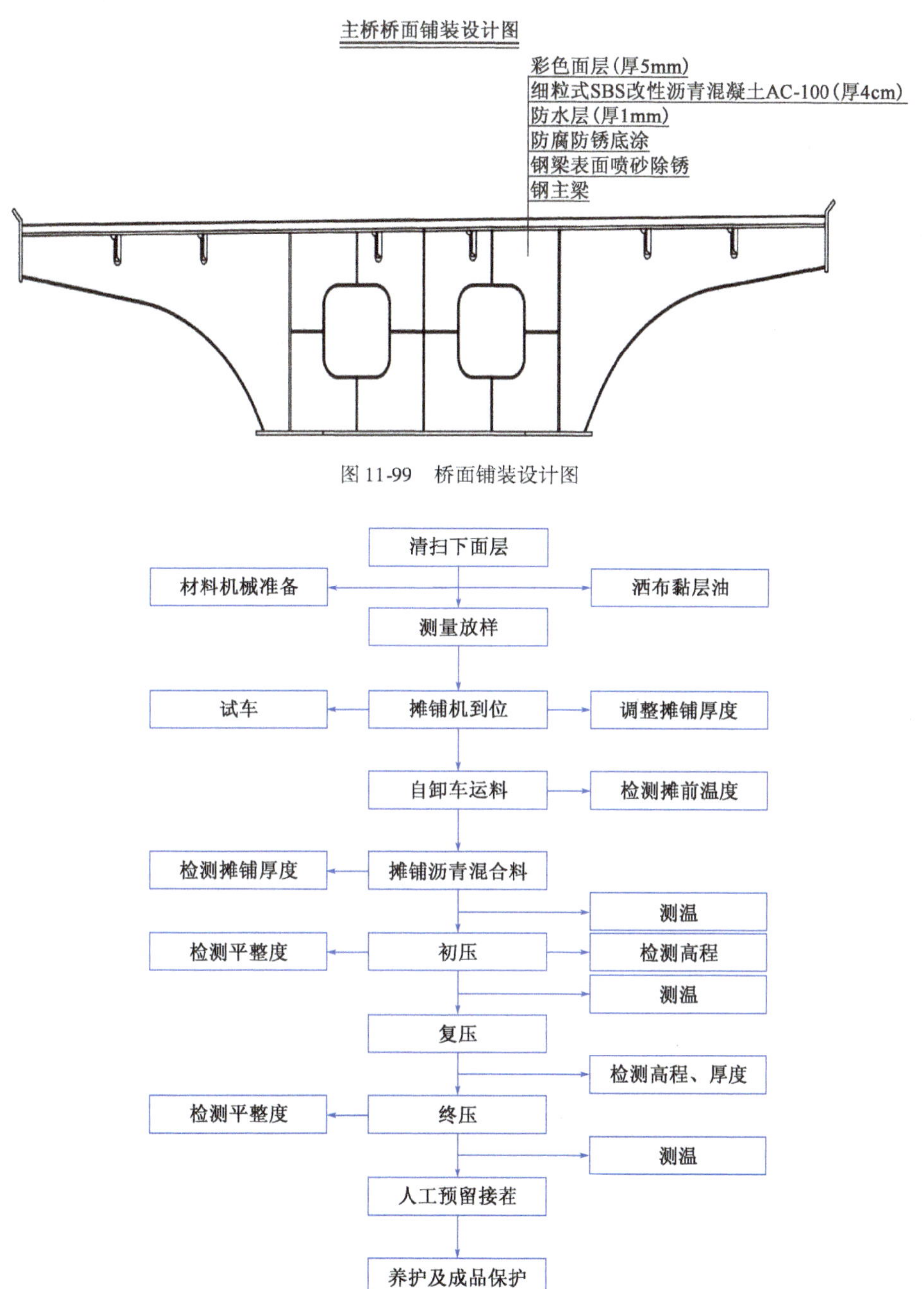

图 11-99 桥面铺装设计图

图 11-100 沥青混合料摊铺施工工艺流程图

本工程采用 2 台带吸尘装置的无尘抛丸机连续抛丸进行除锈,每次行走距离不超过 50m,往返多次直至将除锈范围抛丸完毕;抛丸处互相搭接 5 ~ 10cm。对于自动无尘抛丸机无法施工的区域和边缘,采用手提式角磨机作业。图 11-101 为自动无尘抛丸机除锈现场,图 11-102 为手提式角磨机除锈现场。

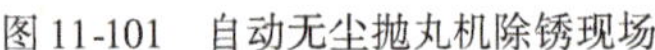

图 11-101　自动无尘抛丸机除锈现场

图 11-102　手提式角磨机除锈现场

2)桥面防水层铺装

钢结构桥面防水黏结层是由防腐层和防水层共同组成的防水系统。防腐层采用含云母氧化铁(MIO)的环氧防腐漆,厚度为80μm;防水层采用耐高温的无溶剂改性环氧树脂涂层,厚度为1mm,其表面可承受240℃的沥青混合料。

(1)防腐层涂装

考虑天气因素,对于已经除锈的钢结构桥面需立即进行防腐涂装处理,避免桥面再次被锈蚀。钢桥面经抛丸处理并达到规定要求的基面后(必要时用稀释剂擦拭油污处),使用环氧富锌底漆对桥面进行防腐涂装。涂装时,先用板刷将边角、缝隙等处刷涂一遍,再采用滚刷进行大面积涂装。

(2)防水层涂装

待防腐底漆自然风干后进行环氧树脂防水层施工,施工时用滚涂刷对桥面进行均匀、连续的涂装。如当天施工结束或因特殊原因不能连续施工,再施工时前后两天的搭接接头位置至少保证10cm宽度。图11-103为钢结构桥面防水层铺装现场。

图 11-103　钢结构桥面防水层铺装现场

3)沥青混合料摊铺

(1)当摊铺机就位并调整完毕后,提前0.5~1小时预热烫平板,使摊铺机的温度不低于110℃。

(2)运输车辆为摊铺机持续供料,使摊铺机分料室内的沥青混合料高度保持标准状态,采用闸门自动控制系统操作摊铺。

(3)自卸汽车中的沥青混合料由运料车缓慢倒退至摊铺机前,当运料车的后轴轮对准摊铺机的料斗时(在前10~30cm处停止),才能卸入摊铺机;在被推行时应挂空挡,不得紧急制动,以防黏结层被推挤而影响摊铺质量。摊铺机一边受料,一边将混合料分送到分料室,并按预先确定的摊铺速度缓慢启动摊铺机,推动运料车前进、摊铺,卸载完成后运料车应立即驶离摊铺机。

(4)摊铺机受料斗的操作程序严格按照操作规程执行,以减少沥青混合料的离析。料车卸载完毕后,当摊铺机受料斗刮板上留有10cm的热拌混合料时,下一辆运料车即开始卸料,以做到连续供料,避免出现粗集料集中现象。

(5)受桥梁不锈钢挂板及护栏影响,摊铺机无法摊铺至桥面边缘,桥面两侧约20cm需要进行人工补料。两侧各安排2名施工人员手持铁锹,站在熨平板上进行补料。

(6)摊铺机应缓慢、均匀、连续不间断地进行摊铺,摊铺速度控制在2m/min。不得随意变换速度或者中途停顿,以便提高平整度,减少混合料的离析。

(7)摊铺松铺系数为1.25。

(8)摊铺过程中安排技术人员随时检测混合料的摊铺温度和松铺厚度,测量人员随时检测横坡是否符合设计要求。

(9)当发现混合料出现明显的离析、波浪、裂缝、拖痕时,应分析原因,予以消除。

(10)沥青路面不得在气温低于10℃以及雨天、路面潮湿的情况下进行施工;遇到大风降温,不能保证迅速压实时不得铺筑沥青混合料。

(11)已经离析、板结,或残留在运料车上已经冷却的、低于规定铺筑温度的混合料都应废弃,不得使用。

4)接缝处理

(1)施工伸缩缝处时,将摊铺机熨平板稍微抬起,使摊铺机驶离作业面,然后人工将伸缩缝端部的混合料铲齐、整平后碾压。用3m直尺检测摊铺平整度,将直尺一端压紧,用塞尺检查直尺与沥青面之间的间隙,小于5mm则为合格;如不合格则将不符合平整度要求的沥青混合料迅速刨除,整平后再次检测,确保平整度达到要求。

(2)接缝前,下承层需清扫干净,保证接缝处干燥。在接缝处涂抹乳化沥青,以增加新旧沥青混合料的黏结力。

(3)接缝时,采用垫2~5mm厚度的钢板(钢板厚度等于松铺厚度减去已成型路面接缝处厚度)控制厚度。采用摊铺机热料对横向冷缝进行充分预热(至少10分钟)。

(4)摊铺机就位时,使熨平板前缘和接缝对齐,熨平板坐稳后,按照上次的工作仰角调整摊铺机仰角,摊铺速度控制在1~1.5m/min。由于起始摊铺速度较慢,摊铺机振动及夯锤频率应适当减小,避免摊铺机熨平板出现反振现象。

(5)横向接缝的碾压采用小钢轮压路机,碾压带的外侧放置供压路机停顿的木垫。碾压时由中间向两边进行,每次错轮20cm,最后再横向碾压;在接缝碾压过程中,控制好碾压速度,避免因碾压速度过快而造成沥青混合料推移。

(6)如果温度太低则难以保证压实效果,且容易造成路面早期损坏,所以应尽快在沥青混合料允许的施工温度范围内完成接缝碾压。

11.6.2 关键技术

1)主要机具设备配置

本工程桥梁的承载能力有限,在进行桥面沥青铺装时需考虑桥梁的安全荷载。结合施工现场实际情况,经过严密计算,最终采用福格勒1880L沥青摊铺机、宝马格202AD-5双钢轮压路机、宝马格203AD-4双钢轮压路机、宝马格BW80AD-5双钢轮压路机进行碾压,采用时代自卸汽车进行沥青混合料运输。表11-19为机械配置表。

机械配置表 表11-19

序号	设备名称	型号	单位	计划进场	备注
1	沥青摊铺机	福格勒SUPER1880L	台	1	设备随工程进展到场
2	双钢轮压路机	宝马格202AD-5	台	1	
3	双钢轮压路机	宝马格203AD-4	台	1	
4	双钢轮压路机	宝马格BW80AD-5	台	1	
5	自卸汽车	时代	台	9	

2)倒料

考虑桥梁的安全荷载范围,每跨承重42t。采用承载力为50~60t的料车将沥青混合料运输至施工现场,倒料区设置50cm高的倒料平台,小料车在平台上等候倒料。由2名专职人员指挥倒料,并对沥青混合料的温度和质量进行检测,保证桥面铺装使用的沥青混合料满足设计规范要求。沥青混合料通过50t的装载机倒入小料车内,每辆小料车装载8t沥青混合料。

第一辆小料车倒料完成后,记录装载机的倒运铲数。然后将小料车过磅,记录总重量,后面的小料车根据第一辆小料车的倒运铲数进行装料控制。倒料后,沥青混合料的温度为160℃,温度损失约15℃。倒料完成后,小料车立即用隔热防水油布进行苫盖。图11-104为倒料过程。

3)沥青混合料运输

小料车从路基段驶入桥梁段时,需在入口处铺设土工布,并设专人清洗车轮,防止小料车污染路面。车辆进入时,小料车分批倒车驶入桥上并沿桥面中线行驶,倒车速度控制在5km/h,此刻沥青混合料的温度损失约5℃。摊铺前,沥青混合料的最终温度为155℃(摊铺最低温度不得低于140℃)。

第一辆料车到达摊铺位置后,其余几辆料车依次倒行进入桥梁段,在尚未摊铺桥跨的墩顶位置等待卸料。每跨内的料车数量不得超过2辆,且相邻两跨内的料车不得在同一侧停车等待,以防超载和偏压。摊铺机前由专人指挥倒车,严禁摊铺跨内的料车未卸料完成下一辆料车就直接驶入。图11-105为桥上沥青混合料车运输现场。

4)沥青混合料摊铺

(1)标准段摊铺

本工程桥梁标准段宽6m,考虑桥梁的设计荷载不能超过42t,除采用小荷载机械组合外[施工荷载:20.2t(摊铺机自重)+6t(摊铺机机身内运转料)+5t(自卸车自重)+8t(自卸车载料)=39.2t],同时采用分跨交替施工作业的方法进行沥青混合料摊铺。即自卸车配合摊铺机先摊铺一跨,待摊铺机进入下一跨时,2 台 14t 压路机进入摊铺完成跨进行碾压;待摊铺机和初压压路机再前进一跨时,1.9t 压路机进行边缘碾压,所有桥面依次交错进行施工,逐跨作业。图 11-106 为标准段沥青混合料摊铺示意图。

图 11-104 倒料过程

图 11-105 桥上沥青混合料车运输现场

(2)加宽段摊铺

本工程桥梁加宽段有三处:Z0 ~ Z4 段京藏高速公路跨线桥,长 175m,桥面宽 10.25m;同成街过街天桥 83 ~ 83C 轴长 63.55m,桥面宽 8.75 ~ 10.75m;第 29 联长 20m,桥面宽10.75m。考虑桥梁的设计荷载,加宽段采用分幅分跨施工作业的方法进行摊铺。

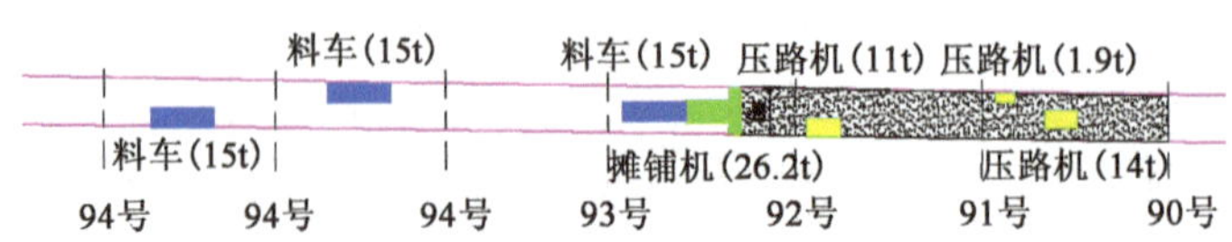

图 11-106 标准段沥青混合料摊铺示意图

右幅摊铺:自卸汽车配合摊铺机先摊铺右半幅。待摊铺机进入下一跨时,双钢轮压路机进入摊铺完成跨进行碾压。待摊铺机和压路机再前进一跨时,由小型双钢轮压路机进行边缘碾压,所有桥面依次交错施工,逐跨作业。当摊铺机行驶至 T6B 梯道口时,由于摊铺机需要转场至左幅,所以有大约 7m 的长度无法进行机械摊铺,需要人工进行摊铺找平。

左幅摊铺:左幅摊铺前,首先使用切缝机将右幅边缘切割整齐,切割宽度为 20cm。切割完成后,使用 3m 直尺检测断面厚度、平整度是否满足设计要求,如不满足要求则继续向内切割。待边缘满足要求后人工铲除切掉的废料,将废料清理干净再进行左幅摊铺,摊铺方式与右幅一致。图 11-107 为加宽段沥青混合料摊铺示意图。

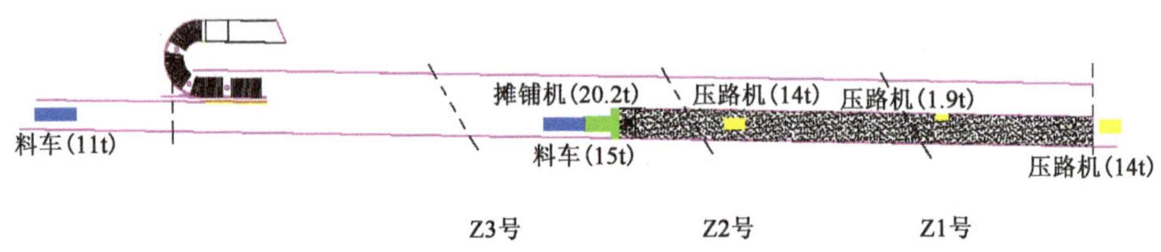

图 11-107 加宽段沥青混合料摊铺示意图

(3)超跨径桥段摊铺

除标准段和加宽段外,本工程还有 2 跨为超跨径(超过 28m)段:80 ~ 82 号、99 ~ 100 号。因超跨径桥段桥梁的施工安全风险较大,所以在进行 80 ~ 82 号、99 ~ 100 号摊铺时,在桥梁底部跨中位置搭设临时支架,以确保施工安全。图 11-108 为超跨径桥段沥青摊铺示意图。

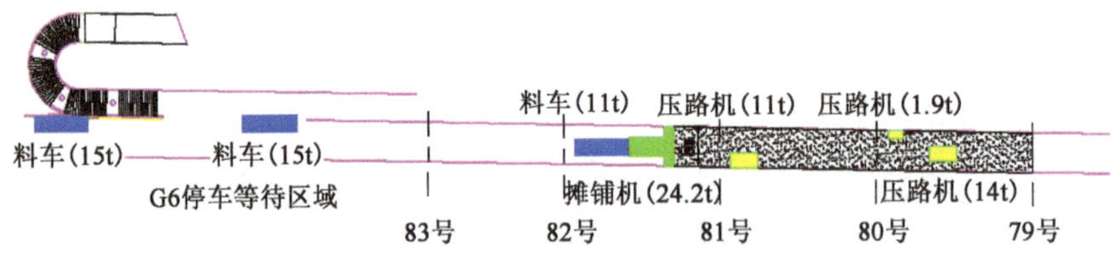

图 11-108 超跨径桥段沥青混合料摊铺示意图

5)碾压

沥青混合料摊铺过程中,使用 2 台宝马格 BW203AD-4 双钢轮压路机进行碾压,碾压温度不低于 130℃。根据桥面宽度和压路机轮宽,碾压时需三个轮宽才能压满整个桥面,即全幅碾压需要压路机在桥面左中右各行进一趟。首先,2 台压路机分别行走于桥梁两侧,保持一致速度向前碾压。当碾压至两跨的交接位置前时,压路机停车返回至碾压起点,两台压路机采用弧形线路向中间靠拢并前后错开,然后由前方压路机对中间位置进行碾压。碾压速度控制在 1.9km/h,按照该碾压方法循环碾压 4 遍。为保证沥青混合料的碾压温度,压路机的行驶速度必须与摊铺机保持一致,碾压 4 遍的时间不得大于 14 分钟。为防止沥青混合料黏轮,在钢轮表面均匀洒水喷雾,水中掺加少量的清洗剂或其他隔离材料。

待双钢轮压路机进入下一桥跨碾压时,采用小型双钢轮压路机对边角位置进行碾压修整。严禁2台压路机碾压时同时在桥面一侧行驶,以防偏压。一跨碾压完成后由测量人员核对高程,发现松铺系数与设计厚度不符时立即通知摊铺负责人,根据高程数据调整松铺系数。

静压时相邻碾压带重叠15~20cm轮宽,压路机的起动、停止必须减速缓慢进行。为避免碾压时推挤产生拥包,碾压路线及碾压方向不得突然改变。压路机的折回、换向等动作不得在同一横断面上进行。混合料摊铺及碾压过程中放置标准化施工标识牌,以便区分摊铺、碾压、检验等各区段。

规范要求温度与预计施工温度对比表如表11-20所示,碾压温度应符合规范要求。

规范要求温度与预计施工温度对比表 表11-20

施工工序	要求温度(℃)	预计施工温度(℃)
沥青混合料出厂温度	170~185	180
混合料摊铺温度不低于	140	155
开始碾压的混合料温度不低于	130	140
碾压终了的表面温度不低于	70	80

本项目上部均采用钢结构形式,桥梁设计荷载较小,且涉及京藏高速公路跨线桥施工,安全质量要求更加严格。沥青混合料铺装施工在无任何借鉴经验的前提下,超前谋划、统筹组织、精细管理、齐抓共管,实行"一人一表一岗一哨"制度,对机械进行进场验收,对摊铺作业人员严格进行技术交底及班前教育,制订详细的施工进度计划,强调施工安全的同时确保摊铺质量。

最终,本项目克服重重困难,摸索出一条成功在钢结构桥面铺装沥青混合料的施工经验。通过多次专家论证、试验段模拟等方式合理布置机械站位,最终确保了钢桥面沥青混合料的摊铺作业安全可行、质量可控,为今后类似工程的施工积累了宝贵经验。

自行车专用路工程于2018年9月25日正式开工,2019年5月31日通车试运营,历时8个月,不仅工程质量符合规定要求,现场安全管理亦荣获北京市"平安工地"冠名,这一切都是各参建方共同努力的结果。

施工组织方面:在项目工期短,没有可直接进地段落的情况下,一方面成立拆迁协调领导小组,提前对施工范围内地上及地下物进行现场调查,了解清楚地上及地下物权属信息,配合政府拆迁部门每半月召开一次拆迁协调会议,积极推进现场征拆问题;一方面采取"空间占满"的方式,在进地条件允许的情况下立即展开施工,以点成面打开工作面,确保工程总体工期。

质量管理方面:编制《质量策划书》《质量责任管理办法》《钢结构施工质量保证体系及措施》《钢结构施工作业指导书》《质量通病治理手册》等制度,严格落实工程首件制,执行质量验收制度。各分项工程开工前编制专项施工方案,经监理工程师审批后对现场技术员及施工人员进行交底。针对冬季施工及现场钢结构施工质量问题,每周组织一次专项检查。对于现场钢结构焊缝检测,严格遵循100%检测的要求。

安全管理方面:结合项目邻近地铁线和地铁站的特点,对现场吊装作业、高空作业实施专项管理，将现场安全管理作为施工过程中的首要工作。首先根据邻近地铁施工要求，编制了临近地铁施工方案，完成了邻近地铁施工安全评估，并对邻近地铁吊装、钢结构吊装、桥面沥青铺装施工方案进行了专家论证，从技术上论证了施工的安全性及可操作性。树立"每个人都是安全员"的安全管理理念，要求各现场技术员结合专项施工方案具体要求，每天对各自管段范围内不安全因素进行排查；吊装作业时必须有现场专职安全员在场；跨路、跨线位置搭设安全棚及安全通道，焊接时采取防溅射措施；特殊地段吊装前安排专业吊装作业人员进行场地查看。

自行车专用路是北京市首条慢行系统专用路，因没有可供参考的专业性施工经验，在项目建设过程还有诸多不足之处。

(1)市政类项目进地影响要素较多，特别是交通导改、邻近地铁施工、电力燃气管道改移等方面征拆协调问题，影响工序衔接及施工连续。

(2)本项目缺少明确的相关规范及标准，尤其是桥面沥青铺装方面，无可供参考的施工经验。

通过本篇总结，对现场施工中遇到的问题进行阐述和分析，可为北京市乃至全国自行车专用路及类似项目的实施提供借鉴依据。

本章参考文献

[1] 昌平回龙观至海淀上地地区自行车专用路工程施工图[Z].

[2] 昌平回龙观至海淀上地地区自行车专用路工程地勘报告[Z].

[3] 段胜伟. 钢结构在高速公路桥梁中的应用及其施工初探[J]. 中国房地产业,2019,(22):227-227.

[4] 吴艺伟,葛桐旭,胡志超. 钢结构桥梁的发展与应用趋势[J]. 工程技术,2017,(14):96-96.

[5] 中铁九桥工程有限公司. 公路桥梁施工系列手册　桥梁钢结构[Z]. 北京:人民交通出版社,2014.

[6] 中华人民共和国行业标准. 公路桥涵施工技术规范:JTG/T F50—2011[S]. 北京:人民交通出版社,2011.

[7] 中华人民共和国行业标准. 公路工程质量检验评定标准——土建工程:JTG F80/1—2017[S]. 北京:人民交通出版社股份有限公司,2017.

[8] 中华人民共和国国家标准. 钢结构设计规范:GB 50017—2017[S]. 北京:中国建筑工业出版社,2017.

创 新 篇

回龙观至上地自行车专用路作为一个崭新的项目，在设计理念、建设技术、运营管理等方面进行了多项创新实践，突出人性化设计理念，是建设自行车友好城市的集中体现，也为构建绿色出行体系提供了工程经验及示范作用。

第12章

创新示范

自行车专用路是连接昌平区回龙观与海淀区上地软件园之间的自行车道路，该条道路的建设加强了两地区的交通联系，优化了两地区交通组织结构，解决了两地区自行车连通性差、出行困难的问题，为两地区提供了一条自行车交通连廊，提高两地区通勤效率，间接缓解了轨道及地面交通压力。作为一个崭新的项目，自行车专用路的建设在设计理念、建设技术、运营管理等方面进行了多项创新实践，突出人性化设计理念，是建设自行车友好城市的集中体现，也为构建绿色出行体系提供了工程经验及示范作用。

12.1 潮汐车道

回龙观是北京市大型文化居住社区，上地是高科技产业办公区。根据昌平区回龙观与海淀区上地两地交通特征分析结果，早高峰主要交通流量从回龙观至上地，晚高峰主要交通流量从上地至回龙观，两地之间早晚高峰潮汐特征明显。

考虑到交通出行特征，以降低工程造价、合理利用土地资源为出发点，专用路中间设置一条潮汐车道，宽度为1.5m，潮汐车道两侧设置普通车道，宽度各2m。根据交通量预测结果可知，在专用路中间设置潮汐车道既可以满足早晚高峰时的交通需要，同时减少了经济投资。

为便于骑行者正确、合理地选择行车道，结合潮汐车道在专用路进出口位置设置了可变指示灯，并结合可变指示灯设置地面文字标识。此外，为区别潮汐车道和普通车道，在车道内铺设不同颜色的彩色铺装加以区分。通过对国内外自行车道彩色铺装颜色调查，结合北京市彩色铺装颜色及不同颜色反观率、吸热率及颜色特点，同时对相关颜色组合进行居民问卷调查，最终确定自行车专用路潮汐车道彩色铺装颜色为橙色，普通车道彩色铺装颜色为绿色。图12-1为潮汐车道外观。

图12-1　潮汐车道外观

12.2 助力系统

自行车专用路沿线设置进出口8处，其中桥梁段6处。根据相关测试，桥梁段进出口采用

1:8 坡道及 1:4 梯道两种形式。为便于骑行者进出自行车专用路,满足不同骑行者的使用要求,在专用路出入口坡道及梯道设置了助力系统。

该助力装置在正常状态下不启动,上坡时,当骑行者将自行车车轮放置在助力系统的轨道内时,助力装置启动,辅助骑行者将自行车推行至自行车专用路,为骑行者提供一定的上坡助力。下坡时,为避免自行车给骑行者一定的牵引力,阻力装置可为自行车推行者提供一定阻力,减小自行车牵引力,充分体现人性化设计理念。图 12-2 为助力系统外观。

图 12-2　助力系统外观

12.3　海绵城市

海绵城市是指通过加强城市规划建设管理,充分发挥建筑、道路和绿地、水系等生态系统对雨水的吸纳、蓄渗和缓释作用,有效控制雨水径流,实现自然积存、自然渗透、自然净化的城市发展方式。

近年来,受城市开发、气候等诸多因素的影响,北京、上海等大中城市内涝灾害频发,道路径流面源污染也较为严重,同时很多城市还面临水资源极度匮乏的困扰。为解决上述问题,2013 年以来国家陆续发布了《国务院办公厅关于做好城市排水防涝设施建设工作的通知》(国办发〔2013〕23 号)、《国务院办公厅关于加强城市基础设施建设的意见》(国办发〔2013〕36 号)等文件以及《海绵城市建设技术指南——低影响开发雨水积流构建(试行)》(建城函〔2014〕275 号)、《城市排水(雨水)防涝综合规划编制大纲》(建城〔2013〕98 号)等相关设计、建设指导性手册,加大力度积极推进海绵城市的建设工作。

2015 年,国务院办公厅发布的《关于推进海绵城市建设的指导意见》(国办发〔2015〕75 号文)中明确要求"城市建设,综合采取'渗、滞、蓄、净、用、排'等措施,最大限度地减少开发建设对生态环境的影响","推进海绵型道路与广场建设,改变雨水快排、直排的传统做法,增强道路绿化带对雨水的消纳功能"。

自行车专用路作为北京市重要的交通基础设施工程,应积极响应国家、北京市的要求,在设计中因地制宜、合理分析,结合规划雨水系统,通过适宜的"低影响开发 LID"技术手段,在自行车专用路建设中实现海绵城市的建设理念。

根据周边用地条件,沿线在绿地范围内设置6座蓄水池,采用入渗、调蓄排放、收集回用等形式及组合,实现径流污染控制、削减洪峰流量、合理利用雨水资源、改善生态环境以及营造多功能景观的目标。路基边沟采用渗透、净化能力强的植被浅沟设施,加大道路初期雨水的净化、渗透,滞蓄洪峰流量,降低地面外排径流量,在一定程度上提高雨水排除标准,使道路的运行更安全。图12-3为蓄水池外观。

图12-3　蓄水池外观

12.4　桥梁栏杆

本工程桥梁栏杆采用铝制穿孔板栏杆。栏杆主要由浇铸铝立柱、挤压铝扶手、穿孔铝板栏板、不锈钢防撞钢管及相应连接件组成,整个装置栓接于桥梁外挂板两侧,构件之间通过螺栓装配式连接。桥面照明采用LED灯,照明灯带嵌入栏杆浇铸铝立柱中。桥梁栏杆高度自桥面起为1.4m,在距桥面0.4m处及栏杆顶部设置不锈钢防撞栏杆。

这种栏杆具有安全、适用、耐久、美观、环保等优势。为保证桥上行人和骑行者的安全,栏杆顶部和底部分别设置不锈钢防撞钢管;浇铸铝立柱沿顺桥向按标准间距布置,整体通过立柱底部托座与主桥两侧挂板栓接,保证栏杆整体的安全性;栏杆立柱之间通过穿孔板铝板栏板连接,并将立柱与铝板栏板一并沿主梁翼缘板方向向下弯折,防止桥上杂物掉落影响桥下行车安全。

栏杆、立柱栓接于桥梁两侧挂板外侧,不占用桥上空间,且向外微倾的外形设计给桥上骑行者和行人带来更加开阔的视野和使用空间;顶底两道不锈钢防撞钢管之间设置挤压铝扶手,满足行人及骑行者的手扶需求;浇铸铝立柱在前后两侧竖向设置预留槽,形成工字形断面,保证立柱刚度的同时,节省材料且便于照明灯具嵌入安装,满足夜间照明需求。

此外,所有栏杆件材料主要采用铝合金和不锈钢,耐腐蚀性强,且装配式构造更易于维修更换,满足桥梁全寿命周期内的使用要求。除防撞钢管及其连接件采用不锈钢材料外,其他构件材料均采用铝合金材料,满足强度的前提下极大减轻了材料重量,降低了造价。栏杆可工厂标准化加工生产,构件运到现场后通过螺栓连接,安装速度快且减少对市区环境的影响。

材料的特点和独特的构造使本装置更加轻盈、美观，能带来更好的视觉感受，栏杆立柱之间的穿孔铝板栏板的穿孔镂空图案可根据桥梁所在地的特色和景观进行单独设计，与周围环境更好呼应，实现一桥一景，且阳光穿过孔洞投射在桥面上的光影效果本身也是一种视觉享受；栏杆、立柱本身的竖向预留槽可嵌入照明灯具，除提供桥面照明功能外，使桥梁本身在夜间也成为一道风景；浇铸铝立柱底部沿桥梁翼缘板向下弯折，与穿孔铝板栏板一同起到遮挡管线的作用，提高桥梁整体景观。图12-4为自行车专用路栏杆外观。

图12-4　自行车专用路栏杆外观

12.5　伸缩装置

桥面伸缩缝采用不锈钢伸缩齿梳板与橡胶伸缩缝相结合的定制伸缩缝，伸缩量为30～110mm。此种伸缩缝装置主要由橡胶伸缩缝、齿梳变位钢板、导水槽、调高支承套筒、不锈钢压条、钢纤维混凝土、挡板及加劲肋组成。具有外形美观、重量轻便、可模数化加工、施工速度快、质量容易保证等优点，同时安装、拆除、更换简单，不伤及桥梁端部构造，更换施工交通影响小，后期养护压力也比较小，除可以保证梁端变形量、安装拆除方便快速外，还能够保证行车舒适性。

齿梳变位钢板及橡胶伸缩缝共同组成防水伸缩缝装置，在满足桥梁伸缩功能的同时又增强了伸缩缝防水功能，该伸缩缝可防止桥面水流入梁端，即使存在少部分水渗入，也能及时排除少量渗水。齿梳变位钢板可分模数进行制作并现场安装。橡胶伸缩缝则可通长制作，通过不锈钢压条进行安装，提高伸缩缝防水性能。顶层橡胶增加了防滑、防腐、防噪音等效果，若伸缩在荷载及环境的反复作用下损坏，仅需打开不锈钢压条紧固螺丝，更换橡胶伸缩缝部分即可，具有更换施工快捷、避免伤及桥梁结构、操作简单、交通影响小以及防水质量容易保证等优点。图12-5为自行车专用路桥梁伸缩装置外观。

图 12-5 自行车专用路桥梁伸缩装置外观

12.6 计数系统

为准确统计自行车专用路的骑行流量,本项目依托图像识别和分析算法专门研发了计数系统。通过对视频图像中特定区域内过往的车辆进行提取、跟踪、识别,来实现对骑行人员数量的统计,在国内属于首例。该计数系统可实现双向计数,并可提供每日、每月、每年的自行车流量数据以及高峰小时、高峰日、高峰年等数据,为自行车专用路的运营管理提供数据支持。

专用路沿线设置的 57 台摄像机中,有 18 台摄像机兼有摄像和计数功能,这 18 台摄像机分布在专用路的所有出入口,路段内设置 2 处。在监控中心,计数软件通过对这 18 路摄像机图像的识别和分析,可实现对所有出入口进出自行车数量的统计。图 12-6 为计数系统工作界面图。

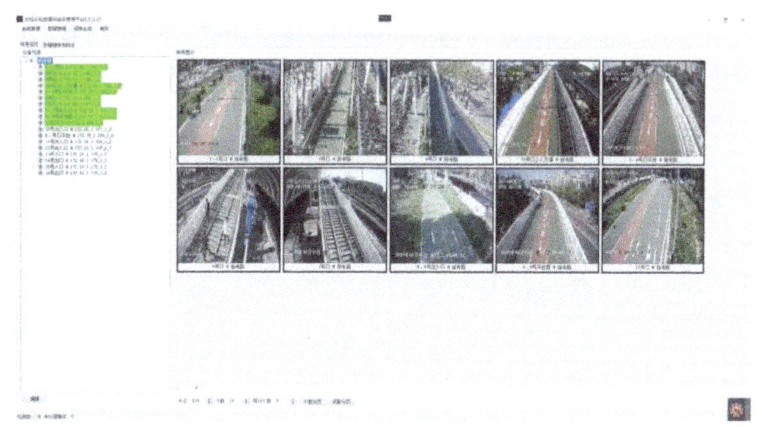

图 12-6 计数系统工作界面图

第13章

BIM在本工程中的应用

13.1 概述

建筑信息模型(Building Information Modeling,以下简称 BIM)是基于现代信息技术和计算机技术发展融合而成的建筑信息应用技术,利用数字技术存储和传递建筑结构和构造特征,以3D 模式直观表述,实现工程设计、施工、养护、运营管理信息传递共享和工作协同,促进工程建设项目信息化。数字建造是通过 BIM 技术应用,结合 GIS 和物联网,在建造中将原材料信息、试验数据、施工过程中的质量检验和评定资料、计量支付和变更管理数据、责任人和相关人信息等与模型永久关联,形成工程模型大数据。

BIM 作为交通基础设施行业新技术之一,近几年从国家政策层面要求开展交通运输领域大数据、建筑信息模型(BIM)技术的推广应用。《交通运输信息化"十三五"发展规划》提出用数据说话、用数据决策、用数据管理、用数据创新,提升行业治理能力和服务水平。《推进智慧交通发展行动计划》(交办规划〔2017〕11 号)提出推进 BIM 技术在重大交通基础设施项目的运用。交通运输部《关于推进公路水运工程应用 BIM 技术的指导意见》(交公便字〔2017〕11号)中提出,为提升公路水运工程设计、建设、养护、运营一体化管理水平,落实全生命周期理念,促进公路水运工程资产保值增值,交通运输部决定在公路水运工程中推进建筑信息模型(BIM)技术的应用。

BIM 技术可为建设项目各参与方(投资方、开发方、政府管理方、设计方、施工方、工程管理咨询方、材料设备供货方、设施运行管理方)提供服务和高效的协同平台,减少因项目参与各方工作的不协调引起的投资损失。通过强化协同工作,BIM 技术在缩短设计和施工周期、降低成本、提高设计和施工水平及质量等方面得到了广泛应用。图 13-1 为 BIM 数字建造技术在基础设施各阶段的应用图。

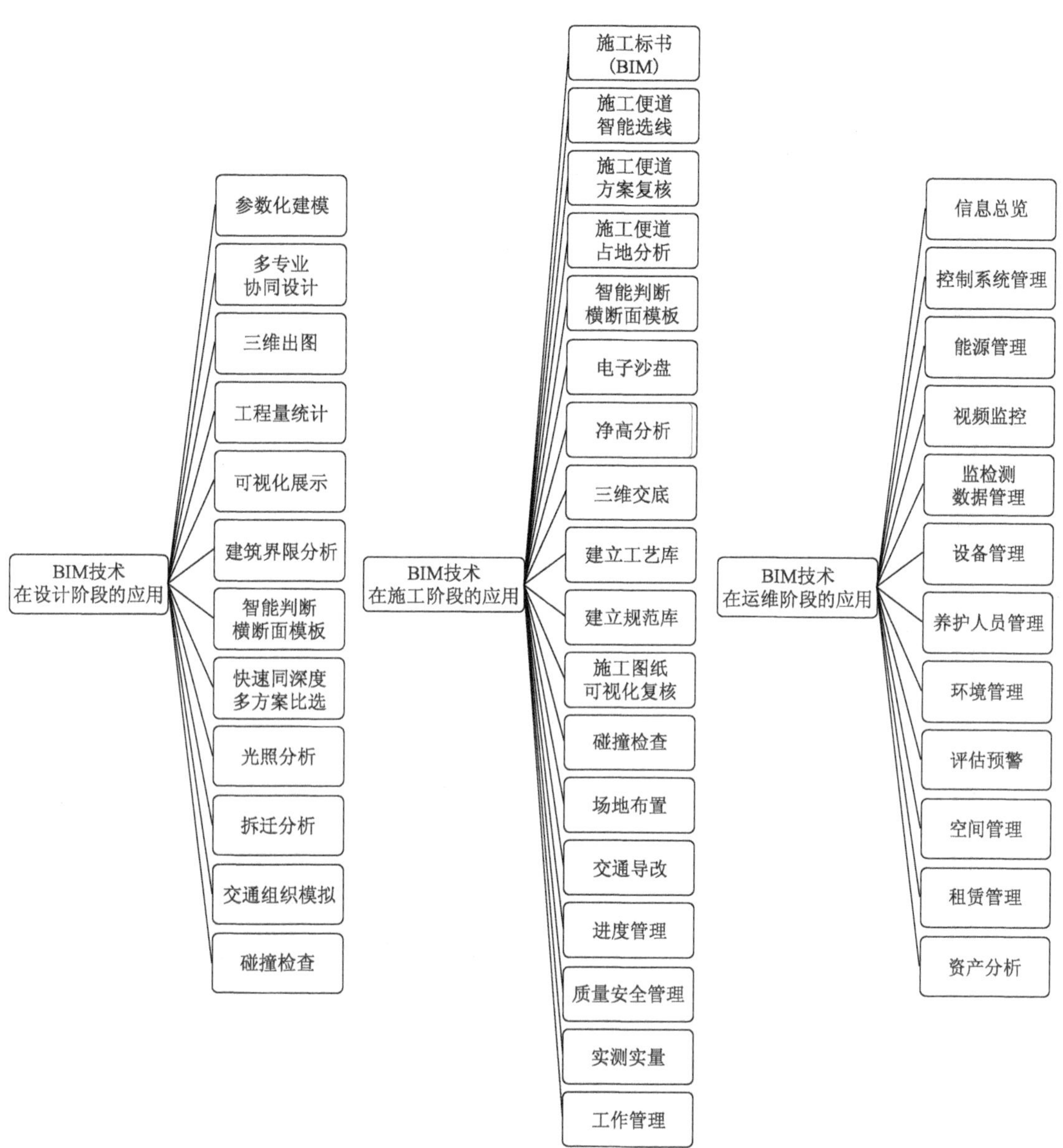

图 13-1　BIM 数字建造技术在基础设施各阶段的应用图

13.2　BIM 数字建造技术在本工程中的应用

自行车专用路位于昌平区回龙观与海淀区上地软件园区域，该区域建筑密集，路网错综复杂，人流量大。本项目具有工期紧，施工难度大，环保要求高，容错率低的特点。为更好地解决这些难题，本项目首次引进 BIM 技术，旨在提前规划路线走向、优化设计方案、引导关键节点施工等。本项目应用 BIM 技术主要完成了以下内容。

13.2.1 BIM模型和GIS地形模型的场景创建

将带有高程点的地形数据和带有坐标的影像数据叠加在一起，形成GIS地形模型。然后将精细的BIM模型与GIS地形数据结合起来，建立包含地形信息的BIM+GIS场景模型。该场景模型可以直观地展示新建项目与周边地形、路网、环境之间的关系，依据此场景完成的设计方案比选和施工组织方案，可使项目各参与方更易于理解，对方案的制定、比选、优化具有重大意义。

1）高精度DEM、DOM数据获取方法

（1）利用无人机进行倾斜摄影可快速获取DEM和DOM数据，这种方式的特点是灵活、受云层影响小，但获取的数据精度较低，速度较慢。

（2）利用机载激光雷达技术，每平方米可获取50个点数据，最高精度达10cm。这种方式需要提前申请空域。

（3）利用车载激光获取高精度的DEM数据、全景影像数据，每平方米点数量达150多个，最高精度5cm以内，但这种数据采集方式必须要有可通车的道路。

（4）利用静态激光获取DEM，精度高达2cm；从高分卫星影像获取DOM，最高精度0.45m。这种方式的特点是根据需要随时获取并且不受空域影响，但数据采集速度慢。

2）将测量数据转化成三维地形模型

利用Autodesk Civil 3D将获取到的带有高程点的地形数据和带有坐标的影像数据叠加在一起，形成GIS地形数据，转化成三维地形模型，如图13-2所示，能够准确获取施工现场地形，为接下来的工作提供可操作的空间，奠定了项目实现的基础。

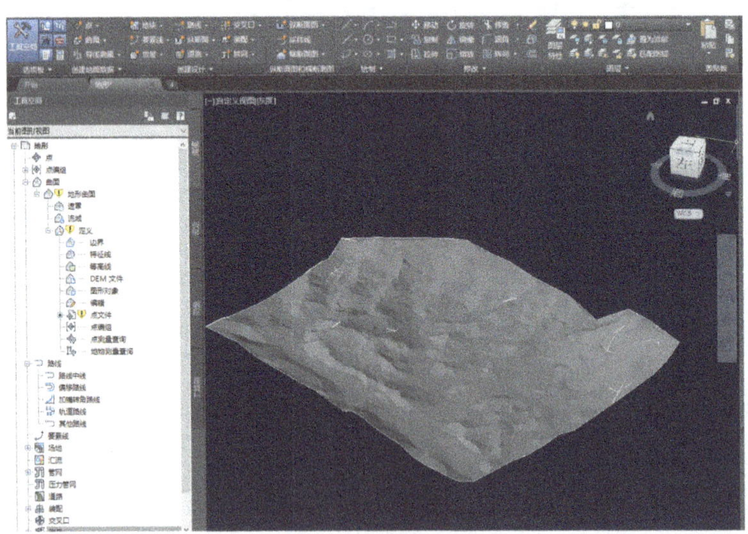

图13-2　Civil 3D地形模型

3）创建BIM模型

在Civil 3D中创建道路模型，包含路线、纵断、路基路面结构、边坡、交叉口、管网等。将创建的路线导入Infraworks中，调整路线纵断，定义道路横断面样式，并处理道路连接处。将桥梁、通道、场站等构筑物的Revit模型添加到BIM中，如图13-3所示。

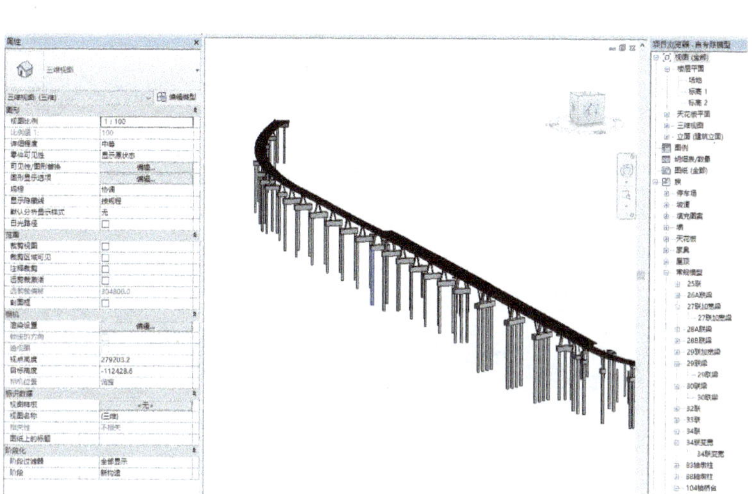

图 13-3　BIM 模型

4）完善 BIM + GIS 数据

在 Infraworks 中完善地形与地物的信息，将项目的桩号、构筑物的信息标注到模型中；将项目周边的房屋、社区、既有道路、地铁、通信线塔、地下管线等数据添加到 BIM + GIS 场景中，建立包含地形信息的三维模型，如图 13-4 所示。BIM 和 GIS 的整合可以同时提供 BIM 模型中的材料信息以及 GIS 的地理空间分析能力，利用三维模型直观地展示新建工程与原有的周边地形、地物之间的空间关系，分析新建自行车专用路工程与周边建筑之间的空间关系，提前发现可能存在的物理碰撞，对工程的方案比选和工程决策有很大帮助。

图 13-4　BIM + GIS 模型图

13.2.2　基于 BIM + GIS 模型对初步设计方案进行快速同深度可视化比选

BIM + GIS 模型根据项目需求与设计方案同步调整，本项目共完成三版 BIM + GIS 可视化模型，为前期方案调整提供了更直观可靠的依据。

第一版方案：在桥梁和路基相接处采用“几”字形路线，终点段为双向分幅行车。建立的 Infraworks 道路模型如图 13-5 所示，对应的 CAD 路线平面图如图 13-6 所示。

图 13-5　第一版方案的路、桥衔接段 BIM 模型

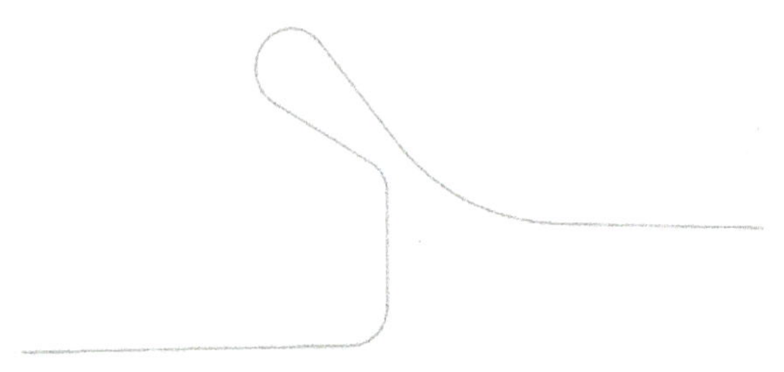

图 13-6　第一版方案的路、桥衔接段 CAD 路线平面图

第二版方案：模型设计在桥梁段与路基段相接处，调整为分离式立体交叉形式，道路终点段变更为单幅双向通行。根据方案调整与变更，重新建立的 Infraworks 道路模型如图 13-7 所示，对应的 CAD 道路平面图如图 13-8 所示。

图 13-7　第二版方案的路、桥衔接段 BIM 模型

第三版方案：对养护中心和过街天桥方案进行了调整，增加出入口。根据方案调整，重新建立 Infraworks 模型，调整过街天桥模型。过街天桥处 BIM 模型如图 13-9 所示，CAD 道路平面图如图 13-10 所示。

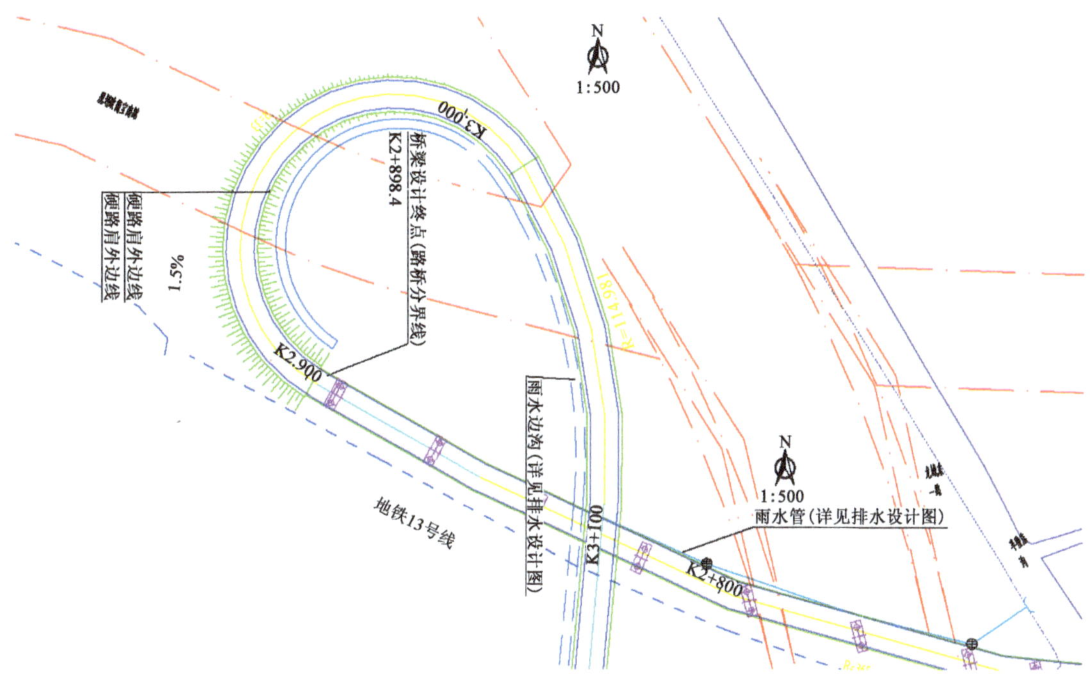

图 13-8 第二版方案的路、桥衔接段 CAD 道路平面图

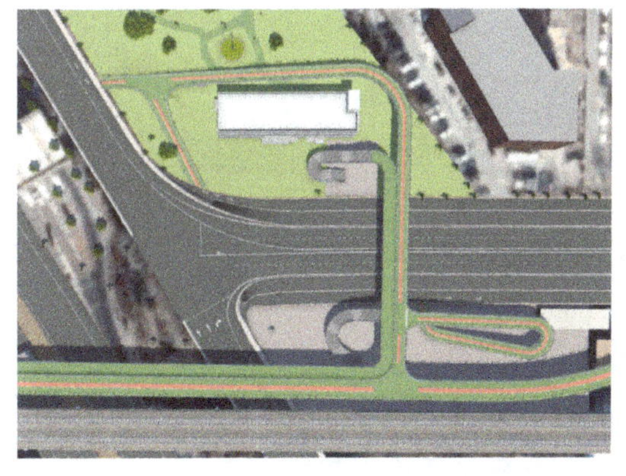

图 13-9 第三版方案的过街天桥处 BIM 模型

13.2.3 桥梁参数化建模

选取本工程的重要节点进行模型创建并重点展示,如标准段高架桥、直线段梁、桥台、V 形墩、Y 形墩、H 形墩、1 孔承台、2 孔承台、Z4 段墩柱盖梁、桩基、第 25～34 联钢箱梁、停车区、自行车通道闸、过街天桥、过街天桥—回龙观、起点出入口、起点停车区、加宽侧梁、运维中心等,从而为设计单位和建设单位的决策提供更为直观的依据。高架桥钢箱梁 BIM 模型如图 13-11 所示。

桥梁项目具有结构类型多样、构件不规则、施工工艺复杂等特点。结构类型多样导致创建 BIM 模型时要针对不同类型的桥梁创建属于各自的族库;构件不规则导致建模时必须采用自定义族(而不是系统族)开展构件参数化工作;施工工艺复杂导致 BIM 工程师必须熟知桥梁施工工艺及项目施工方案,才能确定构件划分原则。

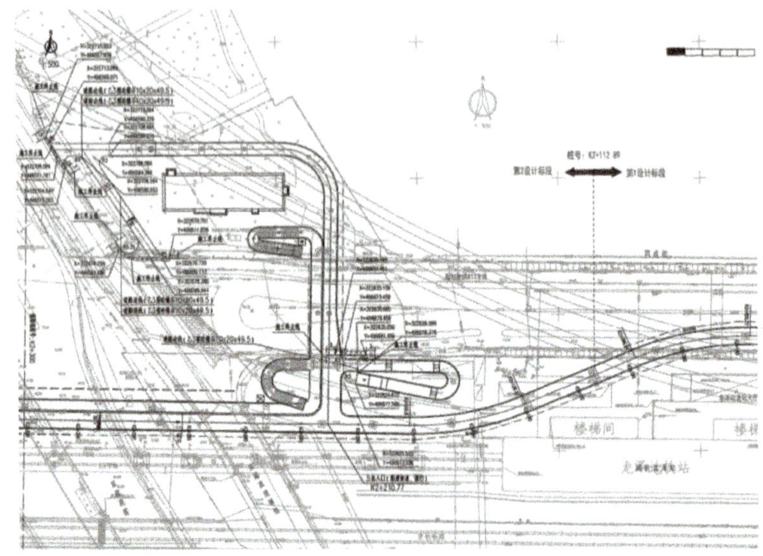

图 13-10　第三版方案的过街天桥处 CAD 道路平面图

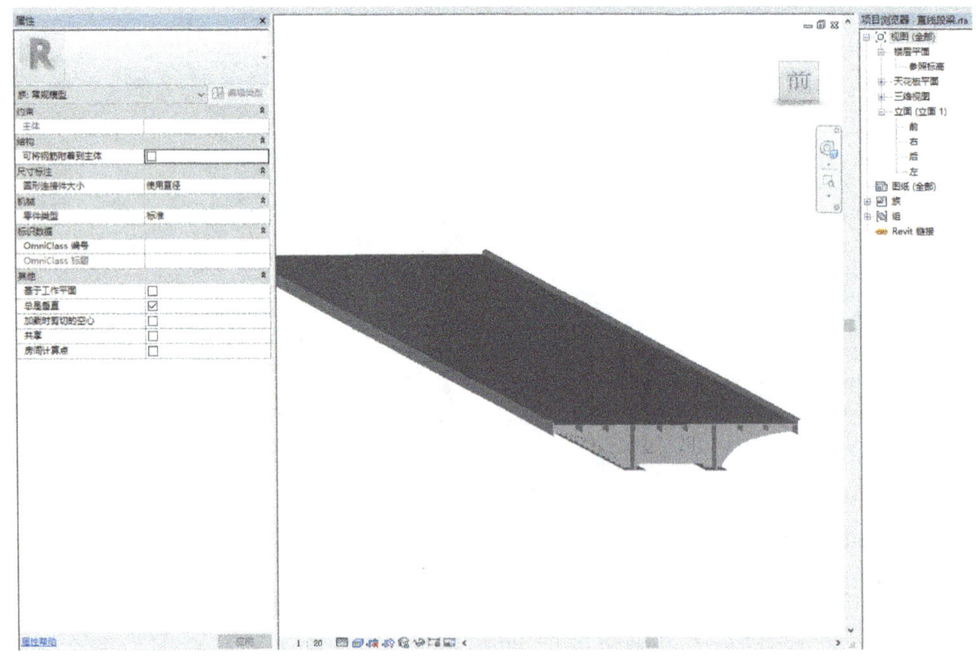

图 13-11　高架桥钢箱梁 BIM 模型

参数化建模技术路线:进行构件的参数化建模、快速赋予构件参数以及构件的整合等工作,从而提高桥梁建模的效率。

①构件划分及命名;②族样板选择;③实体构件创建;④实体构件参数化;⑤应用类属性添加和识别;⑥构件整合拼装。

通过定好的建模标准、参数化的族,根据图纸标注的高程、尺寸、坐标等数据,通过 Dynamo 可视化编程进行驱动,如图 13-12 所示,来实现对每一个构件进行外形调整及定位。比如创建桩基族时要具备混凝土等级、混凝土体积、顶高程、底高程、长度、桩径、光圆钢筋重量、带肋钢筋重量等参数,然后搜寻图纸信息编制 Excel 表格,通过 Dynamo 批量读取 Excel 中的坐标、高程、桩径等数据,一次性创建全部桩基模型,才能实现快速创建、定位准确、工程量准确、工程信息准确的桩基模型。

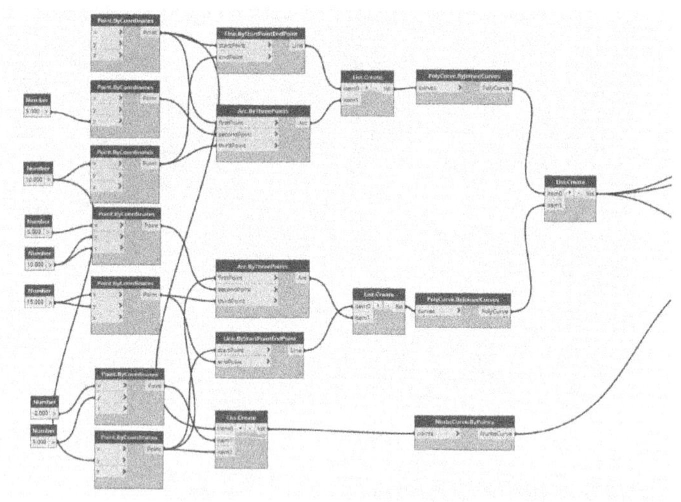

图 13-12 Dynamo 可视化编程界面

13.2.4 数字化交互虚拟沙盘

交互式电子沙盘是集先进的地理信息技术、虚拟现实技术、数据可视化技术以及人机交互技术为一体,以自然色彩陆地卫星影像为基础,辅以强大的三维 GIS 技术、丰富多样的矢量数据、各类传感器信息及多媒体数据,实现虚实融合以及对环境及基础设施的直观准确呈现。

同时,可以根据在三维场景中添加本项目整体渲染后的模型、河流、树木、建筑物等三维模型,标注如地名、路名等文字信息,提供飞行、漫游、旋转、缩放等三维浏览功能,还可实现对本项目相关各种数据的可视化表现,从而为管理者、指挥者和决策者提供准确的可视化信息。本项目三维数字化交互虚拟沙盘见图 13-13,采用 VR 形式进行实景交互展示。

13.2.5 重要节点可视化展示

三维可视化设计有力弥补了甲方及最终用户因缺乏对传统建筑图纸的理解能力而造成的和设计师之间的交流鸿沟,BIM 的出现使得设计师不仅拥有三维可视化的设计工具,所见即所得,更重要的是通过工具的提升,使设计师能使用三维的思考方式完成建筑设计,同时也使业主及最终用户真正摆脱技术壁垒限制,随时知道自己的投资能获得什么。可视化即"所见所得"的形式,BIM 提供了可视化的思路,让人们将以往的线条式构件形成一种三维的立体实物图形。现在建筑业也有设计方面出效果图的事情,但这种效果图是分包给专业效果图制作团队进行识读设计制作出的线条式信息制作出来的,并不是通过构件的信息自动生成的,缺少同构件间的互动性和反馈性。然而 BIM 提到的可视化是一种能够在同构件之间形成互动性和反馈性的可视图形。在模型中，由于整个过程都是可视化，可视化结果不仅可用来展示效果图及生成报表，更重要的是设计、施工、运营过程中的沟通、讨论、决策都在可视化的状态下进行。图 13-14 为自行车专用路养护中心模型图、图 13-15 为节点地下管线模型示意图、图 13-16 为节点对周边建筑特定时间的光照模拟分析图、图 13-17 为京藏高速公路建筑界限分析图。

图 13-13　数字化交互虚拟沙盘 VR 展示图

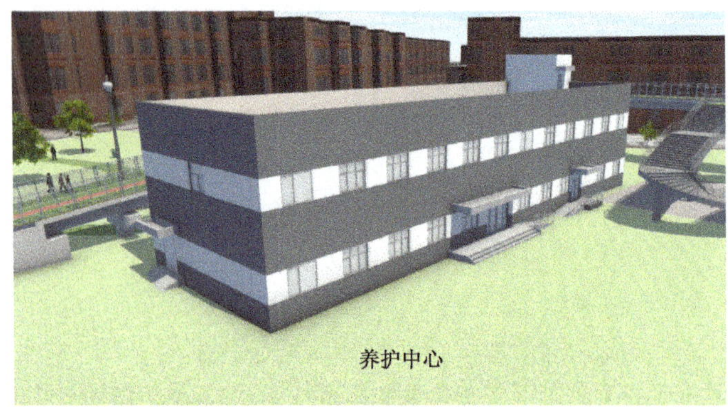

图 13-14　自行车专用路养护中心模型图

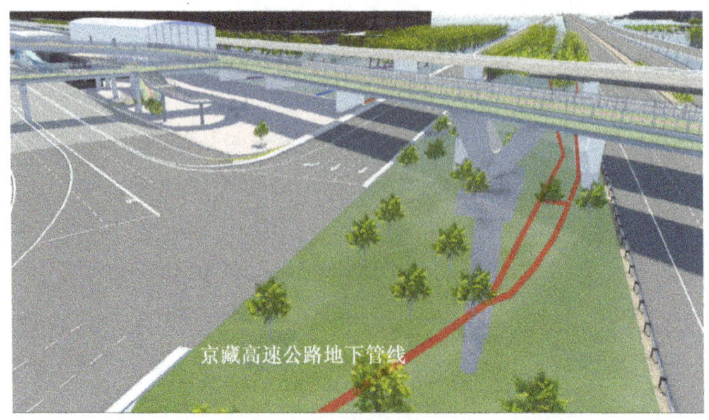

图 13-15　节点地下管线模型示意图

图13-16　节点对周边建筑特定时间的光照模拟分析图

图13-17　京藏高速公路建筑界限分析图

13.3　本章小结

作为数字技术与交通产业有效融合的“数字交通”，既是项目成功的关键基础，又是交通产业的创新焦点，更是实现交通工业化的重要支撑，其必然成为交通产业转型升级的核心引擎。实现数字交通就要借助BIM技术、云技术、大数据、物联网、移动互联网、VR等新技术在行业内的应用。数字交通为整个行业提供了向前发展的契机。

使用BIM技术后，工程项目形成单一工程数据源。工程项目各参与方使用的是单一信息源，确保信息的准确性和一致性。实现项目各参与方之间的信息交流和共享。从根本上解决项目各参与方基于纸介质方式进行信息交流的“信息断层”和应用系统之间的“信息孤岛”问题。现代设计技术的应用，数字化设计技术实现设计的集成化、网络化和智能化。下一步将实现工程全生命周期管理，可以实现工程各阶段的工程性能、质量、安全、进度和成本的集成化管理，对建设项目全生命周期总成本、能源消耗、环境影响等进行分析、预测和控制。BIM技术作为我国工程行业创新发展的主要技术手段之一,其应用与推广对行业的科技进步与转型升级将产生巨大影响,同时也将成为促进行业发展的推动力量。

本章参考文献

[1] 刘爽. 建筑信息模型(BIM)技术的应用[J]. 建筑学报, 2008(02):106-107.
[2] 杨胜勇, 谢琼. BIM-GIS 技术在建筑施工管理可视化中的应用[J]. 建材与装饰, 2018, 525(16):142-143.
[3] 高晨, 李丽, 张铭淏,等. 交通行业 BIM 应用模式研究[J]. 交通工程, 2019(5).
[4] 佚名. 公路水运行业鼓励应用 BIM 技术[J]. 施工技术, 2017(06):110.